“十二五”职业教育国家规划教材
经全国职业教育教材审定委员会审定

市场营销基础

(第二版)

杜明汉　主编

中国财经出版传媒集团
中国财政经济出版社

图书在版编目（CIP）数据

市场营销基础／杜明汉主编．--2版．--北京：
中国财政经济出版社，2021.8（2023.8重印）
“十二五”职业教育国家规划教材
ISBN 978-7-5095-9478-0

Ⅰ.①市…　Ⅱ.①杜…　Ⅲ.①市场营销学-中等专业
学校-教材　Ⅳ.①F713.50

中国版本图书馆CIP数据核字（2019）第262818号

责任编辑：樊　闽　　　　责任校对：胡永立
封面设计：育林华夏

中国财政经济出版社 出版
URL：http：//www.cfeph.cn
E-mail：cfeph@cfeph.cn

社址：北京市海淀区阜成路甲28号　邮政编码：100142
营销中心电话：010-88191522　编辑部门电话：010-88190666
天猫网店：中国财政经济出版社旗舰店
网址：https：//zgczjjcbs.tmall.com
北京富生印刷厂印刷　各地新华书店经销
成品尺寸：185mm×260mm　14.5印张　356 000字
2021年8月第2版　2023年8月北京第2次印刷
定价：40.00元
ISBN 978-7-5095-9478-0
（图书出现印装问题，本社负责调换，电话：010-88190548）
本社质量投诉电话：010-88190744
打击盗版举报热线：010-88191661　QQ：2242791300

编写 说明

本书系“十二五”职业教育国家规划教材，经全国职业教育教材审定委员会审定，作为全国高职高专院校财经商贸类专业教材使用。

《市场营销基础》（第二版）是基于高职市场营销专业培养目标，立足商品流通企业销售服务人员工作实践，围绕学知识、强技能的要求，系统介绍了市场营销的基本内容，突出了实用性、职业性和实践性的特点。

《市场营销基础》（第二版）教材在内容和写作方式上有以下特点：

第一，在内容上紧密结合商贸企业市场营销活动实际，选取了商贸流通企业营销活动中最基本的实用知识加以介绍。

第二，在内容结构上，根据市场营销知识的内容，设计了8个项目、27个任务。每个任务又按照“任务学习目标”“任务描述”“任务学习”“案例分析”“任务实训”五个方面对其教学内容进行展示，突出了实用性和可操作性。任务学习目标：告诉学生本任务要学习的主要知识、要培养的主要能力和职业素养。任务描述：主要说明学习本任务的价值和意义。任务学习：主要介绍本任务具体学习的知识和技巧。案例分析：为了加深对本任务重点知识的理解，选取相关案例，举一反三，帮助学生巩固学习的内容。任务实训：结合任务学习要求，设计了实训的背景资料、实训目标、实训步骤、成果评价等内容，目的是通过调查、体验等方式，提升学生的营销专业技能和职业素养。

第三，借鉴了当代课程设计中几种行之有效的方法。

1. 案例导入与问题导学相结合。每个项目都有案例导入，设有问题思考。任务学习过程中将重点知识设计了“想一想”，让学生扩展思考。

2. 自主学习与小组学习相结合。任务学习内容通俗易懂，便于学生自学。案例分析、任务实训大都设计由学生小组共同完成，目的是培养学生与人合作、与人交流、分析问题、解决问题能力等职业核心能力等。

3. 课内学习与社会实践相结合。营销基本知识从书本、从课堂上认真学习即可掌握，任务实训必须到企业商场调研才能完成。

4. 过程考核与结果考核相结合。注重过程考核，学习过程中每个任务实训都有考核，并有具体的考核规范和标准，既考核知识，也看技能，还要考核营销职业道德和职业核心能力。每个项目后都有相配套的思考与实训，思考与实训既可作为平时训练用也可作为期末考试题库，进行结果考核。

第四，使用本教材的几点建议：

1. 课时安排建议表（4 课时 ×18 周 =72 课时）。

项目名称		序号	任务名称	建议课时
一	认知市场营销	1	认识市场和市场营销	2
		2	熟悉市场营销观念	4
		3	了解市场营销道德与实践	4
二	市场调研与需求预测	4	掌握市场调研方法和技术	4
		5	熟悉市场需求预测方法	2
三	消费者购买行为分析	6	了解消费者需求	2
		7	了解消费者购买动机	2
		8	掌握消费者购买过程	2
四	市场细分与目标市场选择	9	熟悉市场细分	4
		10	了解目标市场选择	2
		11	掌握市场定位策略	2
		12	认识市场营销组合策略	2
五	产品策略	13	认识产品组合策略	2
		14	认识产品市场生命周期策略	2
		15	了解产品包装策略	2
		16	熟悉销售服务策略	2
六	价格策略	17	熟悉企业定价程序	2
		18	熟悉企业定价方法和策略	4
		19	了解企业调价策略	2
七	渠道策略	20	认识分销渠道	2
		21	熟悉分销渠道的选择与管理	2
		22	了解中间商	2
八	促销策略	23	认识促销组合	2
		24	熟悉人员推销策略	2
		25	了解广告策略	2
		26	掌握营业推广策略	2
		27	了解公共关系促销	2
考试				4
合　计				72

2. 日常考核办法，关注学生三个方面的表现：

一是平时到课学习情况及课堂上参与小组讨论情况。

二是平时完成【任务实训】的表现及成果。

三是完成思考与实训练习情况。

全部任务实训一般要提前安排，给学生留出调查时间。根据情况，可让每个同学参与完成 27 个任务实训项目；也可将全班同学分成几个大组，把任务实训内容分成相应的几个部分，每个大组分为若干小组参与几个实训项目，全体同学共同完成任务实训项目。在保证质量的前提下，尽可能完成任务实训，以培养学生的营销专业能力。

3. 期末考试，在每个项目后有“思考与实训”的内容，设有选择题、判断题、案例选择题、案例分析题等题型，这些既为学生提供了拓展学习的内容，也可作为老师组合试卷用于期末考试。

本次修订修正了一些不合适的说法，替换了一些过时的案例，特别精选了大量培养学生良好营销职业道德的案例，任务学习目标细化为素质、知识、能力三项，对应了教育部人才培养方案中的培养规格要求。案例分析，增加了“讨论分析”环节，突出了小组讨论、分析探究、成果展示等重要的教学环节。每个项目中还增加了二维码教学资源，以调动同学们学习积极性。

本书由山西金融职业学院杜明汉教授编写项目一至项目三；山西省贸易学校阎图强副教授编写了项目四；山西财贸职业技术学院孙金霞教授编写项目五至项目八。全书由杜明汉总纂定稿。

本书为用书学校任课老师提供了课后练习的答案和电子课件，如有需要，请登录 jiaocai. cfeph. cn 下载。

本书在编写过程中，参考借鉴了国内外大量市场营销教材，限于篇幅未能一一注明，在此表示诚挚谢意。由于作者水平有限，加上时间仓促，难免存在错误和遗漏，恳请专家同行及读者不吝指正。

编　者

2021 年 2 月

目　录

项目一 1 认知市场营销

案例导入

到和尚庙推销梳子

有四个推销员接到任务，到庙里找和尚推销梳子。

第一个营销员空手而归。他说到了庙里，和尚说没头发，不需要梳子，所以一把都没销掉。

第二个营销员回来了，销了十多把。他介绍经验说，我告诉和尚说，头发要经常梳理，不仅止痒，还可以活络血脉，有益健康。经念累了，梳梳头，头脑清醒，这样就销掉一部分梳子。

第三个营销员回来，销了百十把。他说我到庙里去，跟老和尚讲，你看这些香客多虔诚，烧香磕头，磕了头起来头发就乱了，香灰也落到他们头上。您在每个佛像前面放一些梳子，他们磕完头烧完香可以梳梳头，会感到这个庙里关心香客，下次还会再来，这样就销出百十把。

第四个营销员回来说他销掉好几千把，而且还有订单。他说，我到庙里跟老和尚讲，庙里经常接受人家的捐赠，得有回报给人家，买梳子送给他们是最有意义和便宜的礼品。您在梳子上写上该庙的名字，再写上三个字“积善梳”，说可以保佑对方，这样可以作为礼品储备在那里，谁捐赠了就送谁，保证庙里香火更旺。这一下就销掉好几千把。

思考：1. 这则例子告诉了我们什么？对你有何启发？

2. 结合实际，谈谈掌握市场营销技能对你职业生涯发展有何意义。

任务 1
认识市场和市场营销

任务学习目标

素质目标：通过本任务的学习、案例分析和任务实训，激发同学们喜欢市场营销、热爱市场营销的兴趣，提高自主学习市场营销相关知识的兴趣。

知识目标：通过本任务的学习，能够叙述市场、市场营销和市场营销核心概念等内涵，了解市场营销的产生和发展等陈述性知识。

能力目标：通过本任务的案例分析和任务实训等活动，会分析市场与市场营销的关系、分析需求、产品、交换和市场等的相互关系。

任务描述

我们生活在社会上，其实每天都与市场营销打交道，你从附近超市琳琅满目的货架上看到市场营销，你从充斥整个电视屏幕、杂志和网络的广告中看到市场营销，在家里、学校和娱乐场所……无论做什么，你几乎都处在市场营销的包围之中。但是，市场营销并非消费者的眼睛所随意看到的内容。这一切的背后是一个庞大的营销网络，以及为获得你的注意和货币而进行的大量的营销活动。因此，我们需要学习和掌握有关市场和市场营销方面的基础知识。

任务学习

我们学习市场营销基础首先要从认识市场和市场营销开始。那么，什么是市场，应从哪些角度去理解市场，什么是市场营销，如何理解市场营销，只有我们真正明白了市场的含义及市场的特征，理解了市场营销的含义和构成要素，才能借助于市场合理组织市场营销活动，满足消费者需要，并取得营销的成功。本任务主要学习两方面的内容，一是市场的含义和市场具有的特征；二是市场营销的含义和市场营销构成要素的具体内容。

一、市场的含义和特征

企业的营销活动离不开市场，市场是企业进行营销活动的舞台和竞技场，是企业一切营销活动的出发点。

（一）市场的含义

1. 市场是商品交换的场所。这是一种狭义的市场概念，这种认识将市场看作一个区域、即在特定的空间、固定的时间中，人们进行着商品的交换活动。“日中为市，聚天下之民，取天下之货，交易而退，各得其所。”在这里，买卖双方一手交钱，一手交货，钱货两清，各得其所，如农贸市场、超级市场等。

2. 市场是指某种或某类商品需求的总和。商品的需求是通过买主体现的，因而也可以说，市场是某一产品所有现实买主和潜在买主所组成的群体。哪里有需求，哪里就有市场，对于企业来讲，商品定价以后，如果有人愿意以此价格购买，就意味着产品有市场，愿意购买又有货币支付能力的人越多，市场就越大。在市场经济条件下，企业要面向市场，就是指企业要面向消费者需求，亦即面向自己的顾客。

3. 市场是买主、卖主力量的结合。卖主、买主表现为供求的双方，因而也可以说，市场是供求双方力量相互作用的总和，如“买方市场”“卖方市场”的提法。“买方市场”说明整个市场对买方有利，在交易过程中消费者处于主动地位，由消费者支配着销售关系。“卖方市场”说明整个市场对卖方有利，在交易过程中商品的销售者处于主动地位，由卖方支配着销售关系。因此，判断市场供求力量的相对强度和变化趋势，对于企业进行营销决策是十分重要的。

市场营销研究的市场是指由一切具有特定的欲望与需求，并且愿意和能够以交换来满足此欲望和需求的现实购买者与潜在购买者组成。即企业如何通过整体市场营销活动，适应并满足顾客需求，以实现经营目标。站在市场营销的立场上，同行（供给者或其他销售者）都是竞争者，构成供给方，卖主（销售者）构成行业，买主（购买者）则构成市场。

想一想

上述几种市场含义的实际意义各不相同，你认为哪一种含义的市场更切合营销实际？当我们说“北京的水果市场很大”时，这里的“水果市场”指哪一种含义的市场？

（二）市场的一般特征

1. 形成市场的基本条件。市场必须具备以下三个条件：（1）有从事市场交换活动的当事人，包括生产者、中间商、消费者；（2）能够满足消费者某种需要的一定数量的商品和劳务，这是构成市场的物质基础；（3）交易双方都能接受的交易价格、畅通无阻的信息及其他相关的条件。只有具备了以上基本条件，才能成为现实的市场。

2. 构成市场的三要素。要成为营销市场应包含三个要素，即：（1）有某种需要的人；（2）有为满足这种需要的购买能力；（3）有购买欲望。用公式表示就是：

市场 = 人口 + 购买力 + 购买欲望

构成市场的这三个要素是相互制约、缺一不可的。例如，一个国家或地区人口众多，但收入很低，购买力有限，则不能构成容量很大的市场；又如，购买力虽然很大，但人口很少，也不能形成很大的市场。只有人口多，购买力又高，才能形成一个庞大而具有潜力的市场。但是，如果提供的产品得不到购买者文化和个性的认同，也不能引起人们的购买欲望。所以，营销市场应该是上述三个要素的统一。

3. 市场活动的基本内容。市场活动的基本内容是商品或劳务的买卖。生产者、中间商和消费者在市场营销中的地位不同、作用不同，参与市场营销的目的不同，具有各自独立的经济利益。生产者、中间商参与市场营销是为商品找到合适的购买者，而消费者参与市场营销是为了购买到合适的满足自身需求的消费品。因此，必须正确处理好交换双方的经济利益关系。

此外，在市场营销活动中，商品交换的客观经济规律，如价值规律、供求规律、竞争规律等，都要通过市场发挥作用，自动调节供求。所以，在营销活动中，营销人员必须自觉地按照市场经济规律办事，才能收到事半功倍的效果。

实 例

新疆淘金的启示

纪晓岚在《阅微草堂笔记》中，讲到他在被流放新疆乌鲁木齐时遇到的一件事。新疆北部的阿勒泰地区当时有金矿，很多关内的流民去那里淘金。这事被清朝政府驻乌鲁木齐的大臣知道了，找谋士来商量。有个谋士出了个主意，说很简单，通往阿勒泰产金区就一条道，派兵把守住关口，不准粮食进去，里面的人没粮食，只有乖乖地出来。驻乌鲁木齐的大臣接受了这个建议，派兵把守路口，不准粮食往里运。这下糟了，里面有好几万人，粮食一短缺就乱了。他们翻山越岭出来后，不少人变成了土匪，到处抢掠。清朝政府派兵去围剿，打了好几年，花费的军饷不知道有多少，结果效果很差。这就是违背了客观经济规律。其实很好办，既然只有一条路可以进去，在门口设个关卡，采了金的人要出来，可以照章纳税。这样，民众有收入，国家也有进项，可以两全其美。

二、市场营销的含义及构成要素

（一）市场营销的含义

“市场营销”译自英文“Marketing”一词。它有两层含义：一是指一整套活动，即对一种能满足现有的和潜在需要的产品或劳务，从产品设计、生产、定价、促销、调运到销售互为影响的一系列活动的计划和实施过程。当它指活动时将其译为“市场营销”或“营销活动”。二是指一门学科，即建立在经济科学、行为科学、现代管理理论基础之上的应用学科，是一门边缘性、实践性的经济管理学科。当它指学科时，习惯译为“市场营销学”。

市场营销的发展有一个过程。在其发展的不同阶段，其定义的内涵是不同的。“市场营销”最具权威的定义要算世界著名营销专家菲利普·科特勒博士1996年在美国出版的《市场营销原理》一书中指出的：市场营销就是通过创造和交换产品和价值，从而使个人或群体满足欲望和需要的社会和管理过程。从这一定义看出，市场营销主要包括以下内容：

1. 市场营销是一种创造性的活动。市场营销不仅满足现有顾客的需要，而且激发和满足潜在顾客的需要。正像索尼公司的创始人盛田昭夫宣称的，它不是服务于市场，而是创造市场。

2. 市场营销是一种自愿交换的活动。买卖双方自由交换，使各方通过提供某种东西并取得回报，交换是市场营销的基础。

3. 市场营销是一种满足人们需要的活动。消费者的各种需要和欲望是企业营销活动的出发点。因此，企业必须对市场进行调研、寻求、了解、识别并研究和掌握消费者的需要和欲望，从而确定需求量的大小。

4. 市场营销是一个系统的管理过程。市场营销不仅包括生产经营活动开始之前的具体经济活动，如搜集市场信息、市场调研、分析市场机会、进行市场细分、选择目标市场、设计开发新产品等，而且还包括生产过程完成后进入销售环节的一系列具体的经营活动，如产品定价、选择分销渠道、开展促销活动、提供销售服务等，同时还包括销售结束之后的售后服务、信息反馈等一系列活动。可见，市场营销过程涉及生产、分配、交换和消费等多个方面。

5. 市场营销是企业参与社会的纽带。营销是联结企业与社会的纽带。营销者在制定营销策略时必须权衡企业利益、顾客需要和社会利益，只有处理好企业、顾客和社会三者之间的利益关系，企业经营才能获得成功。

想一想

市场营销就是把产品推销或销售出去，这种说法对吗？

（二）市场营销活动的构成要素

1. 市场营销的实质是一种社会性的经营管理活动。从实质上讲，市场营销是指一种活动，尤其是指企业的经营管理活动。在企业众多的经营管理职能中，最显著、最独特、最核心的职能是市场营销。

相关链接

今天成功的企业，无论大小，都是绝对以顾客为中心并非常重视市场营销。市场营销融合了许多活动，包括调研、产品开发、分销、定价、广告和销售等活动。这些活动被设计出用来发现、服务和满足顾客的需要，同时实现组织的目标。市场营销通过许诺更高的价值来寻找、吸引新顾客，通过交付满意给顾客来留住并发展现有的顾客。

市场营销在一个充满活力的全球环境中运作。飞速的发展可以在眨眼间使昨日成功的战略变得过时陈腐。在21世纪，市场营销将面对新的挑战和机遇，企业将不得不密切关注市场动态。

2. 市场营销的本质是一种商品交换活动。通俗地讲，市场营销就是做买卖，就是企业围绕产品销售而展开的一系列运筹与谋划活动，而销售就是把产品卖出去，有买才有卖。因此，从本质上说，市场营销是一种商品交换活动。

3. 市场营销的主体是企业。市场营销适用于存在交换的所有领域。从广泛的角度说，市场营销的主体可以是个人、企业、公司等，但最具有典型意义的营销主体是企业。

4. 市场营销的客体是消费者或顾客。以企业为主体的市场营销活动的对象是市场，也就是消费者（个人消费者或组织消费者），是企业的顾客。市场营销就是企业面向市场开展的一种经营活动。

5. 市场营销的核心是交换。从供给和需求两个方面来分析，同时满足自己需求和他人需求的唯一途径就是商品交换，只有同时满足交换双方需要的活动才是市场营销。

6. 市场营销的目的是满足消费者利益的同时企业获取利润。对于企业来说，只有发现消费者现实需要和潜在需要，并通过商品交换尽力去满足，在满足消费者需要的过程中实现企业的赢利，这是市场营销的基本意义。

7. 市场营销的手段是系统性、整体性的市场经营活动。企业系统性、整体性的营销活动是指为满足目标市场需要而开展的各项市场营销活动，包括从产品生产之前到产品销售之后全过程的所有营销战略和策略，主要包括四个阶段：生产之前的市场调查与分析活动；生产之中的产品设计、开发及制造活动；生产之后的销售推广活动；产品销售之后的售后服务、信息反馈、客户关系维护等活动。这也指明了市场营销应有的活动内容，同时也说明市场营销与推销、促销和销售等不是同一个概念。推销是促销的一种手段，促销除了推销外还包括广告、营业推广、公共关系等手段；促销是营销的一部分，营销除促进销售外，还包括定价、分销渠道、仓储、配送等，而销售又只是市场营销的一个环节。所以，推销、促销和销售是市场营销活动的一个组成部分。

案例分析

在古代中国的一个村庄，有一个叫明华的年轻米商，加上他村庄里一共有6个米商，他就是坐在米店前等待顾客的光临，生意非常冷清。

一天明华意识到，他必须要了解一下乡亲，了解他们的需求和愿望，而不是单纯地说把米卖一点，算一点，经营的实际让他认识到，他必须要让乡亲感到买他的米物有所值，而且比其他几个米商的米都合算，于是他决定对销售过程进行记录，记录下乡亲的饮食习惯、订货周期和供货的最好时机。为此，明华进行市场调查，首先走访调查住户。询问下列问题：(1) 家庭的人口总数；(2) 每天大米的需求量是多少；(3) 家中米缸的存量有多大？

针对了解到的信息，他向乡亲们承诺：(1) 免费送货；(2) 定期将乡亲们家中的米缸填满。

问题：年轻米商明华通过了解乡亲的需求和愿望，向乡亲们做出承诺的做法对你有什么启发？请你从市场营销的角度说说你的看法。

讨论分析：

个人：每位同学根据案例资料和问题，在固定的学习本上记下自己的思考。

小组：每小组6位同学，1人为组长，1人记录，小组成员都要陈述自己的观点，讨论后形成小组意见，准备在班级交流。

全班：各组派一位代表陈述本组观点。

教师：记录各组陈述要点，最后做点评。

任务实训

从营销角度认识企业

1. 背景资料：在市场经济条件下，营销随处可见，在任何一个城市里，我们都可以看到有很多企业将营销作为他们最主要的商业活动。有的企业在营销活动方面投入了相当多的精力和资源，有的企业或多或少地参与了营销活动，其目的都是更好地实现经营目标。请同学们根据表1-1给出的例子，通过查找资料，实地调查完成空格处的内容填写。

表1-1 运用营销的企业类型

完全投入参与营销活动的企业	参与较多营销活动的企业	扮演有限营销角色的企业
广告代理	制造商	律师事务所
进出口公司	零售商	学校

2. 实训目标：通过查找资料和实地走访企业调查，能从社会角度认识参与营销活动的企业和组织，从而了解在市场经济条件下，每一个人、每一个社会组织，都或多或少地参与了市场营销活动。市场营销活动与我们每个人、社会上的每个组织都有密切联系，真是市场营销无处不在，无时不有。

3. 实训步骤：

(1) 学生5~6人为一组，指定一人为组长。

(2) 组长说明任务目标，并协调分配任务。每一成员找5家企业或组织（每一种类型中最少有一个企业或组织）。

(3) 小组讨论。每一个组员汇报自己调研或查找资料结果，并说明属于哪种类型企业，说明个人看法，其他成员评价。

(4) 填写空格。小组讨论后选出最有代表性、而且争议小的企业或组织填到相应的空格中。

(5) 小组汇报。抽查2~3个小组进行汇报，并说明理由，其他小组同学可发表个人看法，最后老师做评价。

4. 成果评价（见表1-2）。

表 1-2 运用营销的企业类型认知评分表

项目（分值）	标 准	得分
小组完成任务过程（30）	小组任务安排有序，搜集信息、与人交流、与人合作表现较好，讨论中大家发言踊跃，每个方面6分。	
小组汇报表现（25）	汇报简捷，选择企业类型正确，说明理由充分，表达流畅，汇报过程形象礼节表现好，每个方面5分。	
小组对运用营销的企业类型认知（45）	认知企业符合一个给5分。	
总成绩100分		
老师评语	签名： 年 月 日	
学生意见	签名： 年 月 日	

任务2
熟悉市场营销观念

任务学习目标

素质目标：通过本任务的学习、案例分析和任务实训，认同现代市场营销观念指导下的营销活动对营销伦理与营销职业道德的基本要求的内容。

知识目标：通过本任务的学习，能准确叙述市场营销观念的历史演变、新旧市场观念的区别、市场营销观念新发展等陈述性知识。

能力目标：通过本任务的案例分析和任务实训等活动，会分析市场营销观念演变的历史过程，会从多角度分析新旧市场营销观念区别，了解市场营销观念的新发展。

任务描述

本任务主要是了解在市场经济的发展过程中，人类社会的营销观念发生了什么样的变化，先后出现了一些什么样的观念，不同的营销观念与当时的社会经济环境、科学技术水平、消费观念等有什么关系。随着市场经济的发展，还会有适应新的营销环境和条件的营销观念不断产生。任何企业都是在一定的营销观念指导下开展经营活动的，学习市场营销观念，认识市场营销观念演变的特点，自觉地更新市场营销观念，才能在现代竞争激烈的市场营销活动中立于不败之地。

任务学习

我们了解了什么是市场营销，还要了解什么是市场营销观念，传统营销观念（生产观念、产品观念和推销观念）和现代营销观念（市场营销观念、社会市场营销观念）的具体内涵，了解传统营销观念和现代营销观念的主要区别，了解市场营销观念发展的新内容。市场营销观念既反映了社会生产力水平及市场经济的发展，也反映了企业营销管理者对市场营销发展客观规律的认识水平。学习了解市场营销观念的相关知识，有利于营销人员树立正确的营销指导思想，根据不同的市场营销环境，合理确定企业营销战略和策略，提高企业营销竞争力。

一、市场营销观念的演变

企业的市场营销观念不是固定不变的，而是在一定的经济基础上产生和形成的，是与当时的经济发展程度和市场形势相适应的。对市场持不同观念的企业会采取不同的经营方式，进而产生不同的营销效果。随着市场环境的不断变化，市场营销观念经历了一个由生产观念、产品观念、推销观念、市场营销观念到社会市场营销观念的漫长演变过程。

（一）生产观念

生产观念是指企业以生产为中心来组织企业经营活动。这种观念是在资本主义工业革命完成以前流行的观念。那时，生产发展缓慢，市场总的趋势是供不应求。因此，企业主要精力都集中在增加产量、降低成本上，很少考虑也没有必要考虑消费者的需求差异，其具体表现是：“我们能生产什么，就卖什么。”

这种观念的经营着眼点是产品，经营的基本策略是以生产数量多、物美价廉的产品而取得优势，经营的基本方法是等客上门，通过大量生产来取得利润。

（二）产品观念

产品观念是与生产观念并存的一种观念。这种观念认为：消费者欢迎质量高、性能好、有特色、价格合理的产品，因此，企业应集中一切精力提高产品质量，只要产品做到精益求精，物美价廉，顾客就会主动上门，无需大力推销。因此，从根本上说，产品观念只是生产观念的一种表现形式。只是它比生产观念多了一层竞争的色彩。在产品供不应求的情况下，这种观念常常会成为一些企业经营的指导思想。

（三）推销观念

当企业家不再担心能不能大量生产而是担心生产出来的产品能不能全部销售出去的时候，推销观念应运而生。其具体表现是：“我们卖什么，就设法让人们买什么。”

很显然，推销观念的产生是由于产品“过剩”所致。推销的目的是完成现时交易，而不是在满足需要的前提下与顾客建立长期的可获利的关系。推销者侥幸地认为，顾客在强力推销下购买了某产品，从此会喜爱该产品。即使他们不喜欢该产品，不久之后也可能会忘记自己的感受，并再次购买。而事实上，被蒙骗的顾客再也不会重复购买，正是所谓“一朝被蛇咬，十年怕井绳”。

（四）市场营销观念

这是一种完全不同于上述三种营销观念的现代经营观念，这种观念认为，企业的市场营销工作应该以目标顾客的需求为中心，从顾客需求出发，集中企业的一切资源和力量，设计生产适销对路的产品，安排适当的市场营销组合，采取比竞争者更有效的策略，满足顾客需求，取得利润。市场营销观念的核心就是：消费者或用户需要什么，企业就应当生产、销售什么，一切以消费者需要为中心。流行的口号是“顾客至上”“顾客就是上帝”“哪里有消费者需求，哪里就是我们的市场”。

市场营销观念是在买方市场的条件下形成的。20 世纪 50 年代以来，随着科学技术的飞速进步和生产的不断发展，整个资本主义世界市场的格局发生根本变化，买方市场全面形成。企业家们认识到，只抓生产或推销是不够的，在激烈的市场竞争中，企业只有注重产前市场调查研究，善于发现和了解顾客需求，从消费者需求出发，组织生产经营活动，市场需要什么，就生产什么，销售什么，市场需求在整个市场营销中处于中心地位。从推销观念到市场营销观念是企业经营观念的一次深刻变革。

相关链接

健康饮食已逐步成为餐饮消费的新潮流

在当今社会，健康饮食已经成为一个很热门的话题。民以食为天，但良好合理的健康饮食习惯却是保健的一个重要方面。合理健康的饮食结构不但让身体健康地生长，而且有助于疾病的治疗、健康的恢复，健康饮食已逐步成为餐饮消费的新潮流。

今天的消费者开始关注以轻食、健康、速食为卖点的餐厅，开始更多聚焦一些主题轻食餐厅。一家以鳗鱼为主题的轻食餐厅以“方便、突破传统意义上的快餐”这一特点吸引了周边众多的女性上班族的光顾。该餐厅就餐的客人以年轻女性居多，轻食营养丰富，有蔬菜、有水果，而且可无限量续增的大酱汤更是获得了她们的青睐。以鳗鱼为主题的创意料理：每碗饭的鳗鱼、米饭和酱汁都饱含着匠心，让顾客觉得这不是一个简单的快餐，而是一个有内涵的东西。

既要吃得好，又要服务到位。面对消费品质的不断提升，餐饮市场也在为登上消费高需求而进行调整。短短两年时间，这家餐厅就在全国有了 17 家门店，每年还在以 10 家门店的速度增长。

（五）社会营销观念

社会营销观念是对市场营销观念的重要补充和完善。这种观念认为，企业的市场营销活动不仅应当满足顾客的需要并使企业获取利润，还必须考虑到消费者和社会的长远利益，它强调要正确处理好消费者需要、企业利润、社会整体利益之间的矛盾，要统筹兼顾，求得三者之间的协调与平衡。

该观念起源于 20 世纪 70 年代。进入 70 年代以后，国际市场发生了新的变化，西方资本主义出现能源短缺、通货膨胀、环境污染严重、消费者保护运动盛行。奉行市场营销观念的一些企业，在市场营销过程中，虽然满足了顾客的需求，也使企业获取了必要的利润，但却损害了消费者或社会的长远利益。如以次充好、缺斤短两、掺杂使假等行为，严重损害了消费者的利益；如私人汽车的大量使用，造成空气严重污染，交通阻塞；许多一次性用品给人们带来了方便，但却造成了资源的浪费和环境的污染；空调、冰箱的使用，改变了人们的生活条件，但却破坏了大气的臭氧层，危害了人们的身体健康，等等。

针对这些情况，到 20 世纪 70 年代，提出了一些新的观念，如“人性观念”，“理性消费观念”，等，以修正和代替简单的市场营销观念。社会市场营销观念是市场营销观念的进一步发展，使营销观念进入了更加完善的阶段。

想一想

不同营销观念的主张是什么？

二、新旧营销观念的区别

上述五种营销观念可以归纳为两大类：以生产为中心的生产观念、产品观念和推销观念称之为传统营销观念，也叫旧营销观念；以顾客为中心的市场营销观念和社会市场营销观念称之为现代营销观念，也叫新营销观念。新旧营销观念存在着本质的区别，如表 1－3 所示。

表 1－3 新旧营销观念对比表

观念类型	起　点	中　心	手　段	目标（终点）
传统营销观念	产品	现有产品	增加生产或加强推销宣传	通过扩大销售获利
现代营销观念	市场	消费者需求	整体营销活动	通过满足顾客需求获利

改革开放几十年的探索与实践，使我国有越来越多的企业将现代营销观念植入了企业文化之中。在现代营销观念指导下，中国已脱颖而出海尔、华为等具有国际竞争力的知名企业和品牌。现代营销观念要求企业：第一，顾客至上，把争取顾客作为企业的最高目标；第二，为了满足顾客的需求和欲望，必须实施整体市场营销组合策略；第三，企业营销的目标是满足顾客需求，企业获取利润，增进社会福利，促进社会经济和谐发展。

三、市场营销观念的新发展

综观市场营销观念的演变过程可以看出，导致企业更新营销观念的直接原因是市场供求状况的变化，而推动企业营销观念转变的根本原因是市场经济的发展。随着客观环境的变化和发展，市场营销观念在不断地更新，以顾客导向为基点，产生了许多具有现代意识的科学的营销观念。

（一）生态营销观念

20 世纪 70 年代以后，生态营销观念在经济发达国家被企业广泛采用。由于以前营销观念过度强调按顾客需求进行生产经营，较好地解决了重视市场的问题，而忽视了企业自身资源和能力的问题，这样导致了另一种生产经营的盲目性，即不顾企业生产经营的实际条件而一味去迎合顾客的需求，以致于企业往往生产的不是自己所擅长的产品，也不比竞争对手更能满足顾客的需求，而造成产品大量过剩或质次价高而不为顾客所接受。有的市场学家由此认为，企业应当把面向顾客和面向生产者结合起来，实行“生态营销观念”。

所谓“生态营销观念”就是强调企业在开展市场营销活动中要把市场需求与企业自身优势有机结合起来，就像生物生长要与自然环境相适应一样，企业的生存发展也要与周围的营销环境相协调，不能只考虑市场需求而忽视自身的条件，也不能只考虑自身的条件而忽视了市场需求变化。要同时考虑两个方面的情况，要开发经营既符合市场需求又能发挥企业自身优势的产品。这一营销观念很好地解决了市场与生产的矛盾，不仅能使顾客需要得到更好的满足，而且能使企业获得较好的经济效益，因而受到企业界的重视。

（二）大市场营销观念

进入 20 世纪 80 年代以来，经济发达国家生产过剩，但是市场有限，同时市场竞争日益激烈，许多国家的政府干预加强，贸易保护主义抬头。为了保护本国的工业，采取了一系列关税和非关税贸易壁垒，在这种封闭型或保护型的市场上，已经存在的参与者和批准者往往会设置种种障碍，使得那些能够提供类似产品，甚至能够提供更好产品和服务的企业难以进入市场。于是美国著名的市场营销学家菲利普·科特勒在 1984 年提出了“大市场营销”这一新的营销观念。

所谓“大市场营销观念”就是在实行贸易保护的条件下，为了成功地进入特定市场，并在那里从事经营活动，在策略上协调地施用经济的、心理的、政治的和公共关系手段，以博得外国或各地区有关方面的合作与支持。

科特勒认为，企业面对特定市场，如果仍然采用传统市场营销战略已难以奏效，必须运用大市场营销战略，即在产品（Product）、定价（Price）、渠道（Place）、促销（Promotion）策略的基础上，再加上权力（Political Power）和公共关系（Public Relations）策略，并加以综合运用，才能排除通往特定市场大门的障碍，获得营销的成功。

（三）绿色营销观念

绿色营销观念是指企业要开发经营对生态有益的货真价实的产品，减少污染，保护环境，以改善人类生活质量的经营观念。

绿色营销观念出现于 20 世纪 90 年代。步入 90 年代以后，随着人们生活水平的提高，人口质量的改善，人们更加注重家庭、社会利益，更加关心人类赖以生存的环境，在消费意识上，日益青睐既无污染又有益于身体健康的绿色产品。这种新的消费导向，使越来越多的企业接受和采用更为新型的市场营销观念——绿色营销。绿色营销观念，要求企业从选择生产技术、产品技术、材料选择、包装方式及选择、废弃物的处理方式，直至产品的消费过程，都必须考虑对环境的影响，努力消除和减少生产经营活动对生态环境的破坏，尽量保持人与环境的和谐，不断改善人类的生存环境。

在可持续发展理论的指导下，针对日益严重的环境问题而提出的绿色市场营销观念，将成为 21 世纪市场营销重要的指导思想，是环境保护意识与市场营销观念相结合的现代营销观念。展望未来，企业在营销活动中，应强调开发绿色产品，传播绿色文明，共同促进人类社会的和谐发展。

（四）直复营销

直复营销是使用一种或多种广告媒体，在任何地方都可产生可度量反应或达成交易的一种相互作用的营销体系。直复营销的迅猛发展，源于信息技术的变革。从一定的意义上讲，每一个信息传播渠道都是一个营销渠道，直复营销最充分地利用了各种信息媒体，使营销活动呈现出丰富的多样性。

直复营销包括：直邮销售、网络营销、电话营销、电视营销等不同的方式。

想一想

直复营销等同于直接销售，这种说法对吗？

中式快餐火爆全美的奥秘

（五）文化营销

文化营销指企业在经营活动中，针对自己面临的目标市场的文化环境，采取一系列的文化适应策略，以减少或防止营销与文化特别是异域文化的冲突，进而使营销活动适应并融合于当地社会的一种营销方式。它强调物质需求背后的文化内涵，并把文化观念融合到营销活动的全过程中，而不是仅仅停留在广告、销售等个别环节上。

文化营销强调通过顺应和创造某种价值观，来达到某种程度的满足感。因此可以说，价值观是文化营销的基础，而核心价值观念的构建是文化营销的关键，只有通过发现顾客的价值观，并加以甄别和培养或是企业顺应需求，努力创造核心价值观念，才会使文化营销得以成功。

（六）网络营销

网络营销指组织借助互联网络、电脑通信和数字交互媒体等现代化技术而开展的各种营销活动，包括网络调研、网络分销、网络促销、网络服务等。网络营销的出现，在一定程度上反映了信息技术的发展对营销领域的影响，并有可能促使传统的营销手段和营销方式发生巨大的变化，也促使传统的分销渠道结构及分销渠道功能发生很大的变化，企业与用户之间的直接沟通将变得越来越便捷、越来越完善，使企业能够以相对低廉的成本，争取更多的顾客和用户。

案例分析

为的哥送把遮阳伞的营销魅力

上海某饭店曾搞过一个叫“为的哥送把遮阳伞，夏日送清凉”活动。在异常炎热的夏日里，某饭店的员工来到上海浦东机场，向辛苦奔忙的出租车司机送车窗遮阳伞和便携式水杯，为他们送去一份夏日里的清凉。当这些司机得到这些精美的礼品时，他们非常惊讶，特别是当发现这些礼品是为这次活动特别制作的时候，就更加感动了。毫无疑问，这个饭店的做法，给出租车司机留下了非常深刻的印象。

问题：1. 从营销的角度分析，这家饭店送遮阳伞的意义是什么？

2. 分析这家饭店运用了什么样的营销观念？

讨论分析：

个人：每位同学根据为的哥送把遮阳伞案例内容，在固定的学习本上写下你对饭店送遮阳伞的意义和运用了什么样的营销观念的看法。

小组：请同学们每4人分为一组，推选1人为组长，1人记录，在小组讨论中每个人依次陈述自己的看法，然后小组成员共同讨论，形成小组意见，准备在班级交流。

全班：每个小组选一位代表在班级陈述本小组观点。

教师：记录各小组陈述要点，最后做点评。

任务实训

五种营销观念的体验

1. 背景资料：假如你负责一家中式快餐店，如果运用五种不同的市场营销观念，各会怎样经营？

2. 实训目标：通过学习市场营销观念的内容，结合背景资料，掌握不同营销观念的运用，体验理论指导实践的营销过程。

3. 实训步骤：

（1）学生5人分为一组，选其中一人为组长。

（2）组长召集大家共同讨论背景资料的内容，结合实训目标的要求，每位同学谈不同营销观念指导下的快餐店营销情景。

（3）每个小组用适当的方式展示小组讨论的结果。

（4）选取3个小组，在班级交流讨论结果，其他小组同学可提问或点评，老师做总体点评。

4. 成果评价（见表1－4）。

表1－4　　快餐店运用不同营销观念经营方案评分表

项目（分值）	标　准	得分
小组完成任务表现（20）	小组讨论深入，与人交流沟通、与人合作、解决问题表现好，每个方面得5分。	
小组成员汇报中表现（30）	理解能力、口头表达能力、分析推理能力、理论运用于实践的能力、展示方式新颖有特点，每个方面6分。	
小组对营销观念实践运用水平（50）	5种观念，每个分析有理有据符合相应的营销观念给10分。	
总成绩100分		
老师评语	签名：　　　　年　月　日	
学生意见	签名：　　　　年　月　日	

任务3
了解市场营销道德与实践

任务学习目标

素质目标：通过本任务的学习、案例分析和任务实训，能批判市场上不道德的营销行为，并能针对各种状况提出符合法律、营销伦理和职业道德的管理措施和办法的建议，培养同学们守法守德经营的自觉性和社会责任感。

知识目标：通过本任务的学习，能准确叙述营销道德，营销道德的起源和发展动力，营销道德的功能和运行机制，企业营销道德失范的后果等陈述性知识。

能力目标：通过本任务的案例分析和任务实训等活动，培养同学分析营销道德与企业营销活动的关系。学会运用营销道德相关知识分析企业营销活动中营销道德失范的相关案例。

任务描述

任何营销活动都是人们在经济领域中谋求生存和发展的活动，同时也是体现人的思想素质的活动。人又是市场营销活动的主体，人的能力、道德素质会直接影响经济利益的实现。任何一项营销活动都包括道德性和技术性两方面内容，而营销活动正确与否的标准也应该是经济指标和道德评价的有机结合。因此，在复杂的市场营销活动中，只有清醒地意识到自己的道德责任，遵守正确的道德规范，才能保证企业市场营销活动的健康发展。

任务学习

我们了解了市场、市场营销和市场营销观念等专业技术性的问题后，还必须了解有关营销道德的问题。什么是营销道德，营销道德兴起的原因，营销道德的功能及运行机制，以及怎样培养营销人员营销道德等问题，是本任务学习的主要内容。

一、什么是营销道德

市场营销活动既是企业的经营行为，也是企业的社会行为，对每一种具体的市场营销行为，社会要依据一定的标准评价其是否合乎道德，某种程度上这些标准的总和就是市场营销道德，简称营销道德。营销道德是用来判断企业营销行为、营销活动正确与否的道德标准和道德规范，借助于这些标准和规范，可以分析现代企业营销行为的道德性与非道德性。

二、营销道德兴起的原因和发展动力

在市场经济条件下，市场营销在企业生产经营中处于越来越重要的地位，但由于营销活动的逐利性特点，引发了许多不道德的现象，营销中可能引起道德争议或者需要进行道德评价的问题得到了越来越多的关注。具体讲营销道德问题的兴起，存在以下几方面的原因：

（一）参与营销活动各方存在的期望差异

营销活动涉及顾客、批发商、零售商、广告公司、研究机构、媒体、政府部门、公众等利益相关者，每一方利益相关者都从自身角度出发存在期望，如顾客在购买产品时期望受到销售人员公平的对待，所购买的产品和服务价格合理；营销者则希望扩大市场份额，增加销售额等。公司利益与顾客利益、公司利益与社会利益、顾客利益与社会利益之间常常发生冲突，正因为几乎每一个营销决策都会给利益相关者带来一定程度的利益或伤害，因此这些决策都涉及营销道德决策。

（二）市场竞争压力加大

营销者比企业中其他人员（生产人员、财务人员等）面临更大、更直接的市场竞争压力。一般来说，竞争越激烈，决策行为的道德水平越低，营销人员在营销活动中使出不同的手段和招数应对市场压力，有些做法不违反法律，但是处在道德的边缘，道德水平较低，由此受到各方的质疑和关注。

（三）营销活动中存在的信息不对称

由于信息不对称，企业有可能通过损害顾客利益的方式获取自身利益。消费品市场中信息不对称现象常常出现于交易双方之间，而且不对称的程度因为交易双方的身份不同而有所区别。消费品市场存在着生产者、中间商和顾客三方之间的两两博弈，而要在博弈中获得较有利的结果，所占有的信息无疑至关重要，因此，参与博弈的各方都会尽力设法改善自己的信息地位，了解更多的信息。顾客主要从以下渠道获取商品信息：媒体和销售人员，他人及自身的消费经验，源于媒体和销售人员的信息通常是片面的，他人和自己的消费经验虽然可信，但消费经验是从反复消费中获取的，对于一次性消费或购买率较低的商品不一定有足够的经验。特别是在垄断竞争市场的情况下，销售者拥有影响市场的强大实力，顾客面对千差万别的产品和各种促销活动，其有限的消费经验难以真正改变自己信息劣势的地位。可见，生产者、中间商与顾客博弈是在信息不对称的状况下进行的，顾客处于明显的信息劣势，而这种信息不对称给不道德营销行为提供了机会。

（四）营销活动受关注的程度高

营销活动与公众的关系最密切，消费者时刻处在营销的包围之中，企业的营销活动受到社会广泛关注。市场营销行为中不道德行为也更容易被外部人士发现并讨论，由此引发各方对营销道德的探讨。

当前我国经济改革取得了很大成就，人民生活水平不断提高，但伴随经济的发展，经济活动中也出现了一些不道德现象，如虚假广告、侵犯消费者隐私、价格歧视、假冒伪劣商品等，这些不道德现象不仅严重损害了广大消费者和纳税人利益，引起各种矛盾和普遍的不满情绪，成为社会不安定的一个因素，而且破坏市场秩序，造成人与人之间的不信任，使市场交易过程中增加了许多不必要的搜集信息、甄别信息的程序，提高了交易成本。

想一想

为什么市场经济越发展，越应该重视道德营销？

三、市场营销活动中营销道德的基本准则和规范

企业从营销调研到产品设计开发，从市场细分到识别竞争者，从广告到促销，从发现顾客需要到满足顾客需要，营销的各个环节都可以看到营销道德的力量。

（一）市场调研中的道德规范

企业不能为了获得市场信息侵犯消费者个人隐私；不能利用不正当手段窃取商品情报；不能收买竞争对手员工以获得重要的商业秘密；不能明知第三者是以不正当手段获得有关竞争对手的商业秘密，仍通过给第三者好处而获取商业秘密等。

（二）产品营销中的道德规范

企业不能故意夸大产品功效或者隐瞒有害信息；企业不能不考虑消费者是否真正需要，而在市场上大量倾销过时淘汰的产品；企业不能故意用超常尺寸的包装来吸引消费者的眼球，形成不同商品之间价格比较的困难；企业不能故意在品牌名称和商标上假冒品牌，以使消费者产生混淆；企业不能在产品生产和经营中，不注意资源的利用效率，严重污染环境，破坏生态平衡等。

（三）定价中的道德规范

目前我国市场经济活动中不道德的定价行为主要包括：价格欺诈，如误导性标价、虚假标价、两套价格、虚夸标价、虚假折扣、模糊赠售、隐蔽价格附加条件、虚假价格、不履行价格承诺、谎称价格、质量或数量与价格不符、假冒政府定价等；误导性定价，如促销价、价格比较、生产企业建议零售价等；暴利价格，违反公平交易自愿原则、强迫对方接受高价；掠夺价格，在竞争性市场上将价格定到不合理的低水平或亏损性低价，达到将竞争者逐出市场的目的；歧视价格，在同一市场上对同一商品的不同买主制定不同的价格；串谋定价，生产者和经营者之间互相串通，订立价格协议或达成价格默契，以共同占领销售市场，获取高额利润，等等。以上这些都是违反公平、合法和诚实信用的原则，都被判定为不道德的定价行为。

（四）分销渠道中的道德规范

在分销渠道中违背道德规范的行为有：违背合同契约，如互相推诿售后服务的责任，争抢经营获利高的商品等；流通假冒伪劣产品；转嫁渠道成本，如依靠上一级渠道成员的返利奖励，虚报广告费、店庆等资助获利，加大生产商负担等；采用灰色营销手段，如采用宴请、娱乐等不正当行为和方式，寻求其他中间商，实行差别待遇等。

（五）广告中的道德规范

目前，广受关注的广告道德问题有：虚假广告、比较广告、名人代言广告、恶俗广告等，误导消费者，在社会上造成不良影响。

（六）人员推销和促销中的道德规范

人员推销中的道德规范有：推销人员不得采用高压、夸大其词手段推销产品，为了达到推销目的，不得对顾客纠缠不休或刻意隐瞒有关产品的实际情况，不得对顾客歧视，不得在推销过程中对其他企业人员进行不道德行为，如排他行为、阻挠对手、指责对手、窃取商业秘密等。企业不得为了推销滞销积压产品滥用有奖销售，不得以重金为诱饵虚设奖项，欺骗顾客或大奖不投放，或设奖不兑现，从中牟取暴利，不得在促销活动中传播一些文化糟粕以及不健康的价值观。

四、企业营销伦理失范的后果分析

目前我国市场体制在法律、制度等方面仍然存在不完善之处，加之一些企业营销观念不端正，使得营销活动中屡屡有损害消费者利益和社会利益的事件发生。这些营销道德失范的事件对大众利益和社会公德造成了直接或潜在的危害，对于我国构建和谐社会也是一个不小的障碍。

（一）营销道德失范，危害企业的生存与发展

无论是制造、销售假冒伪劣产品，还是用虚假广告进行骗买骗卖，以及采用其他不正当手段营销，从短期来看，企业由于欺骗消费者获取了眼前的利益，但从长远来看，其不法活动一旦被曝光，必然危及企业本身的声誉和信誉，受到社会舆论的谴责，遭到消费者的唾弃，最终会失去顾客，失去市场。

（二）营销道德失范，危害消费者和社会利益

企业营销的对象是广大消费者，而不良营销行为表现出来的制售假冒伪劣、广告欺诈，对广大消费者而言，会造成经济损失，影响身心健康，严重者甚至会危及生命安全。

一些企业大量制售假冒伪劣产品对名优产品造成很大的冲击，使得名牌企业利润减少，造成国家税收下降，而且国家还要支付巨额资金对假冒伪劣产品进行查处。

（三）营销道德失范，破坏了公平竞争秩序

在正常的市场环境下，每个企业都是平等的，在同一起跑线上进行竞争，并通过正当的手段赢得竞争优势，由此获得的利益也才是正当的、合法的。然而，有些企业为了排挤竞争对手，独占市场，通过不正当营销手段，损害了公正性原则，破坏了市场竞争秩序，严重影响其他企业的生产经营活动，使之处于不利的竞争对位，使其正当利益遭受损害。

五、努力培育市场营销道德建设能力

市场营销道德建设是一项繁杂的系统工作，涉及营销道德决策、营销道德宏观环境建设、营销道德微观环境建设、营销人员个人道德建设问题。这里我们主要介绍一下营销人员道德素质建设的问题。

（一）提升员工营销道德素质的重要性

企业员工素质的高低，深刻影响企业营销道德水平。许多成功的企业，员工的营销道德教育始终是和企业命运紧密结合在一起的，企业的发展取决于员工的业务素质，更取决于其道德潜力。实践证明，企业营销道德教育过程中，将明确的教育内容和多样的方式方法相结合，才能激发员工的营销道德情感，磨炼营销道德意志，树立营销道德信念，培养员工履行

营销道德规范的能力，提高员工营销道德境界。员工的营销道德素养提升了，企业营销道德水平和道德形象也就会提升，从而为企业的生存和发展创造良好的条件。

（二）强化员工营销道德素质的途径

企业要不断培养员工的营销道德，增强员工的诚信观念，使营销道德成为全体员工的行为准则。企业塑造员工的营销道德，可以从三个层次入手：

1. 观念层。观念层实际上也就是一个企业的经营文化，它具有凝聚力和约束力。主要包括营销观念、敬业精神、以人为本的价值观、道德观，还有员工形成的共性的目标、责任、观念、态度和习惯传统等。

2. 制度层。制度层是企业围绕营销道德制定的各种规章制度、道德规范和员工行为准则，是由观念向行为转化的中介，表现为企业中员工的观念、习惯、态度等内容的规范和统一化。正确的营销道德和系统的规章制度可以引导员工的行为。

3. 行为层。成功的企业往往运用正确的观念，引导员工的正确营销行为。企业会运用行为道德规范和防范机制等规范员工个人的行为，只有员工有了卓越的表现，企业才会走向辉煌。

总之，只有强化员工的营销道德意识，提升道德素养，才能为企业发展奠定良好的道德基础。

案例分析

农夫山泉营销翻车　毫无逻辑的傲慢声明谁给的勇气

市值超4000亿港元的农夫山泉，因为一款气泡水产品在外包装与商场宣传中主打“福岛县产”的招牌，营销翻车，被网友和舆论质疑是“浓辐山泉”，陷入风波。

据媒体报道，农夫山泉官方微信公众号在20××年4月1日的推文中，的确将“产自日本福岛县”作为一款苏打气泡水的卖点。

然而自2011年日本福岛发生严重核泄漏后，周边水土遭受大量污染。鉴于核泄漏事故对食品、农产品质量安全的影响，国家质检总局已明令禁止从日本福岛县、群马县、栃木县、茨城县等12个县城采购进口食品、食用农产品及饲料。

如果农夫山泉宣传属实，那么就是违背国家禁令，售卖有核污染嫌疑的产品，涉嫌侵犯消费者健康安全。

显然农夫山泉不敢背这么大的锅，紧急辟谣说，该产品的配料中没有从日本福岛进口的成分。农夫山泉产品的标签标示符合相关法规要求，并无任何错误或误导。

这就非常有意思了，你既然没有进口，为什么要在营销中误导用户，虚假宣传是产自福岛县？

既然是虚假宣传，又为什么在声明中宣称并无任何错误和误导？要么产品属实，宣传无误；要么产品不属实，宣传有误。逻辑上的二选一，在这里农夫山泉成了两个都不是：农夫山泉既否认产品来自福岛，又否认宣传上说来自福岛的说法无误。

我们不禁要问，按照农夫山泉的逻辑，你的产品没有来自福岛，但你的宣传就是可以用来自福岛营销？

问题：农夫山泉既否认产品来自福岛，又否认宣传上说来自福岛的说法说明了什么？请你从市场营销道德的角度分析说明你的看法？

讨论分析：

个人：每位同学根据案例资料和问题，在固定的学习本上记下自己的思考。

小组：每小组6位同学，1人为组长，1人记录，小组成员都要陈述自己的观点，讨论后形成小组意见，准备在班级交流。

全班：各组派一位代表陈述本组观点。

教师：记录各组陈述要点，最后做点评。

任务实训

调查企业不道德营销行为

1. 背景资料：根据个人的消费经验，详细记述一次你消费过程中企业营销的不道德行为，或者前去相关企业调查了解或走访消费者，了解企业营销中的不道德行为。

2. 实训目标：通过学习市场营销道德实践相关内容，结合个人消费经验或走访调查，记录一次企业营销中的不道德行为，从而加深对营销活动中的不道德行为产生的原因，表现形式的认知，提升自己对不道德营销行为的抵制力和批判精神，为社会的文明和谐做出贡献。

3. 实训步骤：

（1）学生两人一组，共同协商完成本实训内容。

（2）每位同学结合个人消费经验，写出消费过程中一次商家的不道德营销行为，或者通过调查走访企业或消费者了解。

（3）每人写出一篇文字报告，互相交流、修改完善。

（4）选择有代表性的4位同学在班级交流，老师最后做点评。

4. 成果评价（见表1-5）。

表1-5　企业不道德营销行为调查评分表

项目（分值）	标　　准	得分
学生个人完成任务表现（20）	个人完成实训积极主动，积极进行调查，调研过程中思路清晰，能按时完成任务。每项5分。	
学生文字、口语表达能力（30）	报告结构合理，事实描述清晰，原因分析透彻，每个10分。	
学生对不道德行为调查报告完成情况（50）	内容，格式，表达方式，道德营销行为界定清晰，完成实训效果好，每项10分。	
总成绩100分		

续表

老师评语	签名： 年 月 日
学生意见	签名： 年 月 日

思考与实训

上海成立自由贸易区

1. 选择题

(1) 市场营销的最终目标是（ ）。

A. 销售产品　　B. 企业盈利

C. 塑造形象　　D. 满足需求与欲望

(2) 最典型的市场营销主体是（ ）。

A. 企业　　B. 组织

C. 个人　　D. 消费者

(3) 市场营销所包含的要素有（ ）。

A. 人口　　B. 购买欲望

C. 购买地点　　D. 购买能力

(4) 社会市场营销观念兼顾了（ ）。

A. 消费者利益　　B. 社会整体利益

C. 国家的利益　　D. 企业经济效益

(5) 买方市场意味着市场供求的基本态势是（ ）。

A. 供过于求　　B. 供不应求

C. 供求平衡　　D. 供求脱节

(6) 从自身利益出发，企业考虑较多的观念是（ ）。

A. 产品观念　　B. 市场营销观念

C. 推销观念　　D. 社会市场营销观

E. 生产观念

(7)（ ）是市场营销的核心。

A. 商品销售　　B. 交换

C. 商品供给　　D. 支付能力

(8) 大社会市场营销观念是指在原来4PS的基础上，再加上（ ）。

A. 政治权利　　B. 人员推销

C. 国家利益　　D. 公共关系

（9）生产观念强调的是（　　）。

A. 以量取胜　　B. 以廉取胜

C. 以质取胜　　D. 市场营销观念

（10）我们生产最好的电视机，这句话体现了（　　）。

A. 生产观念　　B. 产品观念

C. 推销观念　　D. 以形象取胜

2. 判断题

（1）市场营销可以创造需求。（　　）

（2）市场营销活动就是指在流通领域内进行的经营活动。（　　）

（3）企业生产经营活动的起点是市场，它的归宿和终点是消费者。（　　）

（4）从市场营销者的角度看，市场的大小就是指某种商品需求的多少。（　　）

（5）任何产品，只要货真价实，就会永远畅销。（　　）

（6）现代市场营销观念的核心就是一切以消费者的需求为中心。（　　）

（7）“顾客就是上帝”意味着顾客或用户需要什么，企业就应当生产或经营什么。（　　）

（8）任何能满足人们需求的东西都是产品，包括人物、观念、组织等。（　　）

（9）市场营销观念是以销定产的观念。（　　）

（10）有什么样的市场营销观念，就会有什么样的营销态度和营销行为。（　　）

3. 案例选择题

美国汽车大王亨利·福特是一位富有创新精神的企业家，他不断地采用新材料、新技术和新方法来制造各种新型的汽车。自 1902 年推出 A 型车以后，到 1908 年，英文字母中仅剩七个字母未被福特公司用来命名车型。1908 年福特宣布，他的公司从今以后只生产一种汽车，即 T 型车，因为它集中了以前各种型号汽车的优良特点。其营销哲学就是：千方百计增加 T 型车的产量，降低成本和价格，以便更多地占领市场，获得规模效益。亨利·福特曾傲慢地宣称：“不管顾客需要什么颜色的汽车，我只有一种黑色的。”在 T 型车上获得巨大成功的福特公司，随着市场的变化，后来也不得不以多样化的产品适应市场的需求变化。

（1）福特公司执行的是（　　）。

A. 产品观念　　B. 生产观念

C. 市场营销观念　　D. 推销观念

（2）从自身利益出发，企业考虑较多的观念是（　　）。

A. 推销观念　　B. 社会市场营销观念

C. 生产观念　　D. 产品观念

E. 市场营销观念

(3) 产品观念强调的是（ ）。

A. 以量取胜　　B. 以廉取胜

C. 以质取胜　　D. 以形象取胜

(4) 市场营销观念是企业在（ ）条件下，奉行的一种指导思想。

A. 供不应求　　B. 供过于求

C. 市场过渡　　D. 供求平衡

(5) 在新的市场环境下，汽车生产者必须考虑其产品的环保、节能、人性化设计等，这体现了（ ）。

A. 大市场营销观念　　B. 绿色营销观念

C. 社会市场营销观念　　D. 生态营销观念

(6) 一切市场营销活动的出发点是（ ）。

A. 消费者的需求　　B. 产品价值

C. 交换活动　　D. 交易活动

4. 案例分析题

中式快餐火爆全美的奥秘

熊猫餐厅（Panda Express）——全球最大的中式快餐连锁品牌，开遍了全美47个州，不仅天天有金发碧眼的外国人在门口排长队而且席卷了各大热门美剧。如今熊猫餐厅已开店超过2000家，23000多名员工，年赚100亿！这个风靡全球的中式快餐巨头火爆的奥秘是什么？

熊猫餐厅刚开业的时候生意十分惨淡，差点关门。创始人在反思中餐馆的传统经营方式时决定要先俘获外国人的心！带着独有“讨好”的人情味差异，生意开始天天爆满。

在熊猫餐厅中，对“中餐”的口味做出了彻底的改变，改变到在中国人看来根本就是“不正宗”的！相较于麦当劳、肯德基在中国仅仅是把炸鸡放到米饭上，熊猫快餐的本土化更深入！根据美国人的口味和选择喜好，熊猫快餐每个店只有20道左右的菜式，并推出了主打爆款“陈皮鸡”“宫保鸡丁”，这两道菜已经长盛不衰几十年了，“陈皮鸡”占到了营业额的30%，“宫保鸡丁”也因熊猫餐厅变成了全世界都知道的中餐代表菜。

虽然口味做了调整，但熊猫餐厅坚持延用中国传统的中国烹饪手法。这种中西结合的有趣碰撞，不仅体现在菜品上，还体现在更多的细节上，比如，因为外国人不怎么会用筷子，熊猫餐厅还创新地将叉与筷结合做出了独特的餐具。

熊猫快餐想要打开市场，尝试性地做了两件事：一是将菜品透明化，每道菜都标明其原料、烹饪方法、调味品等，让美国人能够快速全面地了解中餐，降低认知成本；二建立“试吃机制”。每位顾客在购买前都有试吃所有菜品的权利，降低美国人尝试中餐的行动成本。熊猫餐厅的创始人曾说过：“有时候我们不要被惯性思维所局限，这世界没有‘一定’，有时候转个身，换一个方向，便是海阔天空。”

（资料来源：销售与管理微信公众号《全球最大中式快餐，年入100亿，却永不在中国开店！只因发现了一个潜规则……》）

问题：

（1）熊猫餐厅在美国市场取胜的原因是什么？

（2）从市场营销管理的角度谈谈熊猫餐厅对你的启发。

项目二
2 市场调研与需求预测

案例导入

"防暑降温坐垫"的失败

重庆有一对夫妇，发现一家企业刚开发生产的一种充水的防暑降温坐垫在重庆这个"火城"中特别畅销。于是他们联想到海口市地处亚热带，夏日长，温度高，就想当然地认为防暑降温坐垫在海口肯定也有销路。他们立即筹款20万元，在重庆托关系买了1万只垫子运到海口市，计划以30元一只的价格出售。然而，事与愿违，这批垫子三年都没有卖动。生意失败后，这对夫妇才想起了市场调查。他们通过对海口市民的调查才知道：因海口市面临大海，尽管白天气温高达37℃以上，但到了晚上却很凉爽；海口市的市民主要由两类人构成，一类是本地人，另一类是全国各地去经商的人，他们要么整天到处跑生意，要么整天坐在装有空调的办公室里，都不需要这种降温用品。

思考： 1. 这对夫妇花了20万元的学费学到的是什么？

2. 对你有何启发，结合实际谈谈市场信息搜集的重要性。

任务1
掌握市场调研方法和技术

任务学习目标

素质目标：通过本任务的学习、案例分析和任务实训，认同现代市场营销观念指导下的市场调研方法和技术对营销伦理与营销职业道德的基本要求的内容。

知识目标：通过本任务的学习，能准确叙述市场调研的含义，市场调研的程序和方法，市场调研问卷的设计要求等陈述性知识。

能力目标：通过本任务的案例分析和任务实训等活动，基本掌握市场调研常用的方法和技术。

任务描述

每一个企业在竞争异常激烈、变化多端的市场上从事营销活动，必须掌握相关的市场信息，重视对市场信息的搜集、整理和分析工作。要获取信息就必须依赖市场调研，经过市场调研活动，在所需的时间、以适当的形式为企业营销主管人员提供所需的信息，帮助企业做出正确的营销决策，为企业的营销活动把握好时机和方向。

任务学习

市场调研是认识和了解市场的基本方法，是企业获取市场信息的重要手段，是营销人员运用科学的方法，有组织、有计划地搜集、整理与分析市场营销方面的信息，从而为了解市场的发展状况和变化趋势，为市场预测和营销决策提供科学依据的活动过程。本任务主要了解市场调研的含义、市场调研的内容和类型、市场调研的基本程序和方法、市场调研问卷的设计技术等基本知识和技能。

一、市场调研的内容

市场调研的内容和范围极为广泛。一般来说，主要包括以下几方面的内容：

1. 宏观环境动态信息。主要包括人口发展动态，经济发展趋势，经济政策的变化，经济法律法规的制定和执行情况及法律法规的调整，社会安全与稳定，自然环境的发展趋势，新技术开发的信息等。

2. 市场动态信息。市场动态信息是反映商品供需关系及其变动过程和趋势的基本信息，包括的主要内容有现有顾客群、潜在顾客群的收入、消费结构、市场供给、需求及其结构等。搜集这方面的信息资料，其主要目的在于研究潜在市场与潜在销售量，为制订总体的或地区的销售计划提供依据。

3. 产品动态信息。产品动态信息是指有关市场上与企业现有产品和拟开发产品的供应、销售相关的信息资料，主要内容涉及现有产品与新产品，产品的品质、价格、商标、包装等，销售增长率、产品生命周期特征等。搜集这方面的信息资料，可以帮助市场营销者了解产品的创新机会与创新动态，了解和判断产品的销售市场变化以及产品生命周期的变化过程，指导企业正确制订产品营销策略、产品开发和创新策略。

4. 消费者需求信息。消费者需求信息是搜集和分析消费者需求以及影响消费者需求及购买行为的信息。包括的内容有：消费者的构成信息，消费者购买行为与习惯的信息，消费者购买动机等。由于市场活动的最终目的是满足消费者的需要，在竞争激烈的买方市场上，只有赢得消费者的人心才能制胜。

5. 竞争者信息。竞争者分析是市场调研中的一个重要内容。它搜集和处理的信息有：同行竞争者数量，替代品竞争者的分布，竞争对手的规模、产品结构、市场范围、市场营销策略，顾客对竞争者产品、服务和营销策略的评价等。

6. 销售绩效信息。销售绩效信息主要包括销售政策和促销方法的效果信息。销售绩效信息包括：销售政策的执行情况与出现的新问题，对当前销售方法的评价；广告及其他促销手段效果分析等。搜集和分析销售绩效信息是为了建立更有效的销售组织和采取更好的销售方法，以最低的费用和最好的效果，把产品送到消费者手中。

想一想

一个休闲服装企业要了解目前在市场上最为流行的休闲服装样式，应搜集和分析哪些信息？（　　）。

A. 市场上销售的各种休闲服装样式

B. 各种休闲服装样式的销售量资料

C. 消费者对各种休闲服装样式的看法

D. 各种样式休闲服装的销售增长率

二、市场调研的程序和方法

（一）市场调研的程序

市场调研的程序包括设计调研任务和计划、进行调研准备、实际调研和资料整理与报告等阶段。

1. 确定问题与调研目的。在执行调研之前，应确定需要解决的问题和调研目的。由于经济现象非常复杂，不易准确发现问题和提出问题，因此，在确定研究问题阶段，通常要先做初步调查，然后确定调研的问题及其范围。要求问题要提得准确，范围不宜过宽，无关紧要的问题要删掉。

2. 拟订调研计划。调研计划（也称调研方案）是有关如何深入分析有关问题、达到调研目标的活动安排。调研计划的内容包括：规定搜集什么样的资料、找谁搜集资料、谁来搜集、如何搜集、费用预算等。例如，在拟订搜集资料时，如果企业内外现有的资料和数据可以利用，就要着手进行案头调研；如果资料不足，就要采取实地调查的方法。又如，由于被调查的对象太多，不可能包括全体，只有采用选样的方法。样本是否恰当，对调研结果影响甚大，因此，选样的决定，也是调研计划的组成部分。

3. 实际调研前的准备。主要包括调研人员培训，区域分工，设计与印制调查表，购置调研需用到的仪器、设备，熟悉被调查者的地址或分布及其文化背景等相关情况。

4. 资料搜集。在调研中一般首先考虑取得二手资料的可能性。运用现成的二手资料，不论在时间上或经济上都可以节省，对资料的历史背景也比较清楚，也可以与实地调查资料进行对比。但在运用二手资料时，要充分考虑到原资料可能存在的不足，如资料过时，原分类要求与调查目的不同，原资料可能有遗漏或错误等。如果二手资料不适用，就要考虑搜集原始资料。

原始资料可从企业内部和外部两方面进行搜集。内部资料指企业内部的业务状况记录，如销售记录、成本记录和实验记录等。外部资料主要来自对企业外部的调查或销售实验，如对用户或消费者的调查，对批发和零售企业的调查等获取的资料。

5. 分析整理资料。通过调查和实验得来的原始资料，必须加以整理，使资料系统化、简单化与表格化，达到准确、实用和完整的目的。也可使用先进的统计技术和决策模式，以发现更多的研究成果。原始资料的整理一般有如下步骤：

（1）编辑。目的是发现、剔除调查资料中的错误部分，做到去伪存真，去粗取精。

（2）编号。赋予每份资料一个数字符号，以便归类和查阅。如果使用电子计算机处理资料，编号更是一个重要步骤。

（3）制表。将已经分类的资料，有系统地制成各种统计表，以方便分析与利用。

（4）分析与解释。就是对资料进行综合分析与说明。

（5）编制报告，提出结论与建议。注意紧密围绕调查的目的与要求，客观、准确而且有的放矢地分析问题，提出建议。

相关链接

晋商重视信息搜集

山西商人非常重视通过各种渠道了解市场信息，了解各地物资余缺及其他影响经营的因素。他们有商谚称：“买卖赔与赚，行情占一半。”山西商人掌握市场信息的渠道有多种，当各地商号了解到市场信息后，便通过书函等形式，及时汇报总号，所以总号与分号之间一般是五日一函，三日一信，掌握各地的政治、军事、工农业生产、市场以及政界人事变动等。由于山西商人重视行情信息，因而在商业活动中能及时采取经营措施。

太谷县曹氏在沈阳开办有“富生竣”商号，其经理在一次返晋途中，见沿途高粱表面上茎高穗大，但茎内多生有虫害，便中途打道返回沈阳，大量收购高粱。这一年许多粮商见高粱生长良好，丰收在望，都极力脱手陈粮，结果秋收时高粱因遭虫害，大幅减产，粮价猛涨，“富生竣”却大赚了一笔。这正说明：信息处处有，留心变财富。

（二）市场调研的方法

1. 询问法。询问法是调研主体将拟订的调研问题，通过讯问的方式向调研对象获得信息资料的一种调研方法。询问法主要有留置问卷、邮寄问卷、访问法、小组讨论法、电话询问、网站发布调查问卷等方法。

询问法的主要优点是灵活性强，可以搜集不同场合下的各种信息；缺点是需要足够的规模与有效的组织策划，如果没有足够的规模，搜集到的信息就会缺乏代表性；如果组织不好、问卷设计不好、回收率低，就很难搜集到有效的信息。

2. 观察法。观察法是调研人员在搜集资料时，在调查现场不直接向被调查对象提出问题，而是通过有针对性地观察记录来搜集原始资料，以此来研究被调查对象的心理与行为。这种调查多是在被调查者没有觉察的情况下完成的，可用于获取被调查对象不愿意或不能提供的信息。观察法除了人员观察外，还可以由专用设备来处理，许多广告效果资料通常用机械记录器来搜集。

观察法由于是有目的地直接观察，减少了调查者主观偏见带来的影响，所得资料比较客观和准确，实用性也比较大。但是，由于它只能看到事物的现象，不能说明原因，特别是被调查者的感情、动机、态度等无法触摸到，所以，调研人员在使用观察法的时候还要配合使用其他信息搜集方法。

3. 实验法。实验法通常是为了验证某个假设，目的是说明事物间的因果关系。它是在给定的条件下，通过实验对比，对营销环境与营销活动过程中的某些变量之间的因果关系及其发展变化进行观察分析。

实验法多用于调研市场营销策略、销售方法、广告效果以及各种因素（如产品设计、价格、包装等）的变动对销售的影响。实验法的缺陷是时间长、费用大，选择实验的市场不一定有代表性，影响市场需求的可变因素很多且不易把握，所得结论不容易相互比较等。

实　例

测试话梅包装的大小

某蜜饯厂将同一品牌的话梅一部分采用大包装，另一部分采用小包装，选择规模、客流量、周边环境等条件相似的甲、乙两超市进行销售实验，为期四个月。前两个月甲超市卖大包装，乙超市卖小包装，后两个月进行对调，以减少由于超市自身和环境的差别所带来的误差。销售结果显示，前两个月小包装话梅比大包装话梅增加25%，后两个月销量增加21%，平均增加23%。

三、市场调研问卷（表）的设计技术

（一）问卷调查表的基本要求

主题明确，问题要明白易懂；措辞得体，含义清楚，不能模棱两可；内容不能过多，以易于回答；多采用填空和选择等简单方式（多种选择比简单选择为好）；所提的问题要有次序，避免杂乱无章；用词要亲切，并能引起被调查者的兴趣；避免提出被调查者难以回忆或不愿回答的问题。

（二）问卷调查表的组成

一般包括四个要素：面函，即说明调查目的及重要性；调查表设计说明；分类资料，即供调查人员根据年龄、性别、地区、职业及经济情况等进行分组和分析的资料；编号，以便采用计算机处理。

（三）提问方式

在问卷调查表的设计中，必须对问卷的类型和提问的方式进行精心的设计。一般有四种提问方式是调查表可以采用的。

1. 有限答案的封闭提问方式。这类问题通常只有两个或者多个有限的而且能够估计到的答案，可以在调查表上明确列出来，让被调查者选择回答（用划勾“√”或者划圈“○”方式）。例如：

（1）请问您最近一个月里是否光顾过麦当劳快餐店？　　是，否

（2）如果是，请问最近一次光顾麦当劳是几个人一起去的？

A. 您一人　　B. 两个人　　C. 三个人　　D. 四个或更多的人

2. 检测印象的回想提问方式。这类问题主要用于了解顾客的兴趣、注意力、选择记忆和平常生活习惯。例如：

（1）请回想一下，最近一年来引起您注意的洗发水的品牌有哪些？

（2）请回想一下含有“宝”字的商品品牌，看看您能够写出多少个？

3. 带有程度估计性质的提问方式。这类问题能够反映被调查者对有关事物的看法、观点和评价，也能够用于比较不同人（尤其是市场营销者与消费者之间）认识上的差距。可以有多种方式让被调查者对有关事物进行评价。常用的是打分法和排序法。例如：

（1）在您看完广告节目 a 以后，请您就以下几个评价指标在相应位置打分：

程度打分　　（最差）1　2　3　4　5　6　7　8　9　10（最佳）

A. 主题是否突出　　……………………………………

B. 画面是否清晰　　……………………………………

C. 能否引人注意　　……………………………………

D. 品牌是否明确　　……………………………………

E. 是否容易记忆　　……………………………………

（2）在您看完产品 a、b、c 的介绍材料后，对下列各个方面，请按从强到弱的顺序把三个产品进行排序：

A. 在产品使用的方便性方面　　________________

B. 在制造成本的合理性方面　　________________

C. 在产品功能的新颖性方面　　________________

D. 在产品质量的可靠性方面　　________________

4. 要求发表意见、说明观点的开放或一般提问方式。例如：

（1）家庭近三年开支计划中，主要考虑有哪些方面的开支需要？您计划通过哪些方式来满足这些需要？

（2）您对现在市场上许多商品供过于求现象怎么看？您认为应当如何解决这个问题？

由于回答这些问题有一定难度，而且被调查者的观点可能比较分散，此外，个人的表达能力也会导致答案的差异，因而难以得到理想的调查结果。通常情况下，应该较少采用甚至不用这样的提问方式。

实　例

关于“营销技能实训课”的效果调查问卷

同学们：

你们好！“营销技能实训课”已接近尾声，为了更好地安排以后的教学和为同学们提供良好的服务，请你们如实填写以下资料。谢谢你的合作！

你的性别：男（　　）女（　　）

1. 你对“营销技能实训课”感兴趣吗？（　　）

A. 非常感兴趣　　B. 比较感兴趣　　C. 不感兴趣

2. 你认为“营销技能实训课”对你掌握专业技能有帮助吗？（　　）

A. 有　　B. 有一定的帮助　　C. 没有

3. 上完“营销技能实训课”后，你对其中的技能还有印象吗？（　　）

A. 有　　B. 很少　　C. 没有

4. 你在“营销技能实训课”上学到了多少技能？（　　）

A. 较多　　B. 较少　　C. 根本没有

5. 你对“营销技能实训课”的老师总体满意吗？（　　）

A. 很满意　　B. 比较满意　　C. 不满意

6. 你认为现在“营销技能实训课”所学的内容都适用吗？（　　）

A. 适用　　B. 有一些不适用　　C. 不适用

7. 对“营销技能实训课”，你有什么好的建议吗？（请把你的建议写在下面）

____

____

____

案例分析

善于观察分析的张总

老张是一大型商场的总经济师，在商场做任何重大决策前，老张都会给管理层做一次详尽分析，分析中老张会采用许多数据，并用大家能够理解的方式，解释分析过程和结果。

老张善于搜集数据，而且养成了随时随地注意观察环境与事物的习惯。一次在一家大型购物中心设在一层的咖啡馆喝咖啡，一小时后老张说这家购物中心前景不妙，因为他发现顾客提袋率不高，果然没多久就传出这家购物中心经营惨淡，财务出现危机的消息。

问题：1. 老张善于观察，注意积累数据的行为对你有何启发？

2. 老张凭自己的经验和搜集数据做的预测可信吗？谈谈你的看法。

讨论分析：

个人：每位同学根据“善于观察分析的张总”案例内容，在固定的学习本上写下你对本案例的看法。

小组：请同学们每4人分为一组，推选1人为组长，1人记录，在小组讨论中每个人依次陈述自己的看法，然后小组成员共同讨论，形成小组意见，准备在班级交流。

全班：每个小组选一位代表在班级陈述本小组观点。

教师：记录各小组陈述要点，最后做点评。

任务实训

调查问卷设计实训

1. 背景资料：学校附近有一家专门为大学生服务的超市，为了提高经营活动的针对性，需要了解大学生的消费状况，请帮助设计一份关于“大学生消费情况”的调查问卷。

2. 实训目标：掌握调查问卷设计技能，提高与人沟通交流、与人合作的能力，数字应用的能力。

3. 实训步骤：

（1）学生每6个人一组，分为两个小组，每个小组走访学校附近的市场和征求同学意见，然后设计调查问卷。

（2）各组深入企业与营销人员沟通，征求调查问卷意见。

（3）两个小组同学沟通交流，共同制订一份调查问卷。

（4）老师选取3份设计有特色的调查问卷在班级交流。

（5）其他同学可提问或点评，最后由老师做总体点评。

4. 成果评价（见表2－1）。

表2－1　　调查问卷设计评分表

项目（分值）	标　　准	得分
小组完成任务过程表现（30）	小组调查资料，设计调查计划，走访企业，设计问卷草案，征求企业相关人员意见，学生意见，完善问卷，每小点5分。	

续表

项目（分值）	标　　准	得分
小组交流汇报表现（20）	汇报说明任务完成过程，说明问卷设计思路，问卷内容及任务完成体会，每小点 5 分。	
小组设计调查问卷情况（50）	主题明确，措词得体，内容适中，填写方便，问题次序清晰，有调查表说明，基本情况了解，提问方式恰当，便于统计整理，设计有技巧。每小点 5 分。	
总成绩 100 分		
老师评语	签名：　　　　年　月　日	
学生意见	签名：　　　　年　月　日	

内外部消费阻力一览表

任务 2
熟悉市场需求预测方法

任务学习目标

素质目标：通过本任务的学习、案例分析和任务实训，认同现代市场营销观念指导下的市场需求预测方法和技术对营销伦理与营销职业道德的基本要求的内容。

知识目标：通过本任务的学习，能准确叙述市场需求预测内涵，预测的方法，市场调研报告撰写等陈述性知识。

能力目标：通过本任务的案例分析和任务实训等活动，基本掌握市场需求预测常用的方法和技术，提高市场调研报告撰写能力。

任务描述

企业调查人员在对调查信息进行整理和分析的基础上，会得出结论，并对调查问卷中的数据进行检查以确保结论准确和完整。通过数据代码，运用计算机和相应的数学模型进行统计分析和预测，以帮助营销人员做出正确的营销决策，合理制订销售计划，选择零售地点，设计最佳的促销组合，以及预测新产品的销售趋势等。市场调研活动主要搜集市场基本信息与数据，市场预测活动就要借助于搜集到的基本信息，运用不同的方法和相关数学模型进行市场需求预测与分析。

任务学习

市场营销活动看上去变幻莫测，实际上有一定规律可循，而且这些规律是能够被有心人认识和掌握的。只要细心观察和总结，人们就可以在一定程度上预测未来。市场需求预测就是根据市场营销的历史和现状，凭借以往的经验和知识，运用一定的预测方法和技术，对市场发展的趋势进行预测、测算和判断，得出符合逻辑的结论，用于服务企业市场营销决策。那么，市场需求预测的基本原理是什么？市场需求预测有什么方法和技巧？市场调研和预测报告如何撰写？就是本任务学习的主要内容。

一、市场需求预测的基本原理

（一）连贯性原理

消费者或用户的消费方式、消费需求不断发生变化，个别的变化具有一定的随机性，但从总体上看，这些变化是连贯的，是遵循一定规律的。连贯性原理表明，过去和现在的市场需求水平和性质对将来一定时期的市场需求是有影响的，因而营销人员可以通过分析过去和现在的市场需求资料，进而推断未来的市场需求水平和变动趋势。

（二）联系性原理

在市场上，消费者或用户对某种商品的需求，通常是受到他们的消费习惯、购买能力、生活背景、价格、广告和促销等因素的影响。通过分析这些因素，可以建立起一种能反映市场需求变化规律的因果分析框架，进而依据消费习惯、购买能力、生活背景、价格、促销等的变化资料，来预测未来一定时期的市场需求。

（三）类似性原理

通过对客观事物发展变化规律的认识和比较分析，人们发现，相当多的事物变化规律之间具有相似性。例如，生物间的生命周期现象与产品的市场生命周期现象之间，机械运动中的加速度原理与商品促销原理之间等，具有较高的相似性。这种事物变化规律之间类似性原理为人们推测市场需求的变化提供了一个便捷的途径。

想一想

举出一个市场变化中符合类似性原理的例子。

二、市场需求预测的方法和技巧

市场需求预测的方法和技巧有很多，按照预测的性质，主要可分为两大类，即定性预测法和定量预测法。

（一）定性预测法

定性预测法是指对预测对象内在发展规律进行的分析，判断其未来发展变化趋势的一种预测方法。定性预测通常是在数据不足而难以获得或没有必要去搜集详细的数据时，凭借个人的知识、经验或集体的智慧及直观的材料，对事物的性质和规律进行预测，而非依靠复杂的数学工具进行预测。

定性预测可以充分考虑政治、经济、社会等各种因素对预测对象未来发展变化趋势的影响，简单易行。不足之处是对于未来变化趋势难以做出精确的说明，对各种预测目标之间相互影响的程度难以做出量的说明，对预测结果难以估计其误差和评价其可信程度。

1. 购买者意向调查法。这是通过直接询问潜在购买者的购买意向或计划，据以判断未来某时期市场需求潜量的一种定性预测法。因为市场是由现实购买者和潜在购买者构成的，未来市场需求潜量取决于各类购买者的购买计划，而这种计划只有购买者胸中有数，外人很难知晓，因此，通过访问调查，可以了解各类购买者的未来购买（采购）意向，进而可对未来的市场需求做出预测。

2. 销售人员意见法。对于市场需求变化规律有较深认识和掌握的人员，是那些每天和顾客打交道、直接从事商品销售工作的销售人员，包括制造商的推销人员、零售商的营业人员和部门经理、代理商等。他们尤其对自己所在地区、自己主要销售产品的市场情况十分熟悉，因而进行这一层次的市场需求预测具有优越的条件。

3. 专家预测法。专家预测法是根据市场预测的目的和要求，向经过严格挑选的有关专家提供相应的背景资料，通过会议的形式对预测对象及其前景进行评价，在综合分析判断的基础上，集思广益、发挥集体智慧，做出预测的方法。

专家预测法预测结果的好坏在很大程度上取决于专家选择的恰当与否，所以选择的专家一定要有代表性，具有丰富的理论知识和一定的市场预测方面的知识和经验。另外，选择的专家人数要恰当（通常要控制在 15 人以内），这有利于从不同的侧面对问题进行分析，得出比较一致的意见。专家预测法的关键是让各个专家充分发表意见。为实现这一个目标，通常采用直接头脑风暴法和质疑头脑风暴法。

（1）直接头脑风暴法。即根据一定的规则，通过共同的讨论，鼓励专家独立思考，充分发表意见的一种集体评估的方法。

（2）质疑头脑风暴法。即同时召开两组专家会议进行集体讨论，其中一个专家组会议采用直接头脑风暴法提出设想，另一个专家组会议则是对第一个专家组会议产生的各种设想进行质疑，通过质疑进行全面评估，直到无问题可质疑时为止，使预测结果趋于完善。

（二）定量预测法

定量预测法是依据历史的资料，对预测对象未来发展变化趋势进行量的分析和描述的方法。它通常用于原始数据比较充分或数据来源多且稳定的情况。

定量预测由于重视数据的作用，以数学模型作为分析手段，不易受到人为因素的影响，故精确度比较高，还能对预测目标的未来发展程度和过程以及各目标之间的影响和制约关系做出定量的判断，为决策者提供更精确、更直接、更全面的信息资料。不足之处是对预测人员的知识特别是数学知识的要求比较高，对数据资料的准确性要求比较高，对时间的限制性比较高。所以，在市场预测中，通常是把定性和定量预测结合起来，在定性分析的同时，辅之以定量的分析，确保有比较高的预测准确性。

1. 时间序列分析预测法。时间序列分析预测法，是将历史资料和数据按时间先后顺序排列，根据时间序列所反映的经济现象的发展过程、方向和趋势，将时间序列外推或延伸，进行推算，以预测经济现象未来可能达到的水平，因而又称为时间序列预测法。它的主要特点是以时间的推移来研究和预测需求趋势，排除外界因素影响。

2. 回归分析预测法。回归分析预测法，是对具有相关关系的变量，在固定一个变量数值的基础上，利用回归方程测算另一个变量的取值的平均数。它是在相关分析的基础上，建立相当于函数关系式的回归方程，用以反映或预测相关关系变量的数值关系及数值。

3. 大数据分析法。在数字时代，互联网使用的很多信息都公开化，这些数据中蕴藏着巨大的社会价值和商业价值。大数据应用于营销管理及创新领域，大大帮助了企业精准地挖掘顾客要求，极大地提升了营销效能。

想一想

在市场营销活动中，定性预测和定量预测哪一个更可靠？

三、市场调研和预测报告的撰写

市场营销调研或预测报告，是某一个市场营销调研或预测项目最终成果的主要表现形式，是调研人员对某种现象或某个问题进行深入细致的调查并经过认真分析研究后做出的一种书面报告。

实　例

关于“营销技能实训课”实训情况调查报告

一、基本情况

营销专业是学院教改专业，营销专业学生如何进行职业技能培养，如何提高营销职业能力是学院营销专业老师一直探索的一个课题。经过两年的努力，学院开发出了“营销技能实训课”，并在本学期四个班进行试点教学。

本次组织“营销技能实训课”实训情况调查，对学院本学期开设该门课程的两个高职班、两个中职班的学生进行问卷调查，共调查了200人，收回有效调查问卷200份，其中高职学生占60%，中职学生占40%；男生占55%，女生占45%。

二、调查目的

“营销专业技能实训课”是为提高学生营销技能而开设的一门职业技能训练课。为了了解训练内容设置、训练方法、训练效果等情况，需要听取学生意见，以便能根据社会经济发展需要，学生意见和建议，不断完善营销技能实训课的教学与实训，努力提高学生营销职业技能。

三、调查时间

在本学期第十六周周二下午进行。

四、调查方法

面向全院营销专业中的两个高职班和两个中职班的全体学生进行问卷调查。

五、调查数据统计

对200份有效问卷数据进行统计整理汇总如下（见表2-2）：

表2-2 调查资料统计表

项目 / 问题	总人数	200人	男生	110人	女生	90人
1	A	178人/89%	B	20人/10%	C	2人/1%
2	A	150人/75%	B	40人/20%	C	10人/5%
3	A	160人/80%	B	32人/16%	C	8人/4%
4	A	150人/75%	B	45人/22.5%	C	5人/2.5%
5	A	140人/70%	B	50人/25%	C	10人/5%
6	A	120人/60%	B	55人/27.5%	C	25人/12.5%
7	关于对营销技能实训课的建议：有部分同学提出了建议，主要包括能更好地与企业实际结合，请企业的能工巧匠来校进行技能训练，训练形式增加趣味性和吸引力等。					

六、主要问题分析

1. 学生认为比较好的两个问题：一是89%的学生对营销技能训练课感兴趣；二是80%的同学对学过的技能有印象。说明同学们对营销职业技能课感兴趣，对学过的技能留下深刻印象。

2. 学生意见比较多的三个问题：一是12.5%的同学认为学习内容不实用；二是5%的学生认为对掌握专业技能没有帮助；三是5%的学生对部分老师不满意。

根据上述统计数据和个别走访同学，大部分学生对营销技能训练课给予肯定，学院应在不断完善的基础上，继续深化课程改革，增加实训内容的实用性，提升实训形式的趣味性。对部分学生不太满意的方面，一是要进行认真调研，聘请企业专家共同开发营销技能实训项目，增加实训内容的实用性；二是对学生加强专业教育，提升同学们专业认知水平，调动同学们学习专业知识和技能的积极性；三是老师在征求学生意见的基础上，提高实际操作技能，提升训练水平。

总之，营销技能训练是一项需要不断探讨和完善的新任务，只要认真研究，不断完善，一定会取得预期效果的。

（一）市场调研报告的格式

市场营销调研或预测报告实际上是将市场调研或预测活动做一个总结性的汇报，因此其格式的特点应是开门见山，准确精练，具有实用价值。一份完整的市场调研或预测报告一般包括：题目、目录与摘要、正文和附件等几个主要部分。

1. 报告题目。报告题目应简明扼要地表达报告的主要内容。它可以只有正标题，也可以采用正副标题的形式。一般的格式是“关于××的调研报告”。

2. 报告的目录与摘要。当市场调研项目比较大，市场调研报告比较长的时候，应该使用目录或索引，详细列明调研或预测报告的各个组成部分以及页码，编排在报告题目的后面，以便阅读。

报告摘要就是列在正文前对报告的简要说明，主要包括以下几方面的内容：

（1）本次调研的目标；

（2）简要地指出调研的时间、地点、对象、范围及调研的项目；

（3）简单介绍调研的方法、手段以及对调研结果的影响，包括所需的信息、二手资料的搜集、一手资料的搜集、测量技术、调查表设计、抽样技术、现场工作等；

（4）调查中的主要发现或结论性内容。

3. 正文。正文是调研报告中最长的部分，应根据具体的调研内容充分展开。它往往包括开头部分、论述部分和结尾部分，主要根据调研或预测问题的性质、目标和所获得的结果，进行合乎逻辑的叙述。

（1）开头部分。有以下几种撰写方式：

① 开门见山，提出主题。

② 先写结论，再进行论证。即文章一开始就将调研结论写出来，然后再进行论证，如×年×月×日，我们在××市对××的市场销售状况进行了一次随机抽样调查，调查的结果表明：××在××市的销售状况良好，其市场前景乐观，具体表现在以下几个方面……

③ 先列出数据资料，再进行分析。如本次“关于营销技能实训课的效果调查”中，调查的主要对象是在校的大专和中专班的学生，其中大专班占60%，中专班占40%；男生占55%，女生占45%。列出这些数据后，再进行分析。

④ 提出问题，引入正题。

（2）论述部分。主要分为基本情况和分析两部分：

基本情况主要是真实地反映客观事实，但不等于对事实的简单罗列，而是应该有所提炼，一般有三种撰写方法。

① 先对调查数据和资料做客观的介绍说明，然后阐述对情况的看法或观点。介绍资料时，可以列表单、画曲线图、文字叙述等。

② 先提出问题，然后引出分析问题，找出解决问题的办法。

③ 先肯定事物的一面，再由肯定的一面引出分析部分，最后得出结论。

分析部分是调研报告的主要部分，在这个阶段，要对资料进行质和量的分析，通过分析、了解情况，说明问题和解决问题。

（3）结尾部分。结尾部分是调研报告的结束语，主要是概括全文，得出调研结论，提出看法、建议和可行性的方案。这部分内容要求切实可行、可实施操作、实用有效。同时对调研报告的局限和不足做出说明。这一部分中，要小心地阐明项目中的局限性所在，避免客户过分依赖调研或预测结果，但要避免造成客户怀疑调研或预测结果的情况。

4. 附件。附件是调研报告正文包含不了或对正文结论的说明，是正文报告的补充或更为详细的专题性说明。附件可列出一系列的文件、调查表、统计数据等。

（二）市场调研报告的基本要求

要形成一份好的市场调研与预测报告，除了以上精心组织安排报告的结构和格式外，还必须遵循以下要求。

1. 客观准确。调研报告要符合客观实际，不弄虚作假，这是因为重视阅读和使用者的需求并不意味着为迎合他们的好恶而歪曲事实。

2. 重点突出。在保证全面系统地反映客观事物的前提下，突出重点，尤其要突出调研和预测的目的，提高报告的针对性、实用性，从而提高其价值。报告内容要简明扼要，精心组织、妥善安排报告的结构和内容，给人以完整、系统的印象。

案例分析

“利在长久”

司马迁在《史记·货殖列传》中记载了一个姓任的商人发财的经历。秦朝末年，天下将乱，一般的商人都趁机抢购金银珠宝，囤积这些当时值钱的东西。姓任的商人却把钱拿出来去购买大量的粮食储存起来。其他商人笑他不识时务，错过了发大财的机会。秦亡以后，楚汉相争，战乱连年，农民无法安心耕地种田。于是，粮食奇缺，这时姓任的商人大量抛售粮食，那些当年抢购珠宝的商人们也不得不用他们收藏的珠宝来换取粮食以求活命。结果，姓任的商人大发横财。

问题：结合案例，分析说明姓任的商人为什么赚了钱？

讨论分析：

个人：每位同学根据“利在长久”案例内容，在固定的学习本上写下你对本案例的看法。

小组：请同学们每4人分为一组，推选1人为组长，1人记录，在小组讨论中每个人依次陈述自己的看法，然后小组成员共同讨论，形成小组意见，准备在班级交流。

全班：每个小组选一位代表在班级陈述本小组观点。

任务实训

调查报告撰写

1. 背景资料：通过上一个实训任务，你已经帮助学校附近的一家超市设计了一份调查问卷，现要求每个同学根据自己设计的调查问卷，在一年级、二年级、三年级分别选取50名同学进行问卷调研。调研结束后，整理调研资料，进行调研分析，并根据调研资料和分析结果撰写一份市场调查报告。

2. 实训目标：熟悉调研报告结构等基本内容，掌握调研报告撰写技能，提升自己与人沟通、与人交流、分析问题、解决问题的能力。

3. 实训步骤：

（1）每个同学独立完成任务，或两个同学互相帮助完成调研任务，但必须独立撰写调研报告。

（2）准备好调查问卷，确定调查时间、调查方式、调查应注意的问题等，并对实施调研的过程进行认真的分析准备。

（3）根据分析准备的思路实施调研，完成调研任务。

（4）结合调查问卷内容及调查实际情况，整理调查数据，分析相关资料。

（5）根据整理的数据和分析结果，独立完成调查报告的撰写。

（6）把自己撰写的调查报告，征求同学的意见，修改完善。

（7）老师选取3～5份调研报告，在班级做交流，其余进行展示，同学们可提问，老师做总体点评。

4. 结果评价（见表2－3）。

表2－3　　调查报告撰写评分表

项目（分值）	标　准	得分
问卷调查实施（25）	选择恰当方式接触被调查者；掌握应对拒访的处理技巧；掌握与被调查者交谈沟通技巧，解释追问方面的技巧；掌握问卷记录的技术；掌握问卷检查常用方法。每个方面5分。	
调查资料的整理与分析（20）	会对调研资料审核；掌握数据整理的方法；具有对数据分析技能，会用不同的方式展示相关数据（制作统计图）。每小点5分。	
市场调查报告撰写（20）	有针对性地筛选取舍资料；能针对调查内容拟订提纲，能听取意见合理地修改提纲；根据提纲撰写调研报告，有针对性地提出结论及合理化建议；撰写报告格式规范，文理通顺。每个方面5分。	
个人完成任务的表现（20）	调查准备充分，积极实施调研；积极撰写调研报告；并按时完成任务；与同学合作愉快。每个方面5分。	
践行职业道德情况（15）	调查问卷设计无抄袭行为；调研报告撰写个人自主完成无雷同现象；整个调研活动自觉践行调研方面的职业道德。每个小点5分。	
总成绩100分		
老师评语	签名：　　　　年　月　日	
学生意见	签名：　　　　年　月　日	

思考与实训

建立顾客档案

1. 选择题

（1）消费者对 DVD 态度的市场预测应该运用（　　）。

A. 定量预测法　　B. 专家预测法

C. 定性预测法　　D. 销售人员意见法

（2）市场调研的第一步是（　　）。

A. 拟订调研计划　　B. 确定调研目的

C. 搜集调研信息　　D. 选择调研对象

（3）企业获得信息的途径很多，下列途径获得的资料不属于二手资料的是（　　）。

A. 国家统计公报　　B. 行业协会统计资料

C. 问卷调查　　D. 报刊文献

（4）市场营销调研中，搜集一手资料的方法主要有（　　）。

A. 实验法　　B. 观察法

C. 询问法　　D. 抽样法

（5）市场需求预测的基本原理有（　　）。

A. 连贯性原理　　B. 因果性原理

C. 类似性原理　　D. 联系性原理

2. 判断题

（1）消费者或用户的消费方式、消费需求在不断发生变化，但总体上看，这些变化是遵循一定规律的。（　　）

（2）消费者对网络营销态度的市场预测，运用定量预测效果最佳。（　　）

（3）询问法是市场调研中最常用、最基本的调研方法。（　　）

（4）市场调研一般包括：题目、正文和结尾等几个主要部分。（　　）

3. 案例选择题

某公司想了解一下其产品的需求情况，为此组织了一次市场调研活动。按照调研计划该企业首先进行了一次问卷调查，他们选取了北京、上海和广州三个城市作为代表城市，在这三个城市中随机发放问卷。他们向消费者发放的问卷中，问答项目达几百个，而且十分具体。该调查所获得的数据被存入计算机，进行详细的分析。

此外，该公司为了改进其刚刚研制成功的产品，还邀请消费者担当“商品顾问”，让他们试用这种新的产品，然后“鸡蛋里面挑骨头”，从他们那里搜集各种改进的意见。该公司担心“商品顾问”有时也会提供不真实的信息，因此，公司的市场调查人员经常亲自逛市场，“偷听”消费者购买时的对话，或者干脆装扮成消费者，四处探听店员和顾客对产品的意见。他们的目的只有一个，就是一定要得到真正准确的信息，而不是虚假的赞誉。

在亲自获取市场信息的同时，该公司还把其他部门所提供的市场分析进行加工和整理，来补充市场调查所获取信息的不足。这些从公开出版物、报纸、杂志、政府和有关行业获取的统计资料，为该企业了解整个市场的信息提供了帮助。

（1）该公司在亲自获取市场信息的同时，还需要多种二手资料的支持，那么下列途径中属于获得二手资料的是（　　）。

A. 国家统计资料　　B. 问卷调研

C. 大众传播媒体　　D. 行业协会统计资料

（2）从资料中可以看出，该公司进行的调研活动包括的主要内容是（　　）。

A. 市场容量　　B. 需求特点

C. 竞争对手　　D. 市场环境

（3）在调研问卷的设计中，一般不适宜提（　　）。

A. 封闭式问题　　B. 开放式问题

C. 回想式问题　　D. 程度估计问题

（4）该公司在进行市场调研时采用了（　　）。

A. 观察法　　B. 试验法

C. 询问法　　D. 案头调研法

4. 案例分析题

（1）消费者想什么？

近几年，随着人们收入水平的不断提高，家庭的消费方式已发生了根本性的变化，过节到饭店、来客到餐馆吃饭已成为城市消费的一种很普遍的现象。中国本身又是一个饮食文化深厚的国家，特别是近几年南北菜系的交融，为消费者带来了很多口福。在这一趋势中，“火锅”发展很快，在某县城形成了“火锅一条街”。

同心公司看准了这一市场，决定投资建店。他们派人到北京进行实地考察，跑遍了北京城的火锅店，最后选中一家，经过协商谈判，决定以连锁经营的模式在当地联合开店。比照北京店的情况，斥资300多万元，在火锅一条街上建了一家火锅店。在建店的过程中，经营者认为，原有的火锅店档次低、环境差，他们要建一个高档次的，于是把设计重点放在环境的建设上，高雅的内部环境成了它的一大特色。他们提出了“火锅也能吃精彩”的口号，开业时请北京的名人剪彩，实行八折优惠，质量上传承北京特色，推出嫩羊肉、肥牛和鸡肉，在汤料上加入中药滋补品，价格实行高价策略，他们相信这一设计完美无缺。但是，事情并不像想象的那么好，别家的生意红红火火，而这家店生意很冷清，尽管针对节假日开展了各种各样的促销活动，但总是不如人意。

问题：①在这则案例中，这家火锅店采取了什么样的市场调研？是否适用？

②他们生意冷清的原因是什么？你认为应该怎么做？

（2）零点市场调查公司受某手机制造公司的委托，对北京、上海、广州和重庆四大城市的手机需求状况进行调查。零点市场调查公司认为，手机消费与年龄密切相关。为此，它把每个城市的消费者都按年龄分成三大群体：18～25岁、26～40岁和40岁以上。然后从这三大群体中分别随机抽出1 000人作为样本进行分析。这样就可以了解不同城市、不同年龄段的消费者的消费需求。

问题：①该调查采取了哪种随机抽样的方法？

②使用该方法要注意什么？

项目三

3 消费者购买行为分析

案例导入

杭州“狗不理”包子为何无人理

“狗不理”包子是我国饮食行业的一个著名品牌，正宗的“狗不理”包子以其鲜明的特色而享誉神州，其薄皮、大馅、滋味鲜美、咬一口汁水横流让人垂涎三尺。杭州“狗不理”包子店是天津狗不理集团在杭州开设的分店，地处商业黄金地段，但开店后生意并不理想，一度是“门前冷落车马稀”。在天津和其他北方城市颇受欢迎的“狗不理”包子为什么在杭州城受到冷落，这个问题值得深思。当“狗不理”一再强调其鲜明的产品特色时，却忽视了消费者是否接受这一特色，因此受挫也就可以理解了。

“狗不理”包子在杭州的失宠，并非因其自身的品质问题，而是没有充分考虑影响消费者购买行为的因素，没有注意到消费者的生活方式、偏好等。

思考：1. 这则案例说明了什么？

2. 你认为“狗不理”包子应该如何开拓杭州市场。

任务 1
了解消费者需求

任务学习目标

素质目标：通过本任务的学习、案例分析和任务实训，提升同学们对消费需求多样性的认同，激发同学们尊重个性需求、满足消费需求多样性职业兴趣。

知识目标：通过本任务的学习，能描述消费的含义、消费者需求内容等陈述性知识。

能力目标：通过本任务的案例分析和任务实训，培养同学们对消费者需求进行分析的职业能力。

任务描述

上一项目我们学习了市场调研和需求预测，目的是了解消费者方面的一些基本信息，企业的营销活动都是围绕着消费者进行的，满足消费者的需求，既是市场营销活动的出发点，也是市场营销活动的归宿点。为了更好地为消费者服务，就必须认真了解消费者需求，认识和理解消费者需求及相关内容。成功的企业要把分析研究消费者需求作为制订营销计划、实施营销战略的前提。

任务学习

营销始于消费者，为了有效地开展市场营销活动，企业要学会研究分析消费者需求及购买行为。消费心理学研究表明，消费者某一购买行为的产生，总是遵循“消费需求→消费动机→消费行为”的规律来进行的。对于购买者来说，需求是产生购买动机、实施购买行为的直接原因，需求是消费者实施购买活动的动力。本任务将详细介绍有关消费者需求、消费者需求产生和起源、消费者需求分类等内容。

一、消费者需求的概念

需求是指人们感到自己某种欠缺而力求获得满足的一种心理状态。需求是现实要求的反映。人作为生物，为了维持生命，延续种系，就有补充养料、求得安全和进行繁殖的客观要求。人作为社会成员而存在，又离不开群体与社会而孤立地生活。人们的生理性、社会性需要，推动着生产的发展和社会的进步，而生产的发展和社会的进步又会使人们产生新的需求。

消费者需求是指消费者在一定的社会经济条件下，为了自身的生存与发展而对某一产品或服务的渴望与欲望。消费者需求通常以对商品或服务的愿望、意向、兴趣、理想等形式表现出来。消费需求的产生，有赖于消费者个人当时的生理状态、社会情景以及个人认识。消费者需求既是营销活动的出发点，又是营销活动转化为购买活动的中介，没有消费者需求，营销活动就失去了其存在的意义。

二、消费者需求的内容

由于消费者主观欲望的个性化越来越强，外部环境又十分复杂多变，因而消费者需求的内容也多种多样。为便于了解，可按以下几个标准对消费者需求进行划分。

（一）按照需求的产生和起源，可以分为生理性需求和社会性需求

1. 生理性需求。是人们为了维持和发展个体生命而产生的对客观事物的需求和欲望，如饮食、睡眠、休息、运动、御寒等。它们是人类所共有的，甚至是动物也有的。

2. 社会性需求。是与人的社会生活相联系的一些需求，这类需求起源于人类的社会生活，属于人类社会历史的范畴。人们的社会性需求是在人类社会历史发展的过程中形成和发展的，它受到政治、经济、文化、地域和民族等因素的制约。

（二）按照需求的性质，可以分为物质需求和精神需求

1. 物质需求。是指人们对物质对象的欲望和要求。如对衣、食、住、行等有关物品的需求，对劳动工具、劳动对象的需求等。随着社会生产力的发展和科学技术的进步，人的物质性需求也在不断地丰富与发展。

2. 精神需求。是指人们对社会精神生活的需求，如对知识、艺术、道德、宗教以及美的需求等。精神需求是高层次需求，它是人们学习科学知识、追求真理、探索自然和社会发展规律的动力。

（三）按照需求的层次，可以分为生存需求、享受需求和发展需求

1. 生存需求。是指人们为维持机体生产而产生的对基本生活用品的欲望和要求，如对粮食、服装、住房等的需要。生存需求是人类最基本的需要。

2. 享受需求。是指人们为增添生活情趣，实现感官和精神愉悦而产生的各种欲望和要求，如对音响、彩电、冰箱、高档衣料、装饰品等供娱乐、休闲用的各种消费品及服务的需求。享受需求不是人类生存所必需的基本生活需求，但随着生产力水平的提高和科学技术的进步，其在人类各种需求中所占的地位变得越来越重要。

3. 发展需求。是指人们为发展智力和体力，提高个人才能，实现人生价值而产生的欲望和要求，如对书籍、学习机、电脑、打字机、滋补品等的需求。当人们的生存需求、享受需求得到基本满足之后，发展需求就显得突出了。

（四）按照需求由低级到高级的顺序，美国人本主义心理学家马斯洛将人类的需求分为生理需求、安全需求、社交需求、尊重需求和自我实现的需求

1. 生理需求。维持个体生存和人类繁衍而产生的需求，如对食物、氧气、水、睡眠等的需求。

2. 安全需求。在生理及心理方面免受伤害，获得保护、照顾和安全感的需求，如要求健康的人身，安全、有序的环境，稳定的职业和有保障的生活等。

3. 社交需求。即归属和爱的需求。希望给予或接受他人的友谊、关怀和爱护，得到某

些群体的承认、接纳和重视，如乐于结识朋友，交流情感，表达和接受爱情，融入某些社会团体并参加他们的活动等。

4. 尊重需求。希望获得荣誉，受到尊重和尊敬，博得好评，得到一定的社会地位的需求。尊重的需求是与个人的荣辱感紧密联系在一起的，它涉及独立、自信、自由、地位、名誉、被人尊重等多方面内容。

5. 自我实现的需求。希望充分发挥自己的潜能，实现自己理想和抱负的需求。自我实现是人类最高级的需求，它涉及求知、审美、创造、成就等内容。

想一想

在以上的需求中，哪些是人类所特有的？你怎样看待这些需求？

烤鱼店爆红网络

案例分析

走进生活

从年初的《唐宫夜宴》到端午节推出的《洛神水赋》，河南电视台频频“出圈”的系列节目采用大量的汉服元素营造出美轮美奂的盛景，让国人领略了传统中华服饰之美，也为“活”用传统元素提供了好的范式。

由汉服引领的视觉文化盛宴已贯穿线上线下，抖音、快手、B站等平台云集了一大批汉服爱好者，以短视频的方式让大众更直观地感受到传统文化的魅力。

汉服爱好者间喜欢互称“同袍”，其中就有先后因惊艳汉服装扮在网络走红的“00后”女孩吴晨和年近80岁的刘维秀。前者是锡剧第七代传承人，后者是京剧退休演员，对传统文化的热爱让她们与汉服结下了很深的缘分。对于汉服奶奶刘维秀而言，跟着年轻人重返舞台，生活充实而快乐，“当看到越来越多的年轻人喜欢并参与传播汉服文化，心里既感动又欣慰。”

如今，越来越多的人选择在平日里身着汉服出行。“90后”汉服爱好者、温州市汉服协会会长旧渔表示，除了在重要场合和传统节假日身着传统汉服外，她平常也会穿一些简单休闲的现代汉服，或是以白衬衫加马面裙等汉服与现代服装混搭的方式出行。

专家认为，“在体验式文化消费过程中，汉服丰富的文化内涵与年轻一代的文化诉求相契合，由此催生了从汉服制造到以汉服为中心的古风文旅活动，这些都使得汉服不再是干巴巴的历史资料，也不再是与现代生活相脱节的古代传统服饰，而是鲜活地展现在我们生活中并被赋予现代生活理念的流行时尚，是在继承基础上的创新再造。

问题：汉服走进生活的现象越来越成为一种消费趋势？请你从消费者的消费心理变化角度分析说明你的看法？

讨论分析：

个人：每位同学根据案例资料和问题，在固定的学习本上记下自己的思考。

小组：每小组6位同学，1人为组长，1人记录，小组成员都要陈述自己的观点，讨论后形成小组意见，准备在班级交流。

全班：各组派一位代表陈述本组观点。

教师：记录各组陈述要点，最后做点评。

任务实训

认识产品满足的基本需求

1. 背景资料：列出5件你最近购买的产品，描述每件商品原打算满足的最重要需求，并说明你的需求是否很容易被识别出来？

2. 实训目标：通过对自己亲身购买商品的心理感受，认识需求与购买商品之间的内在联系，认识每种购买都是为了满足某种特定需求，从而加深对消费需求概念的理解，提高同学们对需求的认知和分析能力。

3. 实训步骤：

（1）每位学生单独完成任务。

（2）列出自己最近购买的5件商品，并填充表3－1中的相应内容。

表3－1　购买商品需求认知与识别明细表

购买商品名称	购买时间	购买商品原打算满足的最重要需求	你的需求是否很容易被识别出来

（3）草表填充完毕后，可征求周围2～3位同学意见，完善自己表格中相应内容。

（4）老师选择3～5位同学进行班级交流。老师可做点评。

4. 成果评价（表3－2）。

表3－2　学生对购买商品需求认知与识别评分表

项目（分值）	标　准	得分
商品选择（10）	5种商品属于不同类别、差异比较大，每件2分。	
原打算满足的需求（25）	5种商品购买前打算满足的需求说明充分，每件5分。	
说明需求是否很容易被识别出来（40）	说明详尽，分析具体、明确，每件商品8分。	
完成实训任务中表现（25）	态度积极，认真准备相关资料，实训任务完成过程中没有抄袭行为，选取商品有特点，分析有自己看法，每点5分。	
总成绩100分		
老师评语	签名：　　　　年　月　日	
学生意见	签名：　　　　年　月　日	

任务 2
了解消费者购买动机

任务学习目标

素质目标：通过本任务的学习、案例分析和任务实训，提升同学们对消费购买动机多样性的认同，激发同学们尊重消费者购买动机、满足消费需求多样性职业兴趣。

知识目标：通过本任务的学习，能描述消费购买动机、消费购买动机分类、消费者购买动机分析等陈述性知识。

能力目标：通过本任务的案例分析和任务实训，培养对消费购买动机的认知能力以及对消费者购买动机实例进行分析的专业能力。

任务描述

在上一个任务中，我们学习了消费者需求的相关内容，知道了消费者需求是购买行为的基本动力和源泉。同时消费者购买产品和服务还是有原因和动机的，动机可以是情感的，也可以是理性的。研究消费者购买动机，就是要了解消费者为何购买，掌握消费者为何购买的规律，企业就可以采取相应对策，更好地满足消费者需求。

任务学习

消费心理学认为，消费者的购买行为都是有一定动机的，而动机又产生于消费者自身的内在需求。企业营销的目的就是在某种程度上影响消费者对企业及其提供的营销产品和服务的想法及行为。本任务主要学习什么是消费者购买动机，购买动机在满足消费需求、促成购买行为中的作用，以及购买动机的种类等具体内容，对消费者购买行为进行分析，从而了解消费者购买行为背后真正的原因和动力。

一、消费者购买动机的概念和作用

消费者购买动机，是指能够引起消费者购买某一商品或选择某一目标的内在动力。它是购买行为的原因和条件，消费者购买动机作为购买行为的先导，具有三方面的作用：

（一）购买动机激起和发动消费者的购买行为

动机是激励人们行为的直接原因，是个体基于某种欲望所引起的心理冲动。在购买行为中，购买动机是直接驱使消费者实施某项购买活动的一种内在动力，反映了消费者在心理上、精神上和感情上的需要，是消费者为达到某些愿望采取购买行为的推动力。任何购买行为都受一定的购买动机支配，甚至受多种动机共同支配。企业充分搞清楚顾客的购买动机，可以引发其购买行为。只有千方百计激发消费者的购买动机，才能使更多的消费者购买本企业所营销的商品。

相关链接

表 3－3　　内外部消费阻力一览表

内部消费阻力		外部消费阻力	
消费信心不足	没任何信息，没有消费经验，没有参照群体等。	购买困难	铺货不均，物流不畅，供不应求等。
风险知觉	支出风险、社会风险、形象风险等。	商品质量	质量不稳定，质量无法检验，售后服务跟不上等。
动机压抑与回避	动机冲突、社会风险、社会禁忌等。	商品形象	商品形象低劣，形象代言人选择不当等。
动机演变	动机发生变化，心理厌弃等。	商品衰退	功能不全，式样老化，商品进入衰退期等。
个性方面	消极态度与偏见，原有习惯稳定，价值观不认同。	商品价格	价格过高，价格偏低等。
生理性因素	生理性排斥，没有生理需要与基础等。	营业环境	环境布置差，服务质量差，相关设施不配套。
互动因素	情绪被动，流行过期等。	互动因素	群体规范，社会禁忌等。
收入方面	收入过低，支出有限等。		

（二）购买动机指引购买行为向着某一目标展开

消费者的购买动机具有指向性，它能使购买行为保持一定的方向和目的。在某种情况下，购买动机与目的具有完全的一致性。研究消费者为什么购买某种特定商品，而不购买其他类似的商品；研究消费者为什么愿意经常到某一类型或某一特定的商店购买。只有这样，才能掌握其中的规律性，并据此改善经营管理，不断提高服务质量。

（三）购买动机是维持、增加或制止、减弱购买行为的力量

消费者购买动机的性质与强弱程度必然影响到购买行为的效能。一个购买动机稳定而持久的消费者，其购买行为必然是积极而稳定的，能够克服困难、排除干扰去实现购买目标。企业要重视对消费者纷纭繁杂的动机体系的研究，科学地分析影响消费者购买动机的各种因素，揭示对消费者购买行为具有决定性作用的优势动机和真实动机，并采取有效的营销策略，维持和强化对企业和社会健康发展起积极作用的购买动机，制止和减弱无益于社会物质文明和精神文明建设的购买动机，从而达到企业营销的目的。

因此，企业必须认真识别消费者的购买动机，这样才能产生产品和服务的新概念，才能识别未来市场，并走在市场的前面。

想一想

没有动机就没有行为，这句话对吗？

二、消费者购买动机的种类

消费者需求与刺激因素的多样性，决定了消费者购买动机的复杂性。消费者的购买动机主要分为生理性购买动机、心理性购买动机和个性购买动机。

（一）生理性购买动机

生理性购买动机是由人类生理本能引起的购买动机。俗话说，饥思食，渴思饮，乏思止。为了保持和延续人的生命，人类都具有吃饭、穿衣、休息、繁衍后代等生存本能，由这种生理本能需要所引起的购买动机，称生理性购买动机，也称本能动机。

1. 维持生命的动机。消费者为了保持人的生命而购买商品，人类都具有吃饭、穿衣、休息等本能。

2. 保持生命动机。消费者为保护生命安全而购买的建筑材料、修建房屋，为防止疾病购买药品、保险等。

3. 延续生命动机。消费者为组织家庭、抚育儿女而购买的商品。

4. 发展生命动机。为了提高劳动技能和学习知识以求生存和发展而购买的商品。

一般来讲，在生理性购买动机驱动下的购买行为，具有经常性、重复性等特点。

（二）心理性购买动机

由于人们的认识、感情和意志等心理活动而引起的动机，称心理性购买动机。它是消费者为了满足社交、友谊、娱乐、享受和事业发展而产生的购买动机。

1. 感情动机。由人的情绪和情感而引起的购买动机。人都有七情六欲，都会存在感情动机。

2. 理智动机。消费者对商品做了认识和分析后所产生的购买动机。它不受感情支配，冷静慎重。

3. 信任动机（惠顾动机）。消费者基于感情和理智的经验，对某家商店或某个商品产生一种特殊的偏爱和信任。

想一想

在你的身上有惠顾动机的表现吗？为什么会产生惠顾动机？

（三）个性购买动机

在实际生活中，由于消费者各自的需要，兴趣、爱好、性格和价值观的不同，在具体购买商品时的心理活动要错综复杂得多，一般常见的、具体的个性购买动机大体上有以下几种：

1. 求实动机。以注重商品的实际使用价值为主要特征的购买动机。这种购买动机并不一定与消费者的收入水平有必然联系，而主要决定于个人的价值观念和消费态度。

2. 求廉动机。以注重商品价格低廉为主要特征的购买动机。出于这种购买动机的消费者，选购商品时会对商品的价格进行仔细比较，在不同品牌或外观质量相似的同类商品中，会尽量选择价格较低的品种。求廉的动机固然与收入水平较低有关，但对于大多数消费者来说，以较少的支出获取较大的收益是一种带有普遍性的动机。

3. 求新动机。以追求新颖别致商品而产生的购买动机。这类消费者一般思想活跃、性格开朗，喜欢接受新事物，具有一定的购买力，敢于大胆一试，引领潮流。

4. 求便动机。以追求便利为主要特征的购买动机。追求便利是现代消费者提高生活质量的重要内容。受这一动机的驱动，人们把购买目标指向可以减少家务劳动强度的各种商品和劳务，如洗衣机、洗碗机、方便食品、家政服务、家庭装修等，以求最大限度地减轻家务劳动负担。为了方便购买，节约购买时间，越来越多的消费者采用送货上门、直销服务、电话购物、电视购物、网络购物等现代购物方式。

5. 求美动机。以追求商品的美观、讲究商品的艺术价值或欣赏价值为主要目的的购买动机。追求美好事物是人类的天性。例如，通过款式色彩协调的服装搭配美化自我形象，选购家庭装饰用品美化居住环境，以及对美容、美发服务的消费等，都是求美动机的体现。

6. 求名动机。以仰慕优质名牌商品为主要特征的购买动机。这类消费者一般是高收入者。求名动机不仅可以满足消费者追求名望的心理需要，而且能够降低购买风险，加快商品选择过程，因而在品牌差异较大的商品如家电、服装、化妆品购买中，成为带有普遍性的主导动机。

7. 求安动机。出于安全性能和是否有益于身心健康而产生的购买动机。消费者不仅要求商品在使用过程中各种安全性能可靠（如家用电器不出现意外事故，化妆品不含有毒物质），而且刻意选购各种防卫保安性用品和服务，如保险、保镖等。与此同时，追求健康的动机日益成为消费者的主导性动机，在这一动机的驱动下，选购医药品、营养品、保健品、健身产品已经成为现代消费者经常性的购买行为。

8. 好胜心动机。因好胜心、与他人攀比不甘落后而形成的购买动机。抱有这种动机的消费者，购买某种商品往往不是出于实际需要，而是为了争强好胜，赶上他人超过他人，借以求得心理上的平衡和满足。这种购买动机具有偶然性和浓厚的感情色彩，购买行为带有一定的冲动性和盲目性。

9. 同步动机。以保持与别人一致而产生的购买动机，也称模仿或从众动机。持模仿动机的消费者，其购买行为受他人影响比较大，一般希望同左邻右舍、亲戚同事在消费中保持一致水平。一般而言，普通消费者的模仿对象多是社会名流或其所崇拜、仰慕的偶像。电视广告中经常出现某些歌星、影星、体育明星使用某种产品的画面或镜头，目的之一就是要刺激受众的模仿动机，促进产品销售。

10. 嗜好动机。为满足某种特殊偏好而产生的购买动机。许多消费者由于生活习惯和业余爱好而特别偏爱某一类商品，如集邮、摄影、花鸟鱼虫、古玩字画、音响器材等。

11. 好奇动机。在好奇心的驱使下产生的购买动机。

案例分析

红色旅游受到游客欢迎

近几年，各地红色旅游迎来客流高峰。文化和旅游部数据中心调查显示，红色文化在年轻人群中的认知度和影响力快速提升，红色旅游人群呈现年轻化、亲子化特征。

红色旅游已成为年轻人了解革命历史、缅怀革命先烈、传承红色基因的重要方式之一。携程旅行发布的《2021年上半年红色旅游大数据报告》显示，上半年红色旅游景区预订量同比增长超2倍，“80后”“90后”占比达七成。“00后”参加红色旅游的人数显著增长，上半年通过携程下单红色旅游景区的“00后”，比2019年同期增长约2.5倍。以亲子爱国教育为主题的红色旅游也越来越普及，上半年红色旅游景区门票的预订客群中，亲子家庭占比超过三成，其中“80后”最爱带娃逛红色景点。

“红色+”呈现出新的形式。例如，天津、海南、四川等省份推出红色旅游经典线路，将“红色+海洋”“红色+生态”“红色+乡村”紧密结合。其中，由于许多革命老区、红色旅游资源都集中在农村地区，多地开发出“红色旅游+乡村旅游”特色线路，受到游客的普遍欢迎。

问题：面对红色旅游受到游客欢迎的旅游景象，请你从游客的旅游动机角度说说你的看法。

讨论分析：

个人：每位同学根据案例资料和问题，在固定的学习本上记下自己的思考。

小组：每小组6位同学，1人为组长，1人记录，小组成员都要陈述自己的观点，讨论后形成小组意见，准备在班级交流。

全班：各组派一位代表陈述本组观点。

教师：记录各组陈述要点，最后做点评。

任务实训

购买动机认知实训

1. 背景资料：以小组为单位准备一个海报栏，展示企业运用情感动机、理智动机和惠顾动机而获得有效销售产品和服务的范例。

2. 实训目标：通过调查了解有关企业运用消费者购买动机的实例，充分认识购买动机在消费者购买行为中的作用，提高学生学习了解购买动机相关知识的积极性和主动性，提高对消费者购买动机的认知和分析能力。

3. 实训步骤：

（1）每5个同学一组，选一人为组长。

（2）通过书刊、网络等途径，了解有关消费者购买动机的知识和运用的实例。

（3）实地调查走访两家以上商场或超市，具体了解企业运用三类购买动机的范例。

（4）采用表格形式整理相关内容（包括商场名称、运用购买动机的类型、具体运用的商品及运用技巧、运用效果等内容）。

（5）选3~5个小组在班级交流，老师最后做点评。

4. 成果评价（见表3-4）。

表 3-4 购买动机认知实训评分表

项目（分值）	标 准	得分
调查了解企业数（20）	运用两个以上企业范例，每个企业 10 分，最多 20 分。	
对调查企业资料整理（40）	内容包含商场名称、商品、购买动机，运用购买动机技巧，实施效果等方面，有一项内容 8 分，最高 40 分。	
商品选取说明有特点，范例典型（20）	商品选取，范例典型，一个 10 分，最高 20 分。	
完成实训过程中表现（20）	与人交流，与人合作，信息处理，分析问题能力等方面，每一小点 5 分。	
总成绩 100 分		
老师评语	签名： 年 月 日	
学生意见	签名： 年 月 日	

任务 3 掌握消费者购买过程

任务学习目标

素质目标：通过本任务的学习、案例分析和任务实训，提升同学们对消费购买过程、购买决策、购买行为的认同，激发同学们尊重消费者购买决策、购买行为，满足消费需求多样性职业兴趣。

知识目标：通过本任务的学习，能描述消费购买行为、购买决策、消费者购买行为分析等陈述性知识。

能力目标：通过本任务的案例分析和任务实训，培养对消费购买行为的认知能力以及对消费者购买行为实例进行分析的专业能力。

任务描述

在学习消费者需求、消费者购买动机的基础上，我们要继续了解消费者的购买过程及购买行为。消费者购买过程是在购买动机的驱动下，按照一定程序发生的满足消费需求的心理与行为的活动过程。消费者往往不会有意识地想到什么促使他们做出决策和实施购买行为，但总是有很多因素在影响他们做出决策。不论何种动机驱使，消费者的购买行为都包括一系列步骤，有时这些步骤不加思索地很快就完成了，有时则需要一个较长过程。为了掌握消费者的购买过程，营销人员就必须了解影响购买行为的因素、购买决策过程等内容。

任务学习

消费者的购买过程包含若干前后相继的程序或阶段，为了提高营销活动的针对性和有效性，营销者就要了解消费者购买决策过程、消费者购买决策内容、消费者购买类型等相关知识，并灵活地应用到营销活动的实践当中，这些就是本任务学习的内容。

一、消费者购买决策过程

消费者从产生购买愿望到购买行为的完成是由若干阶段所组成。消费者购买决策过程一般可以分为五个阶段，如图 3－1 所示。

图 3－1　购买决策过程五个阶段

（一）唤起需要

需要是购买过程的起点。当消费者感到他有一种需要必须得到满足时，购买过程就开始了。需要可以由内在或外在的刺激引起，如饥、渴可以驱使人去寻找供吃、喝的东西，而饮食店里色香宜人的鲜美食品也会刺激人的饥饿感。企业在市场营销活动中应注意唤起需要，应当开展广告宣传等活动，以加深消费者对企业产品的印象。这样，可以通过合理、巧妙、恰当的诱因，在适当的时间、地点，以适当的方式唤起需要。

（二）搜集资料

消费者认识到自己的消费需求之后，就会考虑“该买什么样的产品”“到哪里买”等问题。为了解决这些问题，就要搜集情报资料，寻找商品信息，比较选择。消费者的资料信息来源主要有以下四个方面：

1. 个人来源，包括家庭成员、朋友、邻居及其他熟人提供的信息。

2. 市场来源，包括广告宣传、推销员、经销商、商品包装、展示会等各种市场信息提供的资料。

3. 社会来源，包括大众传媒、消费者评估组织等宣传、介绍的各种信息资料。

4. 经验来源，包括消费者从产品的操作、试验或实际使用中得到的经验。

在这个阶段，消费者的主要目标是寻找信息资料，因此企业的营销者一方面应该千方百计地告知购买者“我有你要的产品”，并针对购买者寻找信息的渠道，做好商品的广告宣传；另一方面，应当搞好商品陈列，主动介绍商品，讲究商品的包装，把消费者的注意力吸引到所需商品上来，促使消费者购买行为的发生。

（三）判断选择

消费者广泛搜集资料后，将对所得信息资料加以整理、分析、研究、对比，并对所要购买的商品进行各方面的评价和判断，包括商品品质、质量、性能、式样、品牌、价格等方面，并与其他商品进行比较，以选定最有利的商品，做出购买决定。

这个阶段是消费者决定购买的前奏，对买卖双方交易能否成功具有决定意义。因此，企业在这一阶段应当尽力为消费者提供方便条件，帮助消费者了解商品的性质、特点、价格、产地、保养和使用方法，销售人员应当热情介绍商品，当好顾客的参谋，帮助他们做出购买决定。

（四）购买决策

经过对商品的判断选择后就进入了购买决策阶段。消费者做出的购买决策一般有三种情况：一是决定购买；二是延期购买；三是决定不买。购买决策是消费者购买过程中关键的阶段。在这一阶段，企业一方面要向消费者提供更多、更详细的有关产品的情报资料，努力消除消费者的风险感觉；另一方面，要通过各种销售服务，如在收款、包装、送货、安装、维修等环节上方便消费者，促使消费者做出购买决策。

（五）购后感受

消费者购买商品以后，通过使用，对自己的购买选择进行检查和反省，看其是否满足自己预期的需要。评价可以由消费者个人进行，也可以征求亲友、同事的意见，观察社会反应等。消费者的购后感受通常会有三种：满意、基本满意、不满意。如果卖主夸大其产品的优点，消费者将会感受到不能证实的期望，这种不能证实的期望会导致消费者的不满意感。当他们感到十分不满意时，肯定不会再买这种产品，甚至有可能退货、劝阻他人购买这种产品。所以，消费者的购后感受将直接影响消费者做出是否继续或重复购买的决策。购后感到满意，消费者就会继续购买或扩大购买；反之则不再购买，企业就会失去顾客。因此，企业在这一阶段除了完善自己的产品、提高产品质量和性能外，还要加强售后服务，保持与顾客联系，提供配件供应、保证维修、允许产品调换等，努力培养企业的忠实顾客群。

总之，研究和了解消费者的购买决策过程，是市场营销成功的基础。市场营销人员通过了解消费者如何经历引起需要、寻找信息、评价行为、决定购买和买后行为的全过程，就可以获得许多有助于满足消费者需要的有用线索，通过了解购买过程的各种参与者及其对购买行为的影响，就可以为其目标市场设计有效的市场营销规划。

想一想

今天你是如何购买日用品的？10年以后你购买日用品的方式会变成什么样？这些变化会给企业市场营销人员带来怎样的挑战？

购买者决策的内容

相关链接

营销界有一个著名的等式，即100－1＝0，意思是说即使100个顾客中99个对企业的产品或服务表示满意，但其中只要有1个顾客持否定态度，企业的美誉就立即归零。虽然这种比喻是一种夸张的说法，但事实显示：每位非常满意的顾客会将其满意的感觉告诉至少12个人，其中大约有10人会产生相同的需求并光顾该企业；相反，1位非常不满意的顾客会把不满的意见告诉至少20个人，当这些人产生相同需求的时候，几乎不会光顾这一被批评的企业。

二、消费者购买决策内容

消费者购买决策的内容，因人、因条件及所处环境不同而不同，但所有消费者购买决策都离不开以下六个方面的内容，可以简单的概括为“5W1H”。

（一）购买什么（what）

即确定购买对象。这是购买决策最基本的任务之一。如果购买什么都不能决定，那么就不会有任何购买活动的发生。对于消费者来说，决定购买什么不能只停留在一般产品类别上，必须要有明确具体的对象及具体的内容，包括商品的名称、品牌、款式、规格和价格等，如口渴，不能只决定买液体或固体，还要具体到买什么液体（如纯净水），什么品牌（如“娃哈哈”），哪个厂家生产的（如杭州娃哈哈集团有限公司生产的）。

（二）为何购买（why）

即权衡购买动机。消费者的购买动机就是指推动消费者实现某种购买行为的一种内在动力，它反映了消费者对某种商品的需要。消费者的购买动机是多种多样的，同样购买一台洗衣机，有人是为了节约家务劳动时间，有人为了规避涨价风险，有人为了显示地位与富有。

（三）何时购买（when）

即确定购买时间。这也是购买决策的重要内容，它与主导购买动机的迫切性有关。在消费者的多种动机中，往往由需要强度高的动机来决定购买时间的先后缓急；同时，购买时间也和市场供应状况、营业时间、交通状况和消费者可供支配的闲暇时间有关。对于不同的商品，消费者进行购买的时间常常是不同的。有的商品要一天购买多次，有的一年才购买一次，有的甚至几年才购买一次。因此，企业在市场营销活动中应注意了解消费者购买商品的时间习惯和规律，以便适时满足消费需求。例如季节性的购买，企业应掌握哪些月份、哪些日子、哪段时间购买的人数最多，并随时准备充足的商品货源供消费者选购。

（四）何地购买（where）

即确定购买地点。分析消费者在何处购买要从两方面入手，即消费者在何处决定购买以及在何处实际购买。对于高档耐用品，消费者在购买前通常在家中做出决定，然后宁愿多花时间走远点，到繁华商业区或专卖店选购称心如意的产品；对于日用消费品和一般商品，消费者大多是在现场做出购买决定，并就近进行购买。所以，购买商品的地点往往与所购商品的类型、数量的多少、价格的高低、商店的远近、交通条件、商家的服务态度等有关。

（五）如何购买（how）

即确定购买方式。是现场购买还是邮购或网络购物，是现金支付还是分期付款，或是赊销、自购、托人代购等。消费者如何购买，不仅会影响市场营销活动的状态，而且会影响产品设计、价格政策，以及营销计划的制订和其他经营决策。因此，工商企业要认真加以研究。

（六）谁来购买（who）

即购买角色。家庭成员在购买决策中通常扮演着不同角色，这些角色有发起者、影响者、决策者、购买者、使用者。就许多产品而言，识别购买者是相当容易的。一般来说，烟草制品更多是男性的选择，化妆品则主要是女性的天地。然而，有许多产品所涉及的决策往往不是一个人能完成的。如家用汽车，也许购买新车的建议出自儿子或女儿，购买什么类型的汽车来自朋友的推荐，汽车的结构由丈夫选择，妻子则对汽车的外表有明确的要求。在妻子的赞同下，也许由丈夫做出购车的最终决定。不过，新车的最终使用者可能是妻子而不是丈夫。对承担购买任务的购买者进行分析，有利于企业有针对性地制订营销策略，因为这些角色对于设计产品、传递信息和安排促销是有关联意义的。

三、消费者购买行为的类型

在购买活动中，每个消费者的购买行为都与他人存在差异，通过对消费者购买行为的分类，可以帮助我们全面认识消费者的行为特点。

（一）按消费者购买目标的确定程度，分为全确定型、半确定型和不确定型

1. 全确定型。这类消费者在进入商店，发生购买行为之前，已有非常明确的购买目标，对所购买的商品种类、品牌、价格、性能、规格、数量等均有具体要求，一旦商品符合需要，便毫不犹豫地买下。这类消费者不需要别人的介绍、帮助和提示，希望以最快的速度完成交易。但在实际营销活动中数量较少。

2. 半确定型。这类消费者在进入商店之前，已有大致的购买意向和目标，但这一目标不很具体、明确，直到购买行为实际发生时，需经过对同类商品的反复比较、选择之后，才能确定购买的具体对象。这类消费者易受他人观点的影响，成交时间长，一般需要提示或介绍，营销人员可见机参谋以坚定其购买决心。他们在消费者中为数众多，应是服务的重点对象。

3. 不确定型。这类消费者在进入商店、发生购买行为之前，没有任何明确的购买目标。茶余饭后散步或路过都可能步入商店，漫无目的地浏览观光。所见某一商品、所闻某一商品信息，都可能引发消费者需要，唤起其购买欲望。一旦有了购买目标，消费者会马上发生购买行为，但有时也可能不买任何东西。能否发生购买行为，取决于商店的内外部环境及消费者心理状态。对于这类消费者，营销人员应主动热情地服务，尽量引起他们的购买兴趣。

相关链接

网购市场升温，酒企纷纷“触电”

据统计，2018 年天猫“双十一”成交额 2135 亿元，天猫地位已成不可撼动之势。“双十一”全天京东销售额超 1354 亿元，苏宁易购同比增长 132%；唯品会 12 小时订单超800万；国美全天订单量同比增长235%；网易考拉78分钟，突破2017年“双十一”全天销售额。从每年各电商平台销售情况来看，网络购物已成定局，未来几年酒类电商消费市场前景可期。

现阶段，我国酒类电商行业发展正处于良好的市场大环境。目前，我国线上渠道快速发展，电商行业已成为我国零售业的重要组成部分。根据国家统计局数据显示，2018年1—9月中国社会消费品零售总额274 299亿元，同比增长9.3%；1—9月网上零售额62 785亿元，同比增长27.0%；其中，实物商品网上零售额47 938亿元，增长27.7%，占社会消费品零售总额的比重为17.5%。例如，山西汾酒集团旗下的各品牌白酒都与网络合作，借助网络渠道发展网购市场。网购渠道已经逐渐被人们所认可，尤其是“80后”“90后”人群已逐渐成为白酒消费群体，而这部分消费群体恰好是网购的主力军。

（二）按消费者购买态度与要求，分为习惯型、理智型、经济型、冲动型、情感型、疑虑型和随意型

1. 习惯型。这类消费者一般依靠过去的购买经验和消费习惯采取购买行为，他们或长期惠顾某商店，或长期使用某品牌、商标的商品。环境变化、年龄增减等都不会改变这类消费者的购买习惯。他们在购买商品时，成交果断，不受时尚流行的影响，购买行为表现出很强的目的性。

2. 理智型。这类消费者善于观察、分析、比较。他们在购买前已经广泛搜集所需要商品的信息，了解市场行情，并经过慎重权衡利弊之后才做出购买决定；购买时又表现得理智慎重，不受他人及广告宣传的影响；挑选商品仔细认真、很有耐心。在整个购买过程中保持高度的自主，并始终由理智来支配行动。

3. 经济型。这类消费者对商品的价格非常敏感。以价格高低评价商品优劣的消费者往往在价格和商品质量之间追求一种均衡。一部分认为价格高的商品质量高，价格越高越要买；另一部分消费者则对廉价商品感兴趣，只要价格低便认为合算，削价、优惠价、处理价的商品对这部分消费者具有极强的吸引力。因此经济型又称价格型。

4. 冲动型。这类消费者对外界刺激敏感，心理反应活跃，在外界商品广告、销售人员、他人影响的刺激下，不去进行分析比较，以直观感觉为依据快速购买，新产品、时尚产品对他们的吸引力最大。

5. 感情型。这类消费者心理活动丰富，易兴奋，爱想象，富于感情，联想力也比较丰富，因而在购买时容易受感情支配，也易受到外界环境的感染诱导，往往以商品是否符合自己的感情需要来确定购买决策。

6. 疑虑型。这类消费者性格内向、言行谨慎、多疑。他们在购买前三思而后行，购买后还会疑心上当受骗。

7. 随意型。这类消费者或缺乏经验、或缺乏主见，在选购时大多表现得优柔寡断，一般都希望得到销售人员的提示和帮助。有的消费者在生活上不苛求、不挑剔，表现在购买行为上也比较随便。此类消费者也属随意型。

想一想

对照以上行为特征，结合你的某一购买行为，看看你属于哪一种消费者类型？

案例分析

外卖也要“适量点餐”：反浪费不分线上线下

外卖点餐如何避免浪费？近日，国务院食安办等五部门联合公告要求，餐饮外卖平台要以显著方式提示消费者适量点餐、理性消费，强调了餐饮服务经营者和餐饮外卖平台的细节性“责任答案”，释放出狠抓线上食品浪费的积极信号。

随着互联网发展，外卖点餐等线上消费规模越来越大。据报道，截至2020年年底，我国外卖总体订单量达到171.2亿单，外卖市场交易规模达到8 352亿元，外卖用户规模已接近5亿人。可以说，外卖点餐已经发展到了可以和“堂食”这一传统餐饮消费方式分庭抗礼的量级，占据了餐饮消费的半壁江山，甚至还有进一步高歌猛进的态势。

在“堂食”等传统消费场景中，消费者对食物的成分、分量等有直观感受，也可根据消费惯例、经验以及商家的菜品展示、菜谱、餐具或双方沟通等信息来做出判断，而商家也可根据消费者的点菜情况实时进行提示、劝导。

但在外卖中，不少消费者并不清楚一份外卖的量到底有多大、有多少可食“有效成分”、够不够吃；而且因对外卖原料、口味、制作工艺等不了解，也都有可能造成浪费。

显然，外卖点餐的餐饮浪费问题不容小觑，需要有效调整、遏制外卖浪费，才能形成责任闭环，实现反食品浪费机制的全覆盖。这就要求餐饮服务经营者和餐饮外卖平台多承担菜品成分、具体分量等信息公开和提示责任，与消费者高效沟通，补足信息短板。

公示外卖食品信息、提醒消费者防止浪费、以显著方式提示“适量点餐”等法律义务……五部门瞄准外卖浪费问题提出的这些要求，有助于满足消费者的知情权、自主选择权和浪费规避权，更精准地拿捏浪费的边界，消除消费的误区。

问题：针对外卖也要“适量点餐”：反浪费不分线上线下的倡议，从一个消费者的角度谈谈你的看法。

讨论分析：

个人：每位同学根据案例资料和问题，在固定的学习本上记下自己的思考。

小组：每小组6位同学，1人为组长，1人记录，小组成员都要陈述自己的观点，讨论后形成小组意见，准备在班级交流。

全班：各组派一位代表陈述本组观点。

教师：记录各组陈述要点，最后做点评。

任务实训

购买过程体验

1. 背景资料：仔细想一想你最近所购买的商品（有一定价值的一件商品或一次服务）。描述从你开始思考购买，到实际购买的全过程，什么是你的最初动机，你从哪里找到可做决策的信息？你考虑了多少种不同的选择？影响你最终决策的主要因素是什么？你是否满意自己的决策？并结合自己的购买体验，说明营销者应注意的问题。

2. 实训目标：通过自己亲身购买体验，加深对消费者购买决策过程的了解，熟悉购买决策的内容，提升自己分析总结问题的能力。

3. 实训步骤：

(1) 结合自己最近的一次购买行为，对照消费者购买决策过程进行对比分析。

(2) 说明购买该商品的最初动机，你是从哪里找到可做决策的信息的，你考虑了多少种不同的选择？影响你最终决策的主要因素是什么？你是否满意自己的决策？

(3) 把以上内容列出草稿，与本班两位以上同学交流，听取他们的意见，在此基础上用你认为最好的方式进行展示。每个同学完成一份课业。

(4) 根据同学们完成实训的情况，选 3 ~ 5 名同学在班级交流，可由同学现场点评。

4. 成果评价（见表 3 – 5）。

表 3 – 5　购买过程自我体验评分表

项目（分值）	标　准	得分
购买最初动机说明（15）	购买动机与所购商品满足需求分析符合实际，说明准确 10 分，很准确 15 分。	
购买决策信息来源（15）	信息来源符合消费者个人实际情况，来源及信息真实可靠，信息说明翔实，每小点 5 分。	
购买选择方案（15）	购买选择方案，2 个以上，每个方案 5 分。	
影响购买决策因素（15）	结合自己所购商品，说出 3 个以上影响因素，每个 5 分，最高 15 分。	
对自己购买决策评价（20）	评价准确，评价内容从产品、服务、购买进行等方面评价，每小点 5 分，最高 20 分。	
对营销者的建议（20）	每条建议 5 分，最多 20 分。	
总成绩 100 分		
老师评语	签名：　　　　年　月　日	
学生意见	签名：　　　　年　月　日	

思考与实训

把地球上最不缺的元素卖到最缺

1. 选择题

(1)（　　）是产生动机的基础，而动机引发和支配人们的行为。

A. 欲望　　B. 需要

C. 需求　　D. 行为

(2) 某夫妇携刚上小学的儿子上街，经过鞋城时，儿子要求购买在电视广告中经常出现的130元一双的“彪马”运动鞋，后经夫妇商量并说服儿子，买了一双35元的“四驱兄弟”运动鞋。这种购买行为属于（　　）。

A. 经济型购买　　B. 理智型购买

C. 情感型购买　　D. 冲动型购买

(3) 按马斯洛的需求层次论，人的最高层次的需求是（　　）。

A. 生理需求　　B. 安全需求

C. 自我实现需求　　D. 社会需求

E. 尊重需求

(4) 不同品牌的牙膏差异明显，消费者购买牙膏的行为最有可能属于（　　）。

A. 确定型购买　　B. 习惯型购买

C. 理智型购买　　D. 不确定型购买

(5) 消费者获取信息的来源主要有（　　）。

A. 社会来源　　B. 市场来源

C. 个人来源　　D. 网络来源

(6) 由于人们知、情、意等共性的心理活动而引起的动机包括（　　）。

A. 惠顾动机　　B. 求美动机

C. 理智动机　　D. 感情动机

(7) 王先生想购买一台计算机，在此之前他对计算机并不了解，他的这次购买行为属于（　　）。

A. 全确定型　　B. 理智型

C. 不确定型　　D. 半确定型

(8) 某食品公司生产的水果罐头，曾一度无人问津。为摆脱困境，老板遂思得一巧计——在罐头上印上谜语，并注明打开罐头吃完东西，谜底就在罐底。这一招竟使得水果罐头的销售量大增，产品也由滞销变为畅销，打开了市场。这利用了消费者（　　）。

A. 求新动机　　B. 好奇动机

C. 求便动机　　D. 好胜心动机

2. 判断题

（1）对衣食住行等需求是每个人都需要的，因此所有人的需求都是大体相同的。（　　）

（2）相关群体是人们的社会联系，而家庭是最重要的相关群体。（　　）

（3）决定消费者是否重复购买的最重要阶段是购后感受阶段。（　　）

（4）消费者需求是多种多样的，因此他们的动机是也多种多样的。（　　）

（5）需求是可以刺激的，因此企业的刺激越大，需求就越大。（　　）

（6）一般而言，对家庭的财务贡献越大的家庭成员，在家庭购买决策中的发言权越大。（　　）

（7）动机的形成必须以需求为基础，没有需求就没有动机，没有动机就没有行为。（　　）

3. 案例选择题

某烟草公司通过其市场营销信息系统和市场营销研究，了解到以下环境动向足以影响其业务经营：有些国家政府颁布了法令，规定所有的香烟广告及包装上都必须印上关于吸烟危害健康的严重警告；有些国家的某些地方政府禁止在公共场所吸烟；许多发达国家吸烟人数下降；这家烟草公司的研究实验室很快就发明用莴苣叶制造无害烟叶的方法；发展中国家的吸烟人数迅速增加，据估计，我国目前有4亿多人吸烟，占总人口的1/3，青年人中吸烟者所占比例最高。显然，上述前三个动向给这家烟草公司造成了环境威胁；后两个动向造成了使公司可能享有“差别利益”的市场机会。

（1）烟草公司最大的环境威胁来自（　　）。

A. 香烟包装上印制提示性的警告　　B. 禁止在公共场所吸烟

C. 发达国家吸烟人数减少　　D. 香烟价格上涨

（2）烟草公司最大的环境机会是（　　）。

A. 无害烟叶的发明　　B. 发展中国家吸烟人数增加

C. 烟草业是国家的纳税大户　　D. 在公共场所开辟单独吸烟区

（3）综合分析，该公司面临（　　）性质的营销环境。

A. 成熟环境　　B. 冒险环境

C. 理想环境　　D. 困难环境

（4）（　　）是消费者购买决策的起点。

A. 搜集信息　　B. 唤起需求

C. 外部刺激　　D. 比较评判

（5）顾客经常通过家庭成员、朋友、邻居等获得产品信息，这种来源属于（　　）。

A. 社会来源　　B. 市场来源

C. 经验来源　　D. 个人来源

4. 案例分析题

微信营销

玩微信的人越来越多，借助微信“圈人”正在成为各大商场的新做法。点对点的传播方式，费用几乎为零，这正是商家所看中的。各大商场通过微信“圈人”，可以把圈外人圈到圈子里来，增加非 VIP 客户的到店率。此外，各商家还希望通过微信激活 VIP 卡中近两成的“睡眠卡”。

商场可以通过微信发布包含视频、图像、语言、文字在内的潮流打折信息，效果直观；还可以通过微信互动，剖析消费者的消费习惯、客单价等，完成精准营销。

思考：

（1）市场竞争越来越激烈，商场与顾客联系的方式也越来越多样化，各大商场借力微信传递营销信息、争取顾客的做法已经得到了普遍的认可。针对通信技术大发展的新环境你还会有什么新的思路？

4 项目四

市场细分与目标市场选择

案例导入

定位鲜明——奇瑞QQ“年轻人的第一辆车”

奇瑞公司作为微型轿车市场的霸主，在众多的消费群体中进行细分，把握了消费者的心态，突出了微型轿车年轻时尚的特征与轿车的高档配置，有效地锁住了目标客户，以全新的营销方式和优良的性价比吸引了客户。

一、明确的市场细分，锁定时尚男女

奇瑞QQ的目标客户是收入并不高、但有知识有品位的年轻人，同时也兼顾有一定事业基础、心态年轻、追求时尚的中年人。一般大学毕业两三年的白领都是奇瑞QQ潜在的客户，人均月收入2 000元即可轻松拥有这款轿车。

为了吸引年轻人，奇瑞QQ除了轿车应有的配置以外，还装载了独有的“I－say”数码听系统，成为了“会说话的QQ”，堪称目前小型车时尚配置之最。据介绍，“I－say”数码听是奇瑞公司为用户专门开发的一款车载数据装备，集文本朗读、MP3播放与U盘存储多种时尚数码功能于一身，让QQ与计算机和互联网紧密相连，完全迎合了离不开网络就像鱼儿离不开水的年轻一代的需求。

二、独特的品牌策略，诠释“年轻人的第一辆车”

“QQ”的目标客户群体对新生事物感兴趣，富于想象力，崇尚个性，思维活跃，追求时尚。虽然由于资金的原因，他们崇尚实际，对品牌的忠诚度较低，但是对于汽车的性价比、外观的配置十分关注，是容易互相影响的消费群体。从整体的需求来看，他们对微型轿车的使用范围要求较多。奇瑞把QQ定位于“年轻人的第一辆车”，从使用性能和价格比上满足他们通过驾驶QQ所实现的工作、娱乐、休闲和社交的需求。

奇瑞公司根据对QQ的营销理念，推出符合目标消费群体特征的品牌策略。在产品名称方面，QQ在网络语言中有“我找到你”之意，充满时代感的张力与亲和力，同时简洁明快，朗朗上口，富有冲击力；在品牌个性方面，QQ 被赋予了“时尚、价值、自我”的品牌个性，将消费群体的心理情感注入品牌内涵。

思考： 1. 奇瑞公司的“QQ”汽车是如何选择目标市场客户的？

2. 目前奇瑞公司的市场定位能适应未来汽车市场的变化和发展吗？

任务 1
熟悉市场细分

市场细分

任务学习目标

素质目标：通过本任务的学习、案例分析和任务实训，培养同学们在市场细分过程中关注营销职业道德和营销伦理问题，对消费品市场要关注健康消费、绿色消费、文明消费，对生产资料市场要关注绿色、环保、安全、效益等问题的意识。

知识目标：通过本任务的学习，能以你自己的理解描述什么是市场细分，为什么要进行市场细分；市场细分的标准、条件是什么等等陈述性知识。

能力目标：通过本任务的案例分析和任务实训，培养同学们对常见市场运用两个以上的标准进行细分的能力。

任务描述

在自由竞争的市场经济中，企业为了实现其特定目标，会利用所有资源，使尽浑身招数，其中很重要的部分就是制订营销战略。在市场发展过程中，买方需求是决定性的，任何企业都无法满足整体市场的全部需求。因此，需要将某一产品的消费需求按不同的特征划分为若干个细分市场，然后选择其中某一特定群体作为自己的目标市场，并制订有针对性的目标市场战略，这是每个企业在营销活动中必须进行的最基础的工作。

任务学习

市场经济的发展，使许多企业认识到，企业不可能或至少不能以同一种方式吸引市场上所有的购买者。因为购买者实在太多、太分散，而且他们的需求和购买习惯也各不相同。每个企业在满足不同市场部分的能力方面也有巨大差异。因此，每个企业都必须找到其最有能力满足且获利最大的市场部分，并把营销活动集中于该市场，而这首先就需要对市场进行细分。本任务我们就学习什么是市场细分，为什么要搞市场细分，市场细分有何标准、条件，细分方法有哪些，通过学习提升市场细分的职业能力。

一、市场细分的含义和作用

（一）市场细分的含义

市场细分是美国市场营销学专家温德尔·史密斯于20世纪50年代中期首先提出来的。它顺应了第二次世界大战后美国众多的产品市场由卖方市场转化为买方市场这一新的市场形势，是现代营销观念的产物。目前日益受到工商企业的重视，现已成为市场营销理论重要的组成部分。

所谓市场细分，就是根据消费需求的明显差异，把某一产品的市场整体划分为若干个顾客群体，每一个由需求特点相似的顾客组成的群体就构成一个细分市场。也即各个细分市场都是由需求与欲望相同或相似的消费者组成的。例如，在手表市场上，有的消费者喜欢计时基本准确、价格比较便宜的手表，有的消费者需要计时准确、耐用且价格适中的手表，有的消费者要求计时准确、具有象征意义的名贵手表，据此可将手表市场的消费者划分为三个消费群体，也即细分为三个子市场。在理解这一含义时应注意以下几点：

1. 市场细分的客观基础。市场细分的客观基础，是顾客对同一产品需求的差异性（异质需求）。这些差异是客观存在的，它是由消费者所处的不同地理环境及千差万别的文化、社会、个人和心理特征的影响而形成的。市场上任何一项产品和服务，只要包含两个以上的消费者，这个市场就可以细分。而且只有商品经济发展到一定阶段，市场上商品供过于求，消费者需求多种多样，企业无法用大批量生产产品的方式或差异化产品策略有效地满足所有消费者需要的时候，细分市场的客观条件才具备。

2. 市场细分的实质。市场细分的实质，是细分消费者，即辨别具有不同需求与欲望的消费者并加以分类的过程。大中求异，小中求同，即就大市场来讲，要找出消费需求的差异，根据这些差异可以把消费者细分为若干个不同的消费群体；就小市场来讲，每一个细分市场都是由需求、欲望、动机、购买行为等大体相同的消费者组成的。市场细分并不是一个单纯的分解过程，分解只是手段，聚合才是目的。

3. 市场细分的目的。市场细分的目的，在于认识消费者在需求、动机、购买行为等方面的差异性和共同性，以便选择适当的服务对象，确定目标市场，制定最佳的营销策略。

想一想

星巴克和漫咖啡的客户一样吗?

提示：星巴克常常开在写字楼和商业中心，主要服务于来无影去无踪的商务人士。漫咖啡更愿意打造一个“我想静静”的环境，通常是一杯咖啡、一台电脑、一本好书，一下午的时间就过去了。由于风格定位不同，星巴克和漫咖啡的客户自然也就不同，这就是市场细分的结果。

（二）市场细分的作用

企业面对着成千上万的消费者，他们的需求和欲望是千差万别并且分散于不同的地区，而又随着环境因素的变化而变化。对于这样复杂多变的大市场，任何一个规模巨大、实力雄厚的企业，都不可能满足该市场上所有消费者的所有需求。企业只能根据自身的优势条件，从事某方面的生产、营销活动，选择力所能及的、适合自己经营的目标市场。市场细分的作用主要表现在以下几个方面：

1. 有利于企业发掘新的市场机会，选择目标市场。寻找新的市场机会、占领新的目标市场已越来越成为企业营销的重要课题，影响企业将来的市场定位。而市场细分就是企业挖掘新的市场机会的技巧。市场细分是以调查、分析为基础的研究过程，经过市场细分后的子市场，易于发现未被满足或未被充分满足的消费需求，从而及时发现新的市场机会，寻找市场空档，开展有针对性的营销，占领新的目标市场，取得先机。

2. 有利于中小企业开拓市场，在大企业的夹缝中求生存。市场细分理论，对中小企业尤为适用。中小企业通过市场细分，从中找到适合自己的、需求尚未得到满足的细分市场，见缝插针，拾遗补缺，采取与目标市场相对应的产品、价格、渠道、促销策略，从而获得良好的发展机会。

3. 有利于企业制定和调整营销战略与策略。通过市场细分，一方面分析目标市场上竞争对手的战略与策略，发现对手的不足，做到“知己知彼”，取得局部的竞争优势；另一方面，面对一个或少数几个子市场，可以及时地捕捉信息，并根据需求的变化及时调整市场营销策略，这样可以使经营更具针对性、更加及时有效。

4. 有利于企业合理配置和运用资源。企业根据市场细分确定目标市场，扬长避短，集中使用有限的人力、物力、财力于少数几个或一个细分市场上，可避免分散使用资源，取得事半功倍的效果，获得最大的经济效益。

想一想

“全球各地都是我们企业的市场，所有人都是我们的用户和潜在用户”，此话听起来很有企业家气魄，你对这样的观点有何看法？

实 例

欧莱雅的网络营销

随着中国男士使用护肤品习惯的转变，男士美容市场的需求逐渐上升，整个中国男士护肤品市场也逐渐走向成熟，近两年的发展速度更是迅速，越来越多的中国年轻男士护肤已从基本清洁开始发展为护理，美容的成熟消费意识也逐渐开始形成。

欧莱雅经过中国市场充分调研后推出新品巴黎欧莱雅男士极速激活型肤露，即欧莱雅男士 BB 霜，品牌主希望迅速占领中国男士 BB 霜市场，树立该领域的品牌地位，并希望打造成为中国年轻男性心目中的人气最高的 BB 霜产品。欧莱雅男士 BB 霜目标客户定位于 18～25 岁的人群，他们是一群热爱分享，热衷于社交媒体，并已有一定护肤习惯的男士群体。

面对其他男妆品牌主要针对“功能性”诉求的网络传播，麦肯旗下的数字营销公司 MRM 携手欧莱雅男士将关注点放在中国年轻男性的情感需求上，了解到年轻男士的心态在于一个“先”字，他们想要领先一步，先同龄人一步。因此，设立了“我是先型者”的创意理念。

为了打造该产品的网络知名度，欧莱雅男士针对目标人群，同时开设了名为“@型男成长营”的微博和微信账号，开展一轮单纯依靠社交网络和在线电子零售平台的网络营销活动。

(1) 在新浪微博上引发了针对男生使用 BB 霜的接受度的讨论，发现男生以及女生对于男生使用 BB 霜的接受度都大大高于人们的想象，为传播活动率先奠定了舆论基础。

(2) 有了代言人“阮经天”的加入，发表属于他的先型者宣言：“我负责有型俊朗，黑管 BB 负责击退油光、毛孔、痘印，我是先型者阮经天”，号召广大网民，通过微博申请试用活动，发表属于自己的先型者宣言。微博营销产生了巨大的参与效应，更将微博参与者转化为品牌的主动传播者。

(3) 在京东商城建立了欧莱雅男士 BB 霜首发专页，开展“占尽先机，万人先型”的首发抢购活动，设立了欧莱雅男士微博部长，为关于 BB 霜使用者提供的一对一的专属定制服务。另外，特别开通的微信专属平台，每天即时将从新品上市到使用教程、前后对比等信息均通过微信推送给关注巴黎欧莱雅男士公众微信的每一位用户。

该活动通过网络营销引发了在线热潮，两个月内，在没有任何传统电视广告投放的情况下，该活动覆盖人群达到 3 500 万用户，共 307 107 位用户参与互动，仅来自新浪微博的统计，微博阅读量即达到 560 万人，在整个微博试用活动中，一周内即有超过 69 136 男性用户申请了试用，在线的预估销售库存在一周内即被销售一空。

二、市场细分的标准、条件和方法

（一）消费者市场的细分标准

由于市场细分是建立在消费需求差异性的基础上，因此凡是使消费需求产生差异的因素，都可以作为市场细分的标准。这里主要针对消费者市场介绍，概括起来，细分消费者市场的标准主要有四类，即地理因素、人口因素、心理因素、行为因素，如表 4－1 所示。

表 4－1 消费者市场细分标准及变量

地理因素	地理环境 城镇大小 地形 气候 交通状况 人口密度等
人口因素	年龄 性别 职业 收入 民族 宗教 教育 家庭人口 家庭生命周期等

续表

心理因素	生活方式 社会阶层 性格 购买动机 态度 兴趣等
行为因素	购买时间 购买数量 购买频率 购买习惯（对品牌忠诚度） 对服务 价格 渠道 广告的敏感程度等

1. 地理因素。按地理因素细分市场，就是依据消费者所处的地理位置、自然环境来细分市场。

地理因素之所以作为市场细分的依据，是因为处在不同地理环境下的消费者对于同一类产品往往有不同的需求与偏好，他们对企业采取的营销策略与措施会有不同的反应。比如，在我国南方沿海一些省份，某些海产品被视为上等佳肴，而内地的许多消费者则觉得味道平常。又如，由于居住环境的差异，城市居民与农村消费者在室内装饰用品的需求上大相径庭。

地理变量易于识别，是细分市场应予考虑的重要因素。但处于同一地理位置的消费者需求仍会有很大差异。比如，在我国的一些大城市，如北京、上海，流动人口逾百万，这些流动人口本身就构成一个很大的市场，很显然，这一市场有许多不同于常住人口市场的需求特点。所以，简单地以某一地理特征区分市场，不一定能真实地反映消费者的需求共性与差异，企业在选择目标市场时，还需结合其他细分变量予以综合考虑。

2. 人口因素。按人口因素细分市场，就是按照消费者的年龄、性别、家庭人数、家庭生命周期、收入、职业、教育、种族和国家等为基础细分市场。由于人口因素易于统计，而且消费者对商品的需求，常常与人口因素密切相关，因此是企业进行市场细分的常用标准。

（1）性别。由于生理上的差别，男性与女性在产品需求与偏好上有很大不同，许多产品和服务如服装、美容美发、化妆品、杂志、香烟等，都以性别来细分市场。像美国的一些汽车制造商，过去一直是迎合男性要求设计汽车，现在，随着越来越多的女性参加工作和拥有自己的汽车，这些汽车制造商正研究市场机会，设计具有吸引女性消费者特点的汽车。

（2）年龄。不同年龄的消费者有不同的需求特点，如青年人对服饰的需求与老年人的需求差异较大，青年人需要鲜艳、时髦的服装，老年人需要端庄素雅的服饰。又如，儿童对玩具、少儿读物的需求量最多；青年对服装、文化体育用品的需求量较多；老年人对营养保健品和医疗物品的需求量最多。

（3）收入。高收入消费者与低收入消费者在产品选择、休闲时间的安排、社会交际与交往等方面都会有所不同。比如，同是外出旅游，在交通工具以及食宿地点的选择上，高收入者与低收入者会有很大的不同。正因为收入是引起需求差别的一个直接而重要的因素，在诸如服装、化妆品、旅游服务等领域根据收入细分市场相当普遍。

（4）职业与教育。指按消费者职业的不同、所受教育的不同以及由此引起的需求差别细分市场。比如，农民购买自行车偏好载重自行车，而学生、教师则喜欢轻型的、样式美观的自行车；又如，由于消费者所受教育水平的差异所引起的审美观具有很大的差异，诸如不同消费者对居室装修用品的品种、颜色等会有不同的偏好。

（5）家庭生命周期。一个家庭，按年龄、婚姻和子女状况，可划分为不同的阶段。在不同阶段，家庭购买力、家庭人员对商品的兴趣与偏好会有较大差别，据此可进行细分。

除了上述方面，经常用于市场细分的人口变数还有家庭规模、国籍、种族、宗教等。实际上，大多数企业通常是采用两个或两个以上人口统计变量来细分市场。

3. 心理因素。按心理因素细分市场，就是根据消费者的生活方式、社会阶层、个性、心理动机等对市场进行细分。

（1）生活方式。生活方式是指一个人怎样生活。人们追求的生活方式各不相同，如有的追求新潮时髦，有的追求恬静简朴；有的追求刺激冒险，有的追求稳定安逸。西方的一些服装生产企业，为“简朴的妇女”“时髦的妇女”和“有男子气的妇女”分别设计不同服装就是依据生活方式细分市场。

（2）社会阶层。处于同一阶层的成员具有类似的价值观、兴趣爱好和行为方式，不同阶层的成员则在上述方面存在较大的差异。很显然，识别不同社会阶层的消费者所具有不同的特点，对于很多产品的市场细分将提供重要的依据。

（3）个性。个性是指一个人比较稳定的心理倾向与心理特征，每个人的个性都会有所不同。通常，个性会通过自信、自主、支配、顺从、保守、适应等性格特征表现出来。因此，个性可以按这些性格特征进行分类，从而为企业细分市场提供依据。在西方国家，对诸如化妆品、香烟、啤酒、保险之类的产品，有些企业以个性特征为基础进行市场细分并取得了成功。

相关链接

漫步者：基于细分市场的战略布局

深圳市漫步者科技股份有限公司是一家集产品创意、工业设计、技术研发、规模化生产、自主营销于一体的专业化音频设备企业。多年来，漫步者始终专注于音频技术的应用和实践，已逐渐成为中国多媒体音箱的领军品牌。对声音的极致追求，对产品的严格要求是漫步者对消费者的承诺。经过 20 多年的不懈努力，漫步者正日益壮大，目前处于国内第一、全球第二的市场地位。

2016 年是中国耳机行业的一个大风口，智能化手机的普及、移动端设备的迸发，使得耳机形态发生了质变。同时，随着消费升级，年轻人群体的个性化需求的冲击，越来越多音频企业发力在耳机产业。但是如何真正洞察消费先机，绑定年轻人，这才是关键。深耕在音频领域 20 多年的漫步者面对消费市场及消费需求的转变，在 2016 年开始投入了更大的精力在耳机的“定位—研发—设计—生产—营销”上。2017 年，“无线”成为耳机的最大卖点，通勤和运动的高频发生，带动无线耳机的高频使用。漫步者与权威的蓝牙芯片厂商合作，将电声技术与无线高度融合，为消费者带来了多款精品。2018 年，在无线技术的普及下，漫步者发力在“真无线”产品，为中国耳机品牌奠定行业基石。

个人与家庭音响、耳机、汽车音响是漫步者当下的三条主线，漫步者正不断向音频领域的各个细分场景迈进，打通从家庭到通勤的各个场景。近几年，漫步者正通过更加积极的战略布局打造更加个性化、年轻化的品牌形象。

4. 行为因素。按行为因素细分市场，就是依据消费者购买商品的时机、追求利益、购买频率、使用情况、对商品与品牌的了解、态度等来对市场进行细分。行为因素能更直接地反映消费者的需求差异，因而成为市场细分的最佳起点。按行为因素细分市场主要包括：

（1）购买时机。根据消费者提出需要、购买和使用产品的不同时机，将他们划分成不同的群体。例如，城市公共汽车运输公司可根据上班高峰时期和非高峰时期乘客的需求特点划分不同的细分市场并制订不同的营销策略；生产果珍之类清凉解暑饮料的企业，可以根据消费者在一年四季对果珍饮料口味的不同，将果珍市场消费者划分为不同的子市场。

（2）追求利益。消费者购买某种产品总是为了解决某类问题，满足某种需要。然而，产品提供的利益往往并不是单一的，而是多方面的。消费者对这些利益的追求各有侧重，如牙膏这种产品，有的消费者追求的是经济实惠、有的消费者追求的是防治牙病、有的消费者追求的是洁齿美白等，这就要求牙膏生产厂家根据这些标准对市场细分，提供针对性的商品。

（3）使用者状况。根据顾客是否使用和使用程度细分市场。通常可分为：经常购买者；首次购买者；潜在购买者；非购买者。大公司往往注重将潜在使用者变为实际使用者，较小的公司则注重于保持现有使用者，并设法吸引使用竞争产品的顾客转而使用本公司产品。

（4）使用数量。根据消费者使用某一产品的数量大小细分市场。通常可分为大量使用者、中度使用者和轻度使用者。大量使用者人数可能并不很多，但他们的消费量在全部消费量中占很大的比重。美国一家公司发现，美国啤酒的80%是被50%的顾客消费掉的，另外一半的顾客消耗量只占消耗总量的12%。因此，啤酒公司宁愿吸引重度饮用啤酒者，而放弃轻度饮用啤酒者，并把重度饮用啤酒者作为目标市场。公司还进一步了解到大量喝啤酒的人多是工人，年龄在25～50岁之间，喜欢观看体育节目，每天看电视的时间不少于3～5小时。很显然，根据这些信息，企业可以大大改进其在定价、广告传播等方面的策略。

（5）品牌忠诚程度。企业还可根据消费者对产品的忠诚程度细分市场。有些消费者经常变换品牌，另外一些消费者则在较长时期内专注于某一或少数几个品牌。通过了解消费者品牌忠诚情况和品牌忠诚者与品牌转换者的各种行为与心理特征，不仅可为企业细分市场提供一个基础，同时有助于企业了解为什么有些消费者忠诚本企业产品，而另外一些消费者则忠诚于竞争企业的产品，从而为企业选择目标市场提供启示。

想一想

三只松鼠：从吃坚果到“喝”坚果

坚果行业目前面临同质化竞争的问题，推出新品能够实现区别竞争。而这不仅是企业选择，还是行业升级的需要。随着零食市场竞争的日益加剧，市场细分越发明显，低、中、高档市场层次逐渐拉开，消费升级之下，也推动了零食市场分级的发展。

2018年“双十一”前夕，三只松鼠推出11款新品。这些更加个性化的新品包括藤椒味的方便面“抖面”、无烟烧烤“撩烧”、麻辣味的即食香菇“菇的肉”以及包装上模仿女生化妆包里眼影盒、唇膏的辣条组合等。这些零食不仅好吃，而且更加有趣，很快成为年轻人乐于传播的“网红”产品。继新品之后，三只松鼠推出超级新品坚果饮料“第2大脑“，并于2019年1月13日正式上线销售，当日即爆卖超过7万瓶。“第2大脑”在功能定位上更加健康，同时其产品命名与包装设计更具趣味性。它选用了由6种坚果组成的混合搭配，并选择以榛子作为主打风味，榛子的营养价值高以及口感上也更加浓郁细腻，消费者更容易接受。同时这款饮料选用了由咖啡豆加工而成的咖啡萃取液作为风味载体。

从吃坚果到“喝”坚果，三只松鼠试图在坚果深加工上走得更远。未来，坚果行业仍然需要不断跨界创新，不能仅仅站在坚果行业来看待自身，而要以不同的视角来审视坚果行业，整个行业需要从初加工，走向精深多元化的发展。

（二）有效市场细分的条件

对于不同行业、不同类型的企业来说，实行市场细分必须具备一定的条件，否则，不一定能形成有效的细分市场，很可能徒劳无功，得不偿失。一般来说，有效市场细分应具备这样几个条件：

1. 差异性。指某种产品整体市场中确实存在着购买与消费上的明显差异性，完全有细分的必要或某一因素足以成为细分依据。例如，肉食品、糕点等产品有必要按民族细分。

2. 可衡量性。指细分市场的规模和购买力是可以估测衡量的，既有明显的区别，又有合理的范围。有些细分变量令人捉摸不定，如具有“依赖心理”的青年人，在实际中是很难测量的，以此为依据细分市场就不一定有意义。

3. 可进入性。指细分出来的市场应是企业营销活动能够抵达的，亦即是企业通过努力能够使产品进入并对顾客施加影响的市场。一方面，有关产品的信息能够通过一定媒体顺利传递给该市场的大多数消费者；另一方面，企业在一定时期内有可能将产品通过一定的分销渠道运送到该市场。否则，该细分市场的价值就不大。比如，生产冰淇淋的企业，如果将我国中西部农村作为一个细分市场，恐怕在一个较长时期内都难以进入。

4. 可盈利性。即细分出来的市场，其容量或规模要大到足以使企业获利。进行市场细分时，企业必须考虑细分市场上顾客的数量，以及他们的购买能力和购买产品的频率。如果细分市场的规模过小，市场容量太小，成本耗费大，获利小，就不值得去细分。如汽车公司专门为身高1.5米以下的人群设计一种汽车，这样就得不偿失。

5. 稳定性。指所划定的细分市场，必须具有相对的稳定性，以保证企业有足够的时间实施营销方案、进入市场、获得盈利。如果市场变化太快，变动幅度又很大，企业还没有来得及实施其营销方案，目标市场已面目全非了，这样的市场细分也就毫无意义。

（三）市场细分的方法

1. 单一因素细分法。根据市场主体的某一因素进行细分，如按收入的高低来划分服装市场，以年龄来划分玩具市场等。这种划分比较简单易行。但是，消费者或用户的需求很少只受单一因素的影响，往往受多种因素的影响。

2. 系列因素细分法。为了使细分市场更有效、更切合实际，往往需要使用多种因素为标准，利用多因素组合来进行市场细分，由粗到细，由浅入深。例如，对服装市场进行细分，就可以利用与服装最密切的地区、性别、年龄、个人收入等因素，如图4-1所示。

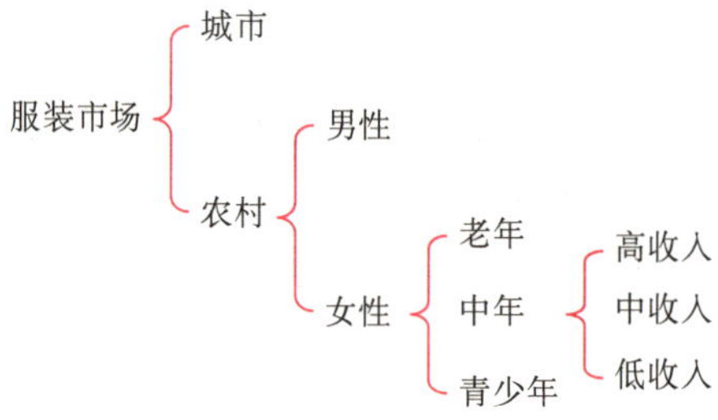

图 4－1　系列因素细分示意图

3. 主导因素排列法。当一个细分市场的选择存在多个因素时，可以从消费者的特征中寻找和确定主导因素，然后与其他因素有机结合，确定细分目标市场，这种方法叫做主导因素排列法。以青年服装市场为例，职业与收入通常是影响服装选择的主导因素，文化、气候则居于从属地位，因此应以职业、收入作为细分青年服装生产的主导依据。

4. 综合因素法。即用影响消费需求的两种以上的因素为标准，从多个方面对市场进行细分，该方法的核心是并列多因素进行分析，所涉及的各项因素无先后顺序和重要与否的区别。例如，同时用收入水平、年龄、职业三个因素将妇女服装的消费者划分为许多具有不同需求特点的细分市场。

想一想

某化妆品的经营者将 18～45 岁的城市中青年妇女确定为目标市场，运用了几个细分变量？

案例分析

亲子酒店　淡季不淡

还有一个多月就到暑期了，近年来不断升温的亲子游又将迎来年度峰值。最近，各类亲子主题酒店已经开始针对暑期游推出各种特色推介活动，亲子酒店成为亲子游市场中最具卖点且最受期待的内容之一。

亲子酒店受青睐

4 月份，是海南传统的旅游淡季，但是在位于三亚海棠湾的亚特兰蒂斯酒店大堂，却一点不见淡季的影子。负责办理入住的接待员告诉记者："酒店的卖点是水世界、水族馆和 C 秀等项目，所以带孩子出游的住客最多，是酒店主要的客源。"

事实上，携程在年初发布的《2020 年中国亲子游消费趋势报告》中，最受欢迎亲子酒店如三亚亚特兰蒂斯酒店、广州长隆熊猫酒店、上海佘山世贸洲际酒店（世贸深坑酒店）、三亚海棠湾仁恒皇冠假日度假酒店等，都是国内高星级酒店业中的佼佼者。

5 月初，北京市朝阳区一家外资公司的职员张媛带着 5 岁的女儿前往三亚度假。

“这次去海南，就是带孩子去体验亲子酒店的环境。”张媛告诉记者：“我打算和女儿度过一个‘酒店躺’的5天假期，我在几个月前就用早鸟价预订了三亚Club Med的房间，一价全包，吃住玩全在酒店。”

亲子酒店已经成为家长带孩子出游的首选住宿方式，其中的奥秘就是，这种主题酒店能满足当代年轻父母对亲子游的品质和内容需求，给孩子提供适合其年龄特点的休闲项目，并同时兼顾家庭其他成员的度假需求。

面向精准客户群

亲子酒店这个细分市场的塑造，与普通高星级酒店的经营有明显差异。国内各类品牌酒店纷纷以打造IP主题来吸引目标住客，其中亲子酒店的定位是面向家庭。这样的家庭出行有品质高要求、价格低敏感、设施更便利安全等特点，因此，酒店需要以全新的视角来看待这些儿童客户群体，促进服务升级，获得未来商机。

在国内，各地酒店开发了形式多样的亲子游项目。如广州长隆酒店拥有1 500间生态主题客房，让住客入住时仿佛走进了真实的热带雨林；杭州乐园旁边的杭州第一世界大酒店以埃及风情为主题，还赠送杭州乐园门票；三亚仁恒皇冠假日度假酒店是当地人首推的亲子酒店，有的房间不仅专门设计了儿童卫浴间，还有丰富多样的儿童娱乐设施和亲子活动。

这些酒店的共同特点是将睡眠空间变成了生活体验场景。他们充分挖掘每一个细分的亲子年龄段市场，专注一个或多个亲子客户群，让酒店目标明确地做出自己的特色，并牢牢抓住固定消费人群。

Club Med首创的儿童俱乐部是选择这家酒店的家长们称赞最多的度假项目。大人们完全可以把自己的孩子托付给专职团队，少年儿童可以结识新朋友，参加适合自己年龄段的户外探索活动，家长则自由支配自己的度假时间。他们还根据家人共度美好时光的需求，推出“非凡家庭”活动，提供一个家长与孩子一起的亲子时光。“这两个产品极大地丰富了家庭度假选择，满足了更多家庭的不同需求。”戴杰伟说：“亲子酒店要善于倾听和满足爸爸妈妈与宝宝们的需求，不断调整，推出各种灵活设施和服务，确保大人孩子度过一个轻松舒适的美好假期。”

亲子游能够迅速回暖，亲子酒店价格不菲却宾客满门的背后，是“80后”“90后”年轻父母对品质出游的需求使然。

问题：针对不断升温的亲子游现象，请你从市场细分的角度谈谈你的看法。

讨论分析：

个人：每位同学根据案例资料和问题，在固定的学习本上记下自己的思考。

小组：每小组6位同学，1人为组长，1人记录，小组成员都要陈述自己的观点，讨论后形成小组意见，准备在班级交流。

全班：各组派一位代表陈述本组观点。

教师：记录各组陈述要点，最后做点评。

任务实训

体验市场细分

1. 背景资料：下列是你比较熟悉的几种产品，请走访经营该产品的市场营销人员，查找有关资料，根据市场细分的标准和变量，对其进行细分：空调、自行车、方便面。

2. 实训目标：通过市场细分实际体验，熟悉市场细分标准、条件、方法的具体运用技巧，更好地理解市场细分的有关知识，掌握市场细分技能，进一步培养自己与人沟通、与人交流、解决问题的能力。

3. 实训步骤：

（1）每6位同学一组，两个同学负责一种产品进行市场细分体验。

（2）通过图书、资料、网络等，查找相关资料或成功的范例。

（3）实地走访2家经营该产品的企业，4位营销人员，了解该产品目前市场上的种类、产品功能，面对的消费群体、满足的主要需求等方面的信息。

（4）利用市场细分表对该产品市场进行细分。

（5）小组讨论的基础上，完善相关内容，分别形成关于空调（自行车、方便面）市场细分的课业报告。

（6）选3~5份课业报告在班级交流，其他同学们可以发表意见，最后老师做点评。

4. 成果评价（见表4-2）。

表4-2　××产品市场细分评分表

项目（分值）	标　准	得分
调查企业表现（20）	调查两家企业，调查四位营销人员，每调查一位给5分，最多20分。	
市场细分过程体验（30）	顾客需求、市场细分标准、市场细分表设计、市场细分过程、企业选择细分市场说明，每项6分。	
市场细分课业报告（30）	格式规范、内容完整、细分标准明确、过程说明清晰、成果展示有特色，每项6分。	
市场细分体验活动中表现（20）	从活动准备、与人交流、与人合作、问题解决、信息处理等方面评价，每小点4分。	
总成绩100分		
老师评语	签名：　　　　年　月　日	
学生意见	签名：　　　　年　月　日	

任务 2
了解目标市场选择

任务学习目标

素质目标：通过本任务的学习、案例分析和任务实训，培养同学们在选择目标市场过程中关注营销职业道德和相关法律法规、关注可持续发展的意识。

知识目标：通过本任务的学习，能正确描述目标市场、目标市场选择的条件和几种模式、目标市场营销策略、目标市场策略选择应考虑的因素等陈述性知识。

能力目标：通过本任务的案例分析和任务实训，培养同学们能结合中小型流通企业实际，运用目标市场策略的相关知识分析和选择目标市场的职业能力。

任务描述

市场细分提示了企业所面临的市场营销机会。由于条件的制约，企业不可能去满足所有的细分市场，实践中企业只能结合自己的实际情况，权衡比较各细分市场的利弊，选择具有可行性的细分市场，作为自己的目标市场，并结合企业的条件选择相应的目标市场营销策略。

任务学习

在市场细分的基础上，要根据目标市场应具备的条件，根据目标市场的选择模式，确定目标市场，制定目标市场营销策略。本任务就是要了解什么是目标市场，对目标市场应从哪些方面进行评估，评估以后，应如何选择目标市场，目标市场确定后，应采用什么样的市场营销策略，影响目标市场营销策略的因素有哪些？通过这些基本内容的学习，培养同学们分析市场和选择目标市场的能力。

一、确定目标市场

所谓目标市场，就是指在市场细分的基础上，企业决定要服务的最佳细分市场，即企业的产品和劳务所要满足的特定消费者群。

（一）目标市场的评估

企业在对整体市场进行细分之后，要对各细分市场进行评估，然后根据细分市场的规模、发展潜力、竞争状况及吸引力、本企业资源条件等多种因素，决定把哪一个或哪几个细分市场作为目标市场。一般而言，企业考虑进入的目标市场，应符合以下标准或条件：

1. 有适当的规模。企业进入某一市场是期望能够有利可图，如果市场规模狭小或者趋于萎缩状态，企业进入后难以获得发展，此时，应审慎考虑，不宜轻易进入。当然适当的规模是一个相对的概念，大企业可以偏好销售量很大的细分市场，小企业由于竞争实力较弱，可以避开较大规模的细分市场。

2. 有一定的发展潜力。有的市场现在虽然规模不大，但未来可能会迅速增长，或预计会有所增长，这样的细分市场值得去经营。当然，企业也不宜以市场吸引力作为唯一取舍，特别是应力求避免“多数谬误”，即与竞争企业遵循同一思维逻辑，将规模最大、吸引力最大的市场作为目标市场。大家共同争夺同一个顾客群的结果是，造成过度竞争和社会资源的无端浪费，同时使消费者的一些本应得到满足的需求遭受冷落和忽视。

3. 有足够的吸引力。企业选择目标市场不仅要求有较大的潜在需求，而且还要了解竞争对手是否完全控制了市场。应尽量选择那些竞争相对较少，竞争对手比较弱，有足够吸引力的市场作为目标市场。如果竞争已经十分激烈，而且竞争对手势力强劲，企业进入后付出的代价就会十分昂贵。

4. 符合企业目标和资源。某些细分市场虽然有较大吸引力，但不能推动企业实现发展目标，甚至分散企业的精力，使之无法完成主要目标，这样的市场应考虑放弃。另一方面，还应考虑企业的资源条件是否适合在某一细分市场经营。只有选择那些企业有条件进入、能充分发挥其资源优势的市场作为目标市场，企业才会立于不败之地。

实 例

e代驾：互联网思维的护航者

代驾是一种托付，更是一种信任。e代驾团队采用互联网思维进行创业，专心于解决用户的需求痛点，从而逐渐颠覆了传统的代驾业务。

定位系统节约时间。传统代驾公司是接单后指派代驾师傅到用户所在地的模式，需要一定的时间成本，e代驾的定位系统可以使客户与距离最近的代驾师傅进行匹配，极大地减少了用户的等待时间。

满足个性化的需求。比如，很多酒后的女性车主也有代驾需求，出于安全等因素的考虑，她们更希望是女性代驾司机为其服务。e代驾平台可以满足用户自主选择司机的需求。

价格亲民和透明。e代驾的运作模式是让用户直接在平台联系司机，省去了“分成”环节，价格令普通有车一族也可以享受这种服务。

e代驾致力于为每一位顾客提供更加优质、安全的代驾服务，让有车的用户都能放心应酬，舒心到家，让代驾成为一种生活方式，让更多的用户体会科技升级带来的便捷生活。

（二）目标市场的选择

企业在对不同细分市场评估后，就必须对进入哪些细分市场和为多少个细分市场服务做出决策。企业可考虑的目标市场选择模式，一般有以下五种，如图4－2所示。

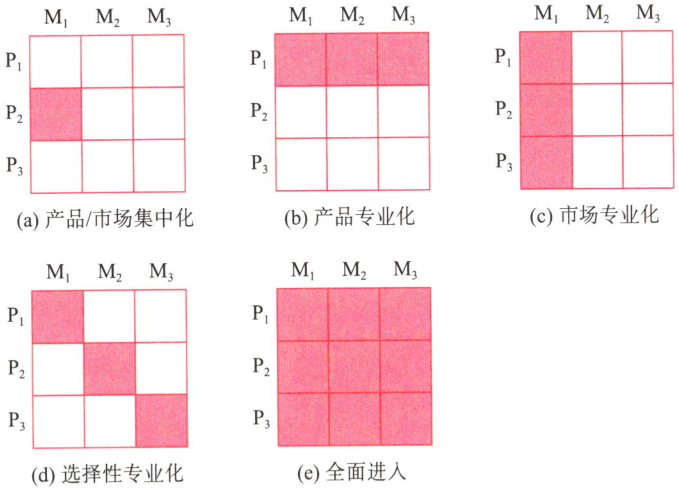

图 4－2　目标市场选择模式示意图

1. 产品/市场集中化。企业只生产某一型号、规格的产品，满足某一群体的需要。这种策略目标单一，生产经营力量集中，可以针对性地满足某一消费群体的需要，可在该细分市场建立巩固的市场地位。另外，企业通过生产、销售和促销的专业化分工，也获得了许多经济效益。如果细分市场补缺得当，企业的投资便可获得高报酬。其局限性是经营风险大，当市场容量小或者波动大时，会造成损失。由于这种原因，许多企业宁愿在若干个细分市场分散营销。

2. 产品专业化。企业只生产某种类型（规格）的产品去满足不同类型消费者的需要。例如，显微镜生产商向大学实验室、政府实验室和工商企业实验室销售显微镜。企业通过这种战略，在某个产品方面树立起很高的声誉。但如果产品（显微镜）被一种全新的显微技术代替，就会发生危机。

3. 市场专业化。是指企业生产不同类型、规格的产品去满足某一固定的消费群体的需要。公司专门为这个顾客群体服务，而获得良好的声誉，并成为这个顾客群体所需各种新产品的销售代理商。

4. 选择性专业化。企业同时生产不同类型和规格的产品，去满足不同类型消费者的需要。采用这种方法选择若干个细分市场，其中每个细分市场在客观上都有吸引力，并且符合企业的目标和资源。但在各细分市场之间很少有或者根本没有任何联系，然而每个细分市场都有可能赢利。这种多细分市场目标优于单细分市场目标，因为这样可以分散企业的风险，即使某个细分市场失去吸引力，企业仍可继续在其他细分市场获取利润。

5. 全面进入。企业为所有消费者生产各种类型的产品，以满足不同消费者的需要。只有大公司才能采用完全市场覆盖战略，如通用汽车公司（汽车市场）和可口可乐公司（饮料市场）。

想一想

老年市场的细分困惑

2018年4月21日，一场特别的“产品与服务需求研讨会”在清华大学举办。参加研讨会的有国内知名的老年康复器具制造商、租赁商以及养老机构的代表。参会的另一方，则是几位白发苍苍的老人——他们是被特别邀请来发表意见的消费者代表。在这场特殊的老年产品“需求对接会”上，老人和厂商直接面对面座谈。

这场由老人参与的“需求对接会”，是清华养老产业高端论坛精心设置的一个环节。据主办方透露，之所以会邀请老人出席，是因为目前市场上的老年产品和服务并不能和老年人的需求很好地对接。一方面，市场上的老年产品良莠不齐、鱼龙混杂，而且在质量控制上也存在着问题。另一方面，未来老人群体的文化层次越来越高，对养老质量的要求也越来越高。这种情况不禁让人反思：市场上给老年人提供的各种服务、产品越来越多，但这些众多的服务模式以及琳琅满目的商品是不是都适合老年人？哪些服务和商品才是老年人真正的需求？

二、目标市场策略及选择

（一）目标市场营销策略的类型

在市场营销中，由于企业选择的目标市场不同，其营销策略也不同。一般有以下三种策略可供选择：

1. 无差异性市场营销策略。无差异性营销策略是指企业将产品的整个市场视为一个目标市场，用单一的营销策略开拓市场，即用一种产品和一套营销方案吸引尽可能多的消费者。无差异营销策略只考虑消费者或用户在需求上的共同点，而不关心他们在需求上的差异性。

该策略的优点：一是成本的经济性，二是取得规模效益。因为产品营销方式单一，同时进行大量生产和经营，节省了生产和经营费用，降低了销售成本，提高了利润率，从而实现了规模效益。这种策略对于需求广泛、市场同质性高且能大量生产、大量销售的产品比较合适。

该策略的缺点：满足不了消费者的多样化需求，企业产品单一，风险较大，应变能力差。如果许多企业同时在一个市场上实行无差别营销策略，竞争必然激化，企业获利的机会反而下降。同时以一种产品和一种营销方案，想要获得不同层次、不同类型的所有顾客的满意，也是不可能的。

2. 差异性市场营销策略。差异性市场营销策略是将整体市场划分为若干细分市场，针对每一细分市场分别设计不同的产品和营销方案。

该策略的优点是：小批量、多品种，生产机动灵活、针对性强，使消费者需求更好地得到满足，由此促进产品销售。另外，由于企业是在多个细分市场上经营，一定程度上可以减少经营风险；一旦企业在几个细分市场上获得成功，有助于提高企业的形象及市场占有率。

该策略的不足之处主要体现在两个方面：一是销售费用、成本增加，营销活动复杂化。由于产品品种多，管理和存货成本将增加；由于公司必须针对不同的细分市场发展独立的营销计划，会增加企业在市场调研、促销和渠道管理等方面的营销成本。二是可能使企业的资源配置不能有效集中，顾此失彼，甚至在企业内部出现彼此争夺资源的现象，使拳头产品难以形成优势。所以，必须限制在这样一个范围内，即销售额的扩大所带来的利益必须超过营销总成本和费用的增加，这就要求企业既不能选错目标市场，同时也不宜卷入过多的目标市场。另外，采用这种策略受企业资源和能力的制约较大，较为雄厚的财力、较强的技术力量、素质较高的营销人员，是实施差异营销策略的必要条件。这也是相当多的企业尤其是小型企业无力采取这种策略的原因所在。

相关链接

个别市场“凡是能数字化的东西，你就能定制它”

想象着你走进一间有日光沐浴着你身体的房间，在那里两秒钟的时间，就能测出你准确的相关数据。然后这个数字化数据被录入一张你用来订购定制衣服的信用卡上。不，这不是在《星球大战》系列电影下一集才能看到的情景，而是在对你在不远的将来如何买衣服的提前一窥。

世界似乎正在形成一个整圆——从过去将顾客以个体分别对待，到后来没人知道你名字的规模营销，现在又回到了开始时的做法。正如《规模定制》的作者约瑟夫·派因总结的那样：“任何能数字化的东西，你就能定制它”。

3. 集中性市场营销策略。实行差异性营销策略和无差异营销策略，企业均是以整体市场作为营销目标，试图满足所有消费者在某一方面的需要。集中性营销策略则是企业选择一个或几个子市场作为目标市场，集中力量争取在这些子市场上占有大份额。

该策略的优点：可以节省市场营销费用，增加盈利，而且还有利于提高产品与企业的知名度，必要时可迅速扩大市场，从而巩固企业的市场地位，提高竞争能力。这一策略特别适合于资源力量有限的中小企业。中小企业由于受财力、技术等方面因素制约，在整体市场可能无力与大企业抗衡，但如果集中资源优势在大企业尚未顾及或尚未建立绝对优势的某个或某几个细分市场进行竞争，成功可能性更大。如只生产小汽车的汽车制造厂，只生产女装的服装厂等。

该策略的缺点：一是市场区域相对较小，企业发展受到限制；二是潜伏着较大的经营风险，缺乏多样性，一旦目标市场突然发生变化，如消费者需求发生变化，或强大竞争对手的进入，或新的更有吸引力的替代品的出现，都可能使企业因没有回旋余地而陷入困境。

以上三种目标市场营销策略，如表 4－3 所示。

表 4－3　目标市场营销策略示意表

策略种类	图　示
无差异性市场营销策略	市场营销组合策略　整体市场
差异性市场营销策略	市场营销组合策略1 → 细分市场1 市场营销组合策略2 → 细分市场2 市场营销组合策略3 → 细分市场3
集中性市场营销策略	市场营销组合策略 → 细分市场1 细分市场2 细分市场3

想一想

无差异性市场营销策略与集中性市场营销策略相比，在实施的过程中，哪一个风险更大？

实 例

农夫山泉婴幼儿水

农夫山泉饮用天然水（适合婴幼儿）源于长白山地下自涌泉，矿物质含量符合婴幼儿饮用水要求。水源源自长白山莫涯泉2号泉。该泉为火山型玄武岩地下自涌泉，为30～60年前的无污染冰雪融水经岩层净化后喷涌而出。该泉水的矿物盐含量适中，口感清冽，呈天然弱碱性，尤其适于生产适合婴幼儿饮用的瓶装水。

婴幼儿胃肠道敏感脆弱，因此，国内外对于提供给婴幼儿的饮用水或液体食品有着较为严格的微生物要求。美、英等国要求婴儿饮用的水须满足商业无菌。但目前我国已有的各项瓶装饮用水标准仍未采用商业无菌指标，也没有考虑婴儿饮用问题。

农夫山泉饮用天然水（适合婴幼儿）采用先进的无菌生产工艺，达到商业无菌要求，微生物标准远远严于国内瓶装水卫生安全标准。农夫山泉经多年悉心研究，为中国宝宝带来依此要求生产的瓶装水。

（二）目标市场营销策略的选择

上述三种目标市场营销策略各有其优缺点，企业到底应采取哪一种策略，应综合考虑企业、产品和市场等多方面因素予以决定。

1. 企业资源或实力。当企业生产、技术、营销、财务等方面实力很强时，可以考虑采用差异性或无差异性市场营销策略；资源有限，实力不强时，采用集中性营销策略效果可能更好。

2. 产品的同质性。指在消费者眼里，不同企业生产的产品的相似程度。相似程度高，则同质性高，反之，则同质性低。对于大米、食盐、钢铁等产品，尽管每种产品因产地和生产企业的不同会有些品质差别，但消费者可能并不十分看重，此时，竞争将主要集中在价格上。这样的产品适合采用无差异营销策略。对于服装、化妆品、汽车等产品，由于在型号、式样、规格等方面存在较大差别，产品选择性强，同质性较低，因而更适合于采用差异性或集中性营销策略。

3. 市场同质性。指各细分市场顾客需求、购买行为等方面的相似程度。市场同质性高，意味着各细分市场相似程度高，不同顾客对同一营销方案的反应大致相同，此时，企业可考虑采取无差异性营销策略。反之，若消费者之间的特性相差很大，则企业应在细分市场后，采用差异性或集中性营销策略。

4. 产品所处生命周期的不同阶段。产品处于投入期，同类竞争品不多，竞争不激烈，企业可采用无差异性营销策略，也可以采用集中性营销策略，先占领一个市场，再伺机扩展。当产品进入成长期或成熟期，同类产品增多，竞争日益激烈，为确立竞争优势，企业可考虑采用差异性营销策略，以满足不同消费者的需求。当产品步入衰退期，企业要收缩市场，可考虑采用集中性营销策略。

5. 竞争者采用的目标市场营销策略。企业选择目标市场策略时，一定要充分考虑竞争者尤其是主要竞争对手的营销策略。如果竞争对手采用了差异性营销策略，抢先向市场的深度进军，占领更深层次的细分市场，企业就应采用集中性营销策略；如果竞争对手十分强大而且已经采用了无差异性营销策略或集中性营销策略，企业则应进行更有效的市场细分，实行差异性营销策略或集中性营销策略。

案例分析

便利店开进地铁站　北京地铁商业活起来

北京地铁商业虽不断发展，但大多引入的是自提柜式的无人零售，如今引进便利店，对于北京地铁商业来说，或将是一次很大的突破。

近几年北京地铁站的商业配套在不断丰富。近日，《中国商报》记者走访北京地铁站部分站点和换乘站注意到，目前地铁站内的商业设施主要是无人零售的自助售卖机，比较普遍的则是饮品类商品售卖机，部分地铁站内还增设了口罩自助售卖机、证件照快照机。

此外，鲜花、潮玩等产品也通过自助售卖机走进了地铁站。记者在多个地铁站看到了弗洛花园的鲜花自助售卖机，自助机内有很多小格口，每个格口都放有不同种类的鲜花，消费者可以根据自己的需求扫码购买。

北京地铁 10 号线苏州街站 A 口的出入站层则设有潮玩品牌泡泡玛特的商品销售区，区域内摆放着三台盲盒售卖机。该商业区域设计成了一个潮玩主题售卖区，与直接摆放在墙边的饮料售卖机相比，更有商业气氛。

除了无人零售外，北京地铁站还存在着一种商业业态，就是地铁站口以售卖早餐为主的地铁便利车。地铁便利车的造型类似地铁车厢，苏州街地铁站 A 口的地铁便利车除了售卖水、饮料等简易食品外，还售卖烤肠、煎饼、水煮玉米、豆浆等快餐食品。

尽管北京地铁站内的商业配套越来越丰富，但是它的发展速度远远赶不上人们需求的变化，在消费升级大趋势下，引入更丰富的商业业态很有必要。如今，消费者需求更加多元化、多样化，相较简易的自助售卖机，产品种类更加丰富的便利店能够进一步满足乘客的需求。据了解，便利店销售的产品种类非常丰富，吃的、喝的、用的都很齐全，热食、水饮、面包、乳制品更是热销品类，并且品牌连锁便利店也在不断进行创新，更加贴近年轻消费者。

近年来，便利店的发展迎来了种种政策利好。2019 年年初，北京市商务局党组书记、局长闫立刚在部署 2019 年重点任务时表示，将营造便民商业发展良好环境，挖掘空间资源，试点在公交、地铁场站建设一批便民生活服务设施。2019 年 8 月 15 日，北京市商务局印发了《服务业扩大开放重点领域开放改革三年行动计划》，制订了多个方面的发展计划，其中交通领域的计划提到“允许在新建地铁站等交通枢纽开设商业设施”。

一边是市场需求的推动，一边是政策的支持，在北京，便利店真正进入地铁、与上班族们在上下班时间产生交集或许指日可待。

问题：便利店开进地铁站的便民措施对你有什么启发？请你从选择目标市场的角度谈谈你的看法。

讨论分析：

个人：每位同学根据案例资料和问题，在固定的学习本上记下自己的思考。

小组：每小组6位同学，1人为组长，1人记录，小组成员都要陈述自己的观点，讨论后形成小组意见，准备在班级交流。

全班：各组派一位代表陈述本组观点。

教师：记录各组陈述要点，最后做点评。

任务实训

分析目标市场与营销策略

1. 背景资料：分析下列产品的目标市场及应采取的营销策略（见表4-4）。

表4-4　部分商品明细表

序号	商品名称	商品规格	目标市场	营销策略
1	百事可乐	600ml		
2	统一冰红茶	500ml		
3	康师傅矿物质水	550ml		
4	乐百氏矿泉水	550ml		
5	纯果乐鲜果粒	420ml		
6	农夫山泉	550ml		
7	统一鲜橙多	450ml		
8	美之源果粒橙	450ml		
9	大大泡泡糖	——		
10	真知棒棒棒糖	——		

2. 实训目标：了解目标市场评估的主要内容，能运用目标市场的选择策略权衡利弊，确定目标市场，并为目标市场选择相应的营销策略。

3. 实训步骤：

（1）把全班同学分为10组，每组负责一种产品，分析该产品的目标市场及采取的营销策略（产品可自选也可由老师指定）。

（2）通过图书、网络等搜集相关产品的信息，认真了解该产品的功能、成分、使用方便性，产品的包装、产品的目标市场，目前该产品采取的营销策略等。

(3) 实地走访，通过到市场上认真观察和调研，从消费者和营销人员两个方面了解该产品主要的购买对象、购买时间、购买方式、购买用途、现场产品陈列方式、促销方式等详细内容（调查消费者不少于10人，营销人员不少于2人），总结分析该产品选择的目标市场以及运用的营销策略。

(4) 在调查了解的基础上，通过小组讨论，形成该产品的目标市场选择及营销策略运用的分析意见，征求别组同学意见，然后用最佳的方式向全班同学进行展示。

(5) 老师选择其中三种产品的调查分析成果在班级交流，并进行点评。

4. 成果评价（见表4－5）。

表4－5 ××产品目标市场选择与营销策略运用分析结果评价表

项目（分值）	标　准	得分
调查准备（20）	资料查找、浏览网络、制订调研方案、人员分工，每小项5分。	
目标市场选择分析（30）	目标市场选择分析说明有理有据，按其分析效果分30、25、20、15四个等级。	
目标市场营销策略运用（30）	目标市场营销策略的运用符合目标市场情况，分析准确、有理有据，按其效果分30、25、20三个等级。	
调查活动中表现（20）	调查人数符合要求，调查项目齐全，与人交流、与人合作、解决问题能力强，每个小项4分。	
总成绩100分		
老师评语	签名：　　　　年　月　日	
学生意见	签名：　　　　年　月　日	

任务3
掌握市场定位策略

任务学习目标

素质目标：通过本任务的学习、案例分析和任务实训，培养同学们关注企业在产品市场定位中绿色、安全、健康、使用便捷性的意识。

知识目标：通过本任务的学习，能正确描述市场定位、市场定位的依据、掌握市场定位的策略及市场定位的步骤等陈述性知识。

能力目标：通过本任务的案例分析和任务实训，培养同学们对市场上的新产品，能运用市场定位相关知识准确理解生产企业定位策略的职业能力。

任务描述

企业在决定进入哪个细分市场之后，还必须决定在这些市场中想取得的地位。成功的企业总是千方百计地向顾客头脑中灌输一种品牌（或产品）的特殊优势以及该产品与竞争对手的区别，设计出一种在目标市场中能够给产品带来最大优势的市场定位，并且设计出实现这一目标的市场营销组合策略。

任务学习

为了满足消费者的特定需求，企业通常会提供很多产品或服务作为选择。消费者面对着过多的产品和服务信息，每当他们做出一项购买决定时，根本无法重新估价产品。但在现实生活中，每一位消费者对一些产品在脑海里已经绘制了一幅“定位图”，将我们企业的产品和竞争对手产品按照产品性质、价格声望、可靠性、售后服务等维度放到相应的位置上。企业营销人员策划营销组合让消费者接受自己的产品或服务时，需要考虑这个组合是如何影响消费者认知的，如何跟竞争对手的营销组合做比较的，以及营销环境对它会产生怎样的影响。在分析清楚这些问题后就可给企业的产品准确定位了。本任务主要学习市场定位及定位依据，明确据以定位的可能性竞争优势。准确运用定位策略，给企业的产品和服务定位，并学会有效地向市场表明企业的市场定位。

一、市场定位的概念和依据

（一）市场定位的概念

所谓市场定位就是根据市场的竞争情况和本企业的条件，建立和发展差异化的竞争优势，确定本企业产品在目标市场上的竞争地位。

市场定位的实质是使本企业与其他企业严格区分开来，突出企业及其产品的特色，使顾客明显感觉和认识到这种差别，从而使企业及产品在顾客心目中占据一个特殊的位置，塑造出个性鲜明的产品形象传递给目标市场，给消费者留下深刻的印象，从而取得目标市场的竞争优势。试想想，在一大群陌生人当中，如果只是匆匆看一眼，你最容易记得谁呢？肯定是里面长得最标致和最丑陋的。消费者也一样，面对着成千上万的海量信息，他只能记得那些给他留下深刻印象的产品和品牌。拥有清晰市场定位的产品，将会让消费者更容易在众多竞争产品中找到它。

相关链接

市场定位是现代市场营销学一个十分重要的新概念，近年来受到企业的广泛重视，理论和实践两方面都发展很快。因为随着生产力水平的提高和市场经济的发展，在同一市场上有许多同一品种的产品出现。企业为了使自己生产或销售的产品获得稳定的销路，要从各方面为产品培养一定的特色。树立一定的市场形象，以求在顾客心目中形成一种特殊的偏爱，这种市场营销方向称作市场定位。

所以市场定位的关键不是对产品本身做些什么，而是在消费者的心目中做些什么，即企业要满足谁的需要，满足他们什么需要，如何满足需要，只有明确了这些问题，才能获得竞争优势。单纯的产品质量上乘或价格低廉在目前的市场环境下已难以获得竞争优势。

（二）市场定位的作用

1. 有利于建立企业及产品的市场特色。在现代社会中，许多市场都存在严重的供大于求的现象，众多生产同类产品的厂家争夺有限的顾客，市场竞争异常激烈。为了使自己生产经营的产品获得稳定销路，防止被其他厂家的产品所替代，企业必须从各方面树立起一定的市场形象，以期在顾客心目中形成一定的偏爱。

2. 简化购买决策过程。在当今信息爆炸的社会中，消费者大多为过量的产品或服务信息所困惑，他们不可能在做出每一项购买决策时都对产品做重新评价。为了简化购买决策过程，消费者会将产品加以归类，如哪种“质优”、哪种“价廉”、哪种“可靠”、哪种“耐用”等，以利于他们迅速做出购买决策。如果不进行有效的市场定位，不搞差异化，不仅不能满足消费者多样化的需求，而且还可能造成大量的产品或服务雷同，使大家都去竞争有限的顾客，加剧了市场竞争或导致恶性竞争，影响整个行业的发展。

实　例

海底捞的差异化定位——优质服务

四川海底捞餐饮股份有限公司成立于1994年3月20日，是一家以经营川味火锅为主、融汇各地火锅特色于一体的大型直营连锁企业。公司始终秉承“服务至上、顾客至上”的理念，以创新为核心，改变传统的标准化、单一化的服务，提倡个性化的特色服务，致力于为顾客提供愉悦的用餐服务；在管理上，倡导双手改变命运的价值观，为员工创建公平公正的工作环境，实施人性化和亲情化的管理模式，提升员工价值。

在海底捞流传着这样的故事：某个星期六晚上生意特别好，7点半3号包房上来了一家姓徐的客人，服务员发现徐妈妈把鹌鹑蛋上面的萝卜丝夹到碗里吃，感觉到她一定很喜欢吃萝卜，于是立即打电话给上菜房，让他们准备一盘萝卜丝，随后又去调料台放上几味调料。当服务员把拌好的萝卜丝端到桌上时，客人很惊讶地说这是她吃过最香的饭。接下来一个月，他们连续来了三次，还把其他朋友介绍来吃饭。

在海底捞，女服务员为长发的顾客扎起头发，并提供小夹子夹住前面的刘海，防止头发垂到食物里。放桌上的手机会被小塑料袋装起来以防油腻。如果你带了小孩，服务员还帮你喂小孩吃饭，陪小孩玩游戏。客人打个喷嚏，服务员会送来一碗姜汤。甚至在卫生间里都会有专人服务，包括开水龙头、挤洗手液、递擦手纸等。

“所谓特色就是你比别人多了一点点，而正是这‘一点点’为海底捞赢来了口碑。”所以有人为了吃海底捞愿意排队几个小时。

（三）市场定位的依据

市场定位的依据，一是消费者的需求特征；二是主要竞争对手产品的特征，以此建立本企业产品的竞争优势。竞争的优势主要通过产品差异化来体现，产品差异化就是指设计一系列有意义的差异，使本企业的产品同竞争者的产品区别开来。产品的差异化主要表现在以下几个方面：

1. 特色。这是指对产品基本功能的增加。如华为手环 6 除了基本的记时功能外，增加了健康检测运动模式等功能，更加人性化，也更加实用了。

2. 性能。这是指产品的主要特点在使用中的水平。在产品的价格没有超过顾客的支付能力时，顾客总是愿意以较高的价格购买性能更优的产品。企业应根据目标市场的具体情况确定相应的性能标准。

3. 一致性。这是指产品在使用中达到设计标准的程度。如果某种产品在使用中能够达到各项设计标准，那么这种产品就被认为具有高度的一致性，会给顾客留下完美的印象，人们也乐于购买。海尔、长虹产品在消费者心目中具有良好的形象，就是因为它们具有高度的一致性。

4. 可靠性。这是指产品在一定时间内不出故障，能正常使用的可能性。全球最大的白色家电生产企业伊莱克斯公司推出“零缺陷”竞争策略，保证产品一到消费者手中 10 年内能正常使用，不出故障，不用维修，他们承诺“产品到家，无牵无挂”。他们认为：“满意的顾客不应看到厂家的维修人员。”这些都使该公司产品的可靠性在消费者心目中留下了深刻的印象。

5. 耐用性。这是指产品预期的使用寿命。超平彩电除了其他一些特性外，使用寿命是平面直角彩电的 1.7 倍，即使它的价格较高，但消费者也愿意购买。

6. 风格。这是指产品带给顾客的视觉和感觉效果。康佳推出彩色机壳系列“七彩小画仙”，TCL 推出“缤纷天使”系列小彩电，不仅小巧新颖，而且机壳有红、黄、蓝、白、黑等几种颜色，给人一种全新的视觉感受。在风格差异化中，必须注意包装的运用。

当然，每一种差异都会增加企业的成本，企业应突出有价值、有意义的差异，以便通过这些差异，有效地把本企业的产品与竞争对手的产品区别开来，达到市场定位的目的。

二、市场定位策略

（一）属性定位策略

根据特定的产品属性来定位，产品属性包括制造该产品采用的技术、设备、原材料及该产品的功能、产地、历史等因素。比如，贵州茅台、西湖龙井等按产地定位。当企业的一种或几种属性是竞争对手的产品所不具备时，企业定位就应强调这些特性。

（二）竞争性定位策略

根据与竞争者有关的属性或利益来定位。即以竞争产品为参照，强调“人无我有，人有我优”。

（三）质量—价格定位策略

这是指对照质量和价格来定位。一是强调质价相符，在企业产品价格与同类产品相比更高的情况下，强调产品具有高质量，一分钱一分货；二是强调质高价低，物有所值，以加速市场渗透，提高市场商品的占有率。如华龙集团提出的“同等质量比价格，同等价格比质量”的口号，就是这种定位策略的具体运用。这种定位策略，除了向顾客传递产品的低价实惠外，还要重视产品质量信息的传递，否则，会给顾客造成产品定位档次低、价格高的错觉。所以华龙集团在营销中同时还宣传“加质加量不加价”。

（四）利益定位策略

利益定位策略指根据产品所能满足的需求或所提供的利益、解决问题的程度来定位。强调顾客购买产品时追求的利益和获得的附加利益。

（五）使用者定位策略

将其产品指向某一类特定的使用者，以便根据这些顾客的看法塑造恰当的形象，如“谢馥春”男士霜。

实　例

“产品同质化，海尔差异化”

2019年4月15日，第125届广交会开幕。走进家电展区，冰箱、洗衣机、空调等产品琳琅满目。但纵览全场，家电功能卖点多有相似，而在海尔展区，每平方米位置都显示出其差异化，干湿分储、健康洗、“卖空气”……每平方米都展示科技的独一无二。

冰箱：都在卖保鲜，海尔卖干湿分储

冰箱中具有保鲜、大空间等功能的产品很多，但连续11年全球第一的唯有海尔。海尔展出首创干湿分储冰箱，实现干货不返潮、存果蔬不脱水。

洗衣机：都在卖干净洗，海尔卖健康洗

洗衣机功能类似，但有3款独属海尔：颐人洗衣机采用无外桶科技，引领行业“健康洗”趋势；融合纤洗护理机引领分区洗护新趋势；海尔紫水晶滚筒洗干组合，直驱大筒径洗涤更护衣，热泵干衣机5D正反转干衣不缠绕。

空调：都在“卖温度”，海尔“卖空气”

空调中具调温、除湿等功能的产品很多，但是展示从智慧自清洁、净化自清洁和新风自清洁的健康空气解决方案的唯有海尔。海尔发明行业首款能换“新风”的空调，同时保持室内恒温、空气新鲜，不用开窗也能换新风。

热水器：都在卖死水，海尔卖活水

热水器中主打节能、安全等功能的产品很多，但卖活水的唯有海尔。海尔发明全球首台无水箱太阳能热水器，采用全新换热技术让洗澡水始终处于活水状态，终结污垢沉积难题。同时制热速度提升20%，带来速热活水洗浴新体验。

燃气灶：都在卖大火力，海尔卖“防火墙”

燃气灶中具大火力、熄火保护等功能的产品很多，但是能防干烧的唯有海尔。海尔发明中国第一台防干烧燃气灶，筑起安全“防火墙”，烧干锅1分钟左右、灶具不坐锅3分钟左右自动熄火关气。

冷柜：都在卖冰冻，海尔卖0结霜

冷柜中主打节能、低噪音等功能的产品很多，但是能细胞级冷冻的唯有海尔。海尔行业首创细胞级冷冻，-38℃深冷速冻，锁住食材新鲜营养；通过立体射流送风技术，实现真正0结霜。

在“人单合一”模式指导下，海尔为用户提供个性化家电服务同时，驱动产品和服务的不断创新，不断升级用户美好生活体验。

（六）比附定位策略

比附定位策略是指企业比拟名牌、攀附名牌来给自己的产品定位，以借名牌产品之光而使自己产品的品牌生辉的定位策略。主要的做法是：一是甘居“第二”，就是明确承认自己的产品在同类产品中，与最负盛名的产品相比，只不过是第二位而已；二是“攀龙附凤”，如内蒙古的宁城老窖，以“宁城老窖，塞外茅台”的广告诉求定位，就是一个较好的例子；三是奉行“高级俱乐部策略”，借助群体的威望和模糊数学的方法，提升自己的地位和形象，如宣称自己是某行业三大企业之一，50 家大企业之一，十大驰名品牌之一等。这种定位策略会使消费者对企业产生一种谦虚诚恳的印象，提高了企业的可信度，吸引大批消费者购买本企业的产品。

总之，市场定位的策略有很多种，你可以把自己塑造成高价品中的典范，也可以化身为优质服务的代表，只要这种定位是来自你自身优势和鲜明个性，然后把这一市场定位传达到目标消费者的心坎上，这样的市场定位就是成功的。

三、市场定位的类型

（一）迎头定位

这是一种与在市场上居支配地位的竞争对手“对着干”的定位方式，即企业选择与竞争对手重合的市场位置，争取同样的目标顾客，彼此在产品、价格、分销、供给等方面很少有差别。

实行迎头定位，企业必须做到知己知彼，应该了解市场上是否可以容纳两个或两个以上的竞争者，自己是否拥有比竞争者更多的资源和能力，是不是可以比竞争对手做得更好。否则，迎头定位可能会成为一种非常危险的战术，将企业引入歧途。

当然，也有些企业认为这是一种更能激发自己奋发向上的定位尝试，一旦成功就能取得巨大的市场份额。

（二）避强定位

这是一种避开强有力的竞争对手进行市场定位的模式。企业不与对手直接对抗，将自己置于某个市场“空隙”，发展目前市场上没有的特色产品，开拓新的市场领域。

这种定位的优点是：能够迅速地在市场上站稳脚跟，并在消费者心中尽快树立起一定形象。由于这种定位方式市场风险较小，成功率较高，常常为多数企业所采用。

（三）重新定位

重新定位通常是指对那些销路少、市场反应差的产品进行二次定位。初次定位后，随着时间的推移，新的竞争者进入市场，选择与本企业相近的市场位置，致使本企业原来的市场占有率下降，或者由于顾客需求偏好发生转移，原来喜欢本企业产品的人转而喜欢其他企业的产品，因而市场对本企业产品的需求减少。在这些情况下，企业就需要对其产品进行重新定位。所以，一般来讲，重新定位是企业为了摆脱经营困境，寻求重新获得竞争力和增长的手段。不过，重新定位也可作为一种战术策略，并不一定是因为陷入了困境，相反，可能是由于发现新的产品市场范围引起的。例如，某些专门为青年人设计的产品在中老年人中也开始流行后，这种产品就需要重新定位。

相关链接

把对手扶起来

在某大城市里，许多电器经销商经过明争暗斗的市场较量，在彼此付出了很大的代价后，有赵、王两大商家脱颖而出，他们又成为最强硬的竞争对手。

这一年，赵为了增强市场竞争力，采取了极度扩张的经营策略，大量地收购、兼并各类小企业，并在各市县发展连锁店，但由于实际操作中的失误，造成信贷资金比例过大，经营包袱过重，其市场销售业绩反而直线下降。这时，许多业内人士纷纷提醒王——这是主动出击，一举彻底击败对手赵，进而独占该市电器市场的最好商机。

王却微微一笑，始终没有采纳众人提出的建议。

在赵最危难的时机，王却出人意料地主动伸出援手，拆借资金帮助赵涉险过关。最终，让赵的经营状况日趋好转，并一直给王的经营施加压力，迫使王时刻面对着这一强有力的竞争对手。有很多人曾嘲笑王的心慈手软，说他是养虎为患。可王却没有丝毫反悔之意，只是殚精竭虑，四处招纳人才，并以多种方式调动手下的人拼搏进取，一刻也不敢懈怠。就这样，王和赵在激烈的市场竞争中，既是朋友又是对手，彼此绞尽脑汁地较量，双方各有损失，但各自的收获却都很大。多年后，王和赵都成了当地赫赫有名的商业巨子。

面对事业如日中天的王，当被问及当年的“非常之举”时，王一脸的平淡：击倒一个对手有时候很简单，但没有对手的竞争又是乏味的。企业能够发展壮大，应该感谢对手时时施加的压力，正是这些压力，化为想方设法战胜困难的动力，进而在残酷的市场竞争中，始终保持着一种危机感。

把对手扶起来，不只是一种襟怀，还是一种智慧。

案例分析

互联网对电视的冲击

当电视机问世的时候，很多人认为收音机要退出市场了，因为在此之前，家人通常在晚上的时候会齐聚在一起收听广播节目。然而，收音机受到电视机的影响它开始传送现场直播节目，更多地关注音乐、新闻和报道。

类似地，我们也能预测互联网的引入会产生永久的影响。通过有线电视，我们能够选择自己想要的电视节目，甚至可以随时随地观看任何自己想看的。只要点一下鼠标，戏剧演出、电影、音乐可以随时下载和观看。和收音机一样，电视不会消失，但是会和我们今天看到的电视有很大的不同。

问题：1. 认真分析案例，并给网络、电视、收音机三个市场进行定位分析。

2. 谈谈该案例对你的启发。

讨论分析：

个人：每位同学根据“互联网对电视的冲击”案例内容，在固定的学习本上写下你对本案例的看法。

小组：请同学们每4人分为一组，推选1人为组长，1人记录，在小组讨论中每个人依次陈述自己的看法，然后小组成员共同讨论，形成小组意见，准备在班级交流。

全班：每个小组选一位代表在班级陈述本小组观点。

任务实训

有竞争关系商品定位调研

1. 背景资料：根据表4－6定位的实例，进行竞争性产品定位调研。

表4－6　A、B洗涤剂定位方法实例

项目	洗涤剂A	洗涤剂B
属性	容易洗涤、快速	洗涤后有清新气味
价格与品质	价格低、品质好	价格较高，品质最好
用途	适用于有顽固污渍的衣服，预洗	适用于较薄的衣服，手洗
产品使用者	家庭主妇	新产品喜好者
产品分类	专业运动员使用	专业洗衣店使用
竞争对手	相较于产品B，更能去除污渍	相较于产品A，清洗衣服更轻柔

2. 实训目标：通过调查了解市场上已有商品的定位策略和定位技巧，提高同学们科学运用市场定位策略，合理进行市场定位的能力。

3. 实训步骤：

（1）每两个同学一组，选择两个有竞争关系的产品，按表4－6实例的要求，到市场上调查了解，分析它们的定位策略和技巧，注意每组同学所选产品不得重复。

（2）按实例中的项目任选五项，分别写出两个商品各自的定位内容。

（3）将初稿征求其他同学意见，形成竞争性产品市场定位调研分析课业。

（4）选择3～5个组的作业在班级交流，每个组完成后可指定一位同学点评，老师最后做点评。

4. 成果评价（见表4－7）。

表4－7　竞争性产品市场定位调研成果评分表

项目（分值）	标　　准	得分
有竞争关系产品选择（10）	商品选择竞争关系明确，且定位差异明显，10分。	
目标内容（20）	定位五项内容，每项4分。	
市场定位（50）	两种商品，五个项目，十项内容，展示完整，定位差异明确，给分50分。	

续表

项目（分值）	标　　准	得分
任务完成过程表现（20）	调研计划、与人合作、分析问题、信息处理四个方面，每小点 5 分。	
总成绩 100 分		
老师评语	签名：　　　　年　月　日	
学生意见	签名：　　　　年　月　日	

任务 4
认识市场营销组合策略

任务学习目标

素质目标：通过本任务的学习、案例分析和任务实训，培养同学们关注市场营销组合策略运用中绿色、安全、健康、可持续的意识。

知识目标：通过本任务的学习，能正确描述市场营销组合策略内涵、市场营销策略的内容，市场营销组合策略内容等陈述性知识。

能力目标：通过本任务的案例分析和任务实训，培养同学们对市场上的新产品，能运用市场组合策略进行分析的职业能力。

任务描述

市场营销组合是市场营销学中一个十分重要的概念。现代市场营销学以系统论为依据，认为企业在组织营销活动时，不仅要制定正确的产品策略、定价策略、分销渠道策略和促销策略，而且必须针对目标市场的特点，将产品、价格、渠道、促销四个方面的策略进行最佳组合，使它们互相配合，产生一种最优竞争力。一个以现代营销观念为导向的营销者的任务，就是有效地设计和实现各种营销手段的最佳组合。

任务学习

随着市场经济的发展，大多数企业都认识到，企业必须协调各部门的营销策略和营销活动，从整体上满足消费者需求，追求整体的营销效果。企业经营者必须密切关注外部环境的动向，善于科学地对产品、价格、渠道、促销等因素进行组合，使企业营销能迅速地适应外部环境的变化，这是企业营销能否成功、企业能否生存与发展的关键。在学习了市场细分、目标市场选择、市场定位以后，就要针对目标市场的需要，规划企业的市场营销组合策略。本任务主要学习什么是市场营销组合、市场营销组合策略的技巧等内容。

一、市场营销组合策略的概念

市场营销组合策略，就是指企业可以控制的各种市场手段的综合运用，即综合地运用产品策略（product）、价格策略（price）、渠道策略（place）、促销策略（promotion）等各种可能的手段，来实现企业市场营销战略的总目标，简称4PS组合策略。

市场营销组合是现代市场营销学中一个十分重要的概念。这一概念的提出和应用，从整体上满足消费者需求，追求整体营销效果，体现了以消费者需求为中心的现代市场营销观念。它要求企业用最适合的产品，以最适宜的价格，通过最畅通的渠道，采用最相宜的促销手段，最好地满足目标市场的需求，取得最佳的经济效益。

相关链接

声不过五，五声之变，不可胜听也。色不过五，五色之变，不可胜观也。味不过五，五味之变，不可胜尝也。战势不过奇正，奇正之变，不可胜穷也。奇正相生，如循环之无端，孰能穷之？

（孙子兵法·势篇）

二、市场营销组合策略的内容及发展

市场营销组合中所包含的可控因素及组合策略的内容，主要有四大类，即产品、价格、渠道、促销。

1. 产品。是指企业提供给目标市场的产品和服务的集合体，包括品质、功效、外观、商标品牌、包装、服务等。

2. 价格。是指企业出售产品或劳务的经济回报，包括基本价格、折扣价格、折让、支付方式、支付期限、信用条件等。

3. 渠道。是指企业使其产品进入和到达目标市场所进行的各种活动，包括分销渠道、分销环节、中间商类型、仓储和运输等。

4. 促销。是指企业利用各种信息媒体与目标市场进行沟通的各种活动，包括人员推销、广告、营业推广、公共关系等。

市场营销组合策略的内容随着营销环境的变化不断发展。继4PS之后，学术界又相继提出了其他的营销策略。

总之，市场营销组合策略的内容随着时代的发展不断丰富。不过，人们在制定市场营销组合策略时，习惯上在4PS组合之上再单独进行其他的配套组合。因此，在规划市场营销组合策略时，以4PS为主。

想一想

4PS 是市场营销组合的主体，因此企业营销成功与否，关键是 4PS 的有效组合。你认同这种说法吗？

三、市场营销组合策略的特点

（一）可控性

市场营销组合是指企业可控制的因素。一个企业生产或销售的产品，除了受消费需求的影响以外，还要受许多因素的影响，其中 4P 是企业可以控制的因素，企业自己有选择的余地。企业可以根据市场分析，选择自己的产品结构和服务方向；可以自行选择销售渠道；自行决定产品的销售价格；自由地选择广告宣传手段等。当然这种自主权是相对的，不是随心所欲的，它也要受企业外部不可控因素的影响。

（二）动态性

市场营销组合不是固定不变的静态组合，而是一个发展变化的动态组合。因为“4PS”中的产品、价格、渠道、促销四大因素，每个因素中又包含许多子因素，只要其中一个子因素发生变化，就会出现一个新的组合。例如，一家洗衣机企业的市场营销组合策略可以有以下两种，如表 4－8 所示。

表 4－8　某洗衣机的两种市场营销组合方案

	产品	价格	分销	促销
方案 1	质量可靠 负责维修	基本价格	各零售店	大量做广告 开展销会
方案 2	提供配件 不管维修	折扣价格	各批发商	做少量广告

两种组合策略得到的效果肯定是不一样的。所以，在市场营销组合的动态变化过程中，它们组合出来的经营方式和方法是无穷的。企业营销策略的生命力就存在于无常的变化和组合之中，营销策略的进攻性就存在于它们的应变性和灵活性之中。因此，企业在制定营销组合策略时，一定要在“变”字上做文章，掌握这种动态的、变化的经营艺术。

（三）多重性

市场营销组合是多层次组合。市场营销组合是“4PS”的大组合，而每一个 P 又包括许多因素，因而形成了许多的次组合（见表 4－9）。

表 4－9　市场营销组合因素层次表

一级因素	二级因素	三级因素
产品	产品形状、品质； 产品服务； 厂牌商标； 包装	以产品品质为例，又可细分为产品物理性能、化学性能、技术指标、使用寿命等

续表

一级因素	二级因素	三级因素
价格	基本价格； 折扣； 信贷条件； 付款方式及时间	以价格折扣为例，又可细分为现金折扣、数量折扣、季节折扣、交易折扣、组合折扣等
渠道	销售渠道； 储存设施； 运输设施及方式； 存货控制	以运输方式为例，又可细分为铁路、公路、水路、航空、管道运输等方式
促销	人员推销； 广告； 营业推广； 公共关系	以广告为例，又可细分为报纸、杂志、广播、电视、户外广告、印刷品广告等

有时市场营销的条件虽然相同，但不同的企业会有不同的组合。这就好比厨师做菜一样，原料、配料都一样，但水平不同的厨师做出菜的味道截然不同。所以，企业进行整体的营销活动，必须针对目标市场的需求，选择最佳的市场营销组合策略。

（四）整体性

市场营销组合的四个因素构成一个有机的整体，企业在设计市场营销组合时，必须将其综合考虑，要考虑它们之间的相互作用、相互影响，才能发挥市场营销组合的整体效用。

另外，市场营销组合策略还有艺术性、竞争性等特点。

实　例

华为公司的产品组合

华为公司经营的产品组合主要由5大类组成，每条产品线又包括若干个产品项目。多产品线组合通常是企业实施的多元化经营战略在产品组合上的体现。为便于分析研究，现选取一部分产品种类、项目来说明，见表4－10。

表4－10　华为公司的产品组合表

	智能手机	笔记本	平板	智能穿戴	智能家居
产品组合深度	HUAWEI P30 HUAWEI P30 Pro HUAWEI Mate 20 HUAWEI Mate X HUAWEI nova 4 HUAWEI Mate 20 RS 保时捷设计 华为畅享9S	HUAWEI MateBook 14 HUAWEI MateBook E HUAWEI MateBook X HUAWEI MateBook 13	华为平板M5 华为畅享平板 华为平板M3	HUAWEI WATCH GT 华为手环 华为儿童手表	华为音箱 华为路由
小计	7	4	3	3	2

四、市场营销组合策略的作用

（一）市场营销组合策略是制定企业营销战略的基础

企业的市场营销组合是实现市场营销战略的工具，在现代企业的营销实践活动中，围绕4PS建立企业的营销战略已越来越成熟，已成为一种模式化的决策方法，成为企业开展市场营销活动的基本手段。

（二）市场营销组合策略是企业参与市场竞争的有利武器

任何企业的资源都是有限的，竞争对手之间无论实力大小，都各有其优势和劣势。通过市场营销组合策略，企业可以充分发挥潜力和优势，巧妙地运用各个因素，扬长避短，战胜对手。

（三）市场营销组合策略是协调企业内部各部门工作的纽带

市场营销组合策略就是整体营销，会使各部门增强整体观念，形成一个整体的工作系统，完成整体目标。在这个过程中，市场营销组合策略就是联络和协调各部门工作的“纽带”。

案例分析

广州增城正果镇：探索“粤菜师傅＋旅游”模式推动乡村振兴

正果云吞、兰溪濑粉、正果腊味……谈起广州增城的美食，这些富有坊间特色的正果小食都是绕不开的地道美味。为传播推广乡村美食，传承粤菜师傅技艺，近年来，增城区正果镇大力实施“粤菜师傅”工程，把促进城乡劳动者技能就业、技能致富作为实施“粤菜师傅”工程的出发点和落脚点，深入挖掘美食文化资源，积极开展粤菜师傅培训工作，培养名厨名店，探索“粤菜师傅＋旅游”模式，促进“旅游＋文化＋美食”产业发展。

“粤菜师傅”工程是广东省委、省政府站在乡村振兴战略和全局高度部署的重点民生工程。正果镇大力实施“粤菜师傅”工程，创办了广州粤菜师傅培训室（正果）。该培训室由广东省食文化研究会会长、著名美食家庄臣担纲主持，培训专家团队由中国烹饪协会副会长、广州酒家集团名誉董事长温祈福，广东省食文化研究会执行会长利永周，米其林一星餐厅总厨黄景辉、郭元峰、梁健宇等组成。正果镇还成立了正果美食文化协会，加强与粤菜师傅培训室的沟通协作。

广州粤菜师傅培训室（正果）自2018年年底开始运营以来，培养了大批高质量专业化本土人才，带动当地城乡劳动者就业创业，为本土美食产业增添了新的动能。截至目前，培训室共开办培训班71期，培训学员逾1840人次。其中，针对乡村厨师、农村富余劳动力开办6期职业技能考证培训班，培训学员250人次，其中239名学员获得初级证书，有效提高了学员就业率，壮大了当地粤菜人才队伍；针对餐饮行业企业家、创业青年开办65期技能提升培训班，培训学员1590人次，培养了一批懂厨艺、善经营、视野宽、会管理的新型粤菜师傅人才，大大提升了正果餐饮企业经营管理服务水平。通过培训，一批本土优秀粤菜师傅人才纷纷返乡创业“抱团发展”。大家配合正果镇微改造项目建设，打造了“不落幕的美食节”，吸引了珠三角及周边地区游客逾100万人次前来品尝正果传统美食，体验正果乡村旅游，有力推动了正果乡村振兴发展。

问题：通过“探索‘粤菜师傅+旅游’模式推动乡村振兴”的案例学习对你有什么启发？请你从市场营销组合的角度谈谈你的看法？

讨论分析：

个人：每位同学根据案例资料和问题，在固定的学习本上记下自己的思考。

小组：每小组6位同学，1人为组长，1人记录，小组成员都要陈述自己的观点，讨论后形成小组意见，准备在班级交流。

全班：各组派一位代表陈述本组观点。

教师：记录各组陈述要点，最后做点评。

任务实训

搜集企业市场营销组合策略案例

1. 背景资料：请同学们搜集整理一份对你有启发的某企业对其产品进行市场营销组合策略的方案。

2. 实训目标：通过报纸、杂志、网络或走访企业，搜集整理一份市场营销组合策略运用的方案。使同学们了解企业营销组合运用产品、价格、渠道和促销策略的实际情况，加深对市场营销组合策略基本知识和技能的了解，提高对市场营销组合策略的认知能力。

3. 实训步骤：

（1）每个同学独立完成任务实训（避免同学间雷同案例）。

（2）从报纸、杂志、相关书籍中搜集成功的市场营销组合案例，进行整理。

（3）从企业网站、网络上搜集有关市场营销组合策略的方案进行整理。

（4）从企业实地调查中整理成功的市场营销组合案例。

（5）老师选5个比较有特色的市场营销组合案例在班级交流，老师做点评。

4. 成果评价（见表4－11）。

表4－11 市场营销组合策略案例搜集评分表

项目（分值）	标　准	得分
资料来源（15）	企业实际案例14分，网络13分，报纸12分，杂志书籍10分，是本年度的加1分。	
组合要素齐全（60）	产品、价格、渠道、促销，四大要素齐全，每个大要素细化到两个小要素60分。	
方案整理（15）	层次结构清晰，文理通顺，说明准确清楚，每小点5分。	
实训中表现（10）	完成任务实训积极主动，没有雷同现象（雷同案例不得分），每小点10分。	

续表

项目（分值）	标　　准	得分
总成绩 100 分		
老师评语	签名：　　　　　　年　月　日	
学生意见	签名：　　　　　　年　月　日	

思考与实训

1. 选择题

(1) 细分市场是由类似的（　　）组成。

A. 产品　　B. 行业

C. 消费者群体　　D. 公众

(2) 市场细分的客观基础是（　　）。

A. 需求的差异性　　B. 需求的同质性

C. 需求的客观性　　D. 需求的有效性

(3) 无差异性目标市场营销策略的最大优点是（　　）。

A. 策略的有效性　　B. 成本的经济性

C. 实施的便利性　　D. 结果的可控性

(4) 消费者对某种产品的需求和爱好差异较大，企业在选择目标市场策略时可采取（　　）。

A. 无差异性市场营销策略　　B. 差异性市场营销策略

C. 集中性市场营销策略　　D. 密集性市场营销策略

(5) 市场营销组合是在选定目标市场以后，将可控的（　　）等进行最佳组合。

A. 产品　　B. 品牌

C. 价格　　D. 渠道

(6) 一家玩具公司欲对玩具市场进行细分，用（　　）组细分标准比较合理。

A. 年龄、性别、家庭收入水平　　B. 性格、职业、生活态度

C. 购买时机、购买动机、用途　　D. 购买频率、追求利益、年龄

(7) 某制鞋厂选择青年这一消费者群，向他们提供所需的各种皮鞋，这种策略属于（　　）。

A. 产品市场集中化　　B. 选择性专业化

C. 产品专业化　　D. 市场专业化

(8) 下列有关市场定位的说法正确的有（　　）。

A. 产品在市场上所处的位置　　B. 产品在消费者心目中所处的地位

C. 产品的销售对象选择　　D. 产品的销售渠道选择

(9) 市场定位的类型有（　　）。

A. 避强定位　　B. 迎头定位

C. 补缺定位　　D. 重新定位

(10)"金利来"领带，"金利来，男人的世界"的定位，属于（　　）策略。

A. 利益定位　　B. 属性定位

C. 使用者定位　　D. 比附定位

2. 判断题

(1) 凡是使消费者需求产生差异的因素，都可以作为市场细分的标准。（　　）

(2) 市场营销组合是固定不变的静态组合。（　　）

(3) 企业在选择目标市场营销策略时，应考虑到产品的同质性，像照相机、服装和一些机械产品这种可以有多种设计、多种式样和质量的产品，企业应采用差异营销策略。（　　）

(4) 年龄是细分消费者市场最常用的标准。（　　）

(5) 差异性市场营销战略追求的不是在较大市场上占较少的份额，而是在较小的市场上占有较大的份额。（　　）

(6) 目标市场就是企业拟投其所好、为其服务的那个顾客群，这个顾客群有颇为相似的需求。（　　）

(7) 根据市场细分理论，资源有限的企业在目标市场策略的选用上宜采取无差异性市场营销策略。（　　）

(8) 市场的变化是企业产品重新定位的根本原因。（　　）

(9) 同质性产品适合采取密集性市场营销策略。（　　）

(10) 目标市场营销是从市场定位开始的。（　　）

3. 案例选择题

某化妆品公司于20世纪90年代开发出适合于东方女性需求特点的具有独特功效的系列化妆品，并在多个国家获得了专利保护。他们初步分析了亚洲各国和地区的情况，决定选择中国作为主攻市场。为迅速掌握中国市场的情况，公司派人运用调查法搜集一手资料。调查显示，中国市场潜力大，购买力强，且同类产品的竞争者较少，在此基础上，他们又按照年龄把女性分为四类：第一类，15～18岁的女性。她们正当花季，讲究打扮，追求时髦，对化妆品的需求意识较为强烈，但购买的往往是单一的化妆品。第二类，18～25岁的女性（婚前）。她们对化妆品也非常关心，消费积极，而且只要看中合心意的产品，即使价格昂贵也在所不惜。第三类，25～35岁的女性。她们大多数已经结了婚，化妆品的使用已经成为一种日常习惯了。第四类，35 岁以上的女性。她们对化妆品的需求比较朴素，而且比较单一。通过市场细分，公司有针对性地推出不同的产品。

(1) 该公司进行市场细分的依据主要是（　　）。

A. 地理因素　　B. 心理因素

C. 人口因素　　D. 行为因素

(2) 该公司在选择目标市场时采用了（　　）模式。

A. 选择性专业化　　B. 产品专业化

C. 市场专业化　　D. 全面进入

(3) 这种目标市场模式的优点是（　　）。

A. 分散风险　　B. 更好满足顾客的需求

C. 树立良好的声誉　　D. 可成为有效的新产品销售渠道

(4) 该公司采用的目标市场营销策略是（　　）。

A. 无差异性市场营销策略　　B. 差异性市场营销策略

C. 密集市场营销策略　　D. 分散性营销策略

(5) 下面哪个变量不是人口细分的依据（　　）。

A. 年龄　　B. 收入

C. 性别　　D. 生活方式

(6) 细分消费者市场最常用的细分变量是（　　）。

A. 地理变量　　B. 心理变量

C. 人口变量　　D. 行为变量

(7) 差异性市场营销策略主要适用于（　　）情况。

A. 企业实力较弱　　B. 产品性质相似

C. 市场竞争者多　　D. 消费需求复杂

4. 案例分析题

在某城市有一位食品公司副经理认为，发展专业化的保健食品店、营养饮食店、精美食品店能吸引新的顾客，使销售额不断增加。据他的调查分析，65 岁以上的老年人，2019 年本供应区有 26 万，而到 2021 年将增加到 32 万。所以保健食品的销售额将会不断提高，应该在商业中心区专门设立保健食品店，经营各种不同品种或具有特色的保健食品，这样可以吸引老年顾客，满足他们对高精美食品的需要。

另一位副经理不同意这种看法，他认为：老年保健食品和儿童需要食品相似，无须经营什么老年保健食品。目前人民生活水平并不太高，大多数老年顾客对食品的品种、质量要求并不太讲究，追求的是一种较简单的生活方式，所以一般对保健食品的需求也不会太多，因此，不必要细分经营。

问题：

① 两位副经理对食品市场细分采取什么样的目标市场策略？他们的依据是什么？

② 城市老年人的需求和购买力有什么变化？设立保健食品店对老年人是否有吸引力？

项目五
5 产品策略

案例导入

“爱情饮料”与“谜语罐头”

中国台湾地区有家饮料公司在产品销路不好时，独具匠心地在每包饮料的包装锡纸上印上一则动人的爱情故事，并美其名曰“爱情饮料”。包装一改，马上吸引了众多青年男女争相饮用，结果该公司的饮料销量猛增。无独有偶，美国有家罐头厂在产品积压严重时，也别出心裁地推出罐头盖上印有谜语，罐头内印有谜底的“谜语罐头”，迎合了人们求知、好奇的心理，结果产品销路大开。

“爱情饮料”和“谜语罐头”之所以取得成功，其精明之处就在于抓住了消费者求新、求异的心理，以新颖、独特的创意引起了消费者的兴趣，进而激发了消费者的购买欲望。比起时下的有奖销售、降价让利之类的传统方式，“爱情饮料”和“谜语罐头”的方式更显得技高一筹。饮料注入“爱情”，罐头装入“谜语”，这种崭新的创意、奇特的做法，值得我们学习和借鉴。

“爱情饮料”和“谜语罐头”的成功给企业带来了三个**启示**：第一，企业在抓好产品内在质量的同时，必须注意产品的外在包装，努力做到独树一帜；第二，企业必须给产品取一个易记、有趣、新奇的好名称；第三，企业必须尽可能地增加产品的文化附加值，努力增加消费者乐意接受的文化气息。

问题： 1. “爱情饮料”和“谜语罐头”的成功对你有何启示？

2. “爱情饮料”和“谜语罐头”属于产品整体概念的哪一个层次？为什么？

产品整体概念

任务 1 认识产品组合策略

任务学习目标

素质目标：通过本任务的学习、案例分析和任务实训，培养同学们关注企业产品组合中的创新性和可持续发展的意识。

知识目标：通过本任务的学习，能正确描述产品、产品整体概念的内涵、产品组合等陈述性知识。

能力目标：通过本任务的案例分析和任务实训，培养同学们运用产品组合的相关知识，对某一个消费品生产企业的产品组合进行分析的专业能力。

任务描述

从本任务开始，我们将分别学习营销组合中的产品、价格、渠道、促销四项内容，这是营销人员用来实施营销策略的战略工具。产品是营销组合中最重要的因素。企业在制订营销组合时，首先需要回答的问题是开发什么样的产品来满足目标市场需求。产品策略的研究，将使这一问题得到全面、系统的回答，而且营销组合中的渠道、价格、促销三个要素，也是以产品为基础来进行决策的。因此，产品策略是整个营销组合策略的基石。

任务学习

产品通常是第一位也是最基本的营销要素，企业往往把产品看作它们所生产和销售的实物，而消费者则把产品看作用来满足需求的途径，营销人员在衔接这种分歧的过程中扮演着重要的角色。所以，从市场营销的角度出发要求企业在开发产品的过程中，必须始终考虑消费者的需求，这是营销活动成功的关键。因此，本任务就从什么是产品开始，了解产品的内涵，整体产品三个层次的内容及相互关系，产品组合及组合策略，产品组合策略优化等内容。

一、产品的整体概念

产品可以从狭义、广义两个角度来理解。狭义的产品是指通过生产劳动生产出来的、具有特定的物质形态的、用于满足消费者需要的有形产品，如面包、自行车、电视机等。广义的产品是指向市场提供的、能够满足人们某种欲望或需要的任何东西，包括有形的物品、无形的服务以及人员、组织、观念或者它们的组合。市场营销的产品概念是广义的，是有形物品和无形服务的统一，是一个整体概念，满足的是消费者的整体需求。在设计和销售产品时，营销者必须从产品的整体概念出发考虑产品。

产品的整体概念由核心产品、形式产品、延伸产品三个层次构成，如图5－1所示。

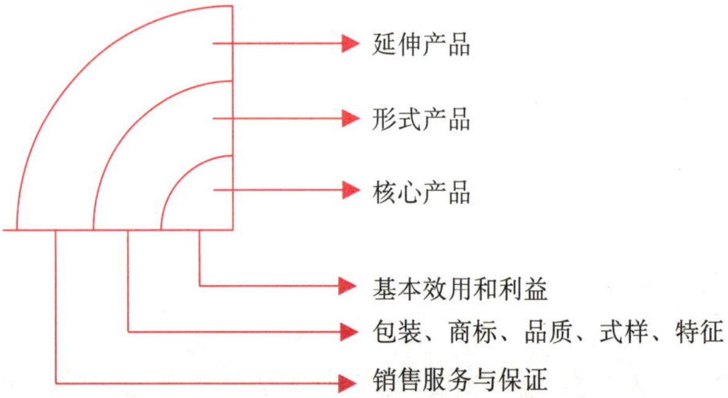

图5－1　产品整体概念示意图

（一）核心产品

核心产品是指产品提供给购买者的基本效用和利益，即产品的使用价值。顾客购买某种产品，不是为了占有产品本身，而是满足自己某一方面的需求和欲望，如妇女购买化妆品，买的是容颜不老。所以，产品实体只是产品效用和利益的载体，离开了功效，产品就失去了存在的价值。因此营销者必须洞察顾客购买某种产品时追求的核心利益和要解决的问题，在设计开发新产品和推广新产品时给予关注。

实　例

海尔“知冷热”空调

炎热的夏季，拥有一款“知冷热”的空调，估计是所有人的梦想。海尔智能空调，自清洁更健康。健康空气，海尔智造。海尔空调根据家庭空气状况可以主动调节温度、湿度、净度，时时为家人提供健康好空气。海尔新风空调还能自动检测二氧化碳含量，自动开启新风功能，保障室内空气新鲜。

（二）形式产品

形式产品是指向市场提供的产品实体和服务的外观，是核心产品借以实现的形式，一般包括品质、特征、款式、品牌、包装五个方面的内容，产品的基本效用必须通过某些具体的形式才能得以实现。形式产品是呈现在市场上可以为顾客所识别的，因此它是消费者选购产品的直观依据。现代竞争日益激烈，在产品设计上除了充实其核心利益外，还应重视塑造完美的产品形体，以提高企业产品的竞争能力。如海尔太空消毒洗碗机，就以“海尔”的品牌名称，臭氧消毒、液晶显示、快速烘干等特征，一流的质量水平，独特的外观造型出现在市场上，产品不但能满足顾客所需要的核心利益，而且功能完善，直观设定洗涤程序，操作很方便，洗涤全自动，洗碗更轻松、更快捷。

（三）延伸产品

延伸产品也称附加产品，是指产品提供给顾客的一系列附加利益，包括产品说明书、保证、维修、安装、运送、消费信贷、技术培训等，如旅馆人性化的服务、鲜花与免费早餐等。附加产品超越顾客的期望，给顾客带来额外的惊喜与满足。可以预见，在大多数企业产品更新换代能力逐步接近、信息手段高度发达的今天，利用产品实体因素来赢得市场竞争主动权的机会将越来越小，营销者争夺顾客的主战场将逐步转移到售后服务上来。因此，能够正确地发展附加产品的企业，必将在竞争中获胜。

产品整体概念的三个层次，十分清晰地体现了以消费者为中心的现代市场营销观念，它强调企业在提供实质产品的同时，也要重视形式产品和延伸产品的研究与开发，全方位地满足消费者的需求。

想一想

产品形成于生产领域，这句话对吗？

相关链接

今天，产品与服务变得越来越便利舒适，许多公司正向着为顾客创造价值这一新的层次进发。为了区别对于产品与服务的提供，他们设计并传递全面的顾客体验。产品是有形的，服务是无形的，而体验是可记忆的。产品和服务是从外部得来的，体验是个人的，并发生在个人消费者的思想中。经营体验的公司意识到顾客确实买到了比产品和服务更多的东西，他们购买到产品与服务给他们带来的好处，同时得到购买和消费这些产品与服务时所获得的体验。

二、产品组合策略

现代企业为了满足目标市场的需求，扩大销售，分散风险，增加利润，往往不可能只经营一种产品，当然也不可能经营所有的产品，而且不同产品在市场上的相对地位以及对企业的贡献也不相同。因此，企业需要对产品组合进行认真的研究和选择。

（一）产品组合及相关概念

1. 产品组合。产品组合是指一个企业生产或销售的全部产品的组成方式，包括所有的产品线和每一产品线中的产品项目。它反映了一个企业的经营范围或生产的产品结构。

2. 产品线。产品线也称产品大类，是指能满足同类需求，在功能、使用和销售等方面具有类似性质的一组产品。如海尔集团向市场提供的冰箱、空调、洗衣机、彩电等各类产品，就形成四条产品线。一条产品线往往由若干个产品项目构成。

3. 产品项目。产品项目是指产品线内各种不同的产品。一种型号、规格、品种、外观等的产品就是一个产品项目，它是企业产品目录中列出的每一个具体的产品单位。

（二）产品组合的影响因素

1. 产品组合的广度。是指一个企业的产品组合中所拥有的产品线的数目。产品线越多，说明企业经营范围越广。

2. 产品组合的深度。是指一个企业产品线中包含的产品项目的数量。产品项目数量多，产品组合程度即深；反之则浅。如一般专业服装店产品组合深度较深，而一般百货商店服装产品组合深度就差些。

3. 产品组合的关联性。是指各条产品线在最终用途、生产条件、分销渠道或其他方面相关联的程度。

例如，海尔集团有40多个产品大类，800多个产品项目，为便于分析研究，仅选取一部分产品种类、项目来说明，如表5－1所示。

表5－1　海尔集团产品（部分）组合

	广　度			
	电冰箱	空调器	洗衣机	电视机
深度	大王子 双王子 小王子 帅王子	小元帅 金元帅 小超人 小状元 小公主	丽达 小神功 小丽人 小神童 小神泡	探路者

上例中，产品组合的广度为4；电冰箱的产品组合深度为4，电视机为1；海尔的产品都是家用电器，关联程度较高。如果海尔又生产火腿肠、中药，那它的产品组合关联程度就大大降低，甚至毫无关联性。

产品组合的几个影响因素，对企业制定产品组合策略具有重要意义。一般情况下，扩大产品组合广度，可以拓展企业的经营领域，实行多元化经营、分散投资的风险；增加产品组合的深度，使企业产品线变得更加完整，可以适应更多的特殊需求，占领同类产品更多的细分市场，提高市场占有率；提高产品组合的关联程度，可以强化企业的市场地位，发挥企业在有关专业领域的综合优势，在某一特定的市场赢得良好的声誉。

（三）产品组合策略的种类

产品组合策略即企业根据市场需求和自己的营销目标，对产品组合的广度、深度和关联性进行的最优化组合决策。常用的产品组合策略有以下五种：

1. 全面发展策略。指企业着眼于向任何顾客提供他们所需的一切产品和劳务，即要照顾到整个市场的需求。该策略要求企业尽可能增加产品组合的广度和深度，力求覆盖每一个细分市场，对产品组合的关联程度则没有限制。其中又可分为两种情况：一种是不考虑产品的关联性而努力拓宽产品线的深度和产品组合的宽度，就是尽量发展任何有利可图的产品。如日本的SONY公司不仅经营电视机、照相机和录像机等家用电器产品，而且经营旅行社、餐馆甚至医药等与电器毫不相干的产业。另一种情况是在一定相关联的前提下，尽量扩大产品组合的规模，扩展产品组合之后关联程度仍然紧密，许多企业都采取这种策略。

2. 市场专业策略。指企业专门向某一市场（某类消费者）提供所需的各种产品。如旅游公司向旅游市场提供旅游者所需的住宿服务、饮食服务、交通服务以及各种旅游纪念品。这种策略以满足同一类顾客需求为出发点，尽量拓展产品组合的广度，而并不强调其关联性，即依据各类顾客需求设置产品线，尽快占领该专业市场。

3. 产品线专业策略。指企业只生产某一类产品，以不同的型号、款式来满足该类消费者的需求。这一策略强调产品组合的深度，不断拓展产品项目。例如，汽车制造厂生产不同种类、不同型号的汽车，来满足工矿企业、事业单位和出租公司的需求。

4. 产品项目发展策略。指企业根据自己的专长，集中生产经营有限的、甚至是单一的产品项目，来满足有限的或单一的市场需要。如汽车制造厂专门生产“微型车”；制冷设备厂只生产家用电冰箱，来满足某一市场需求。这一策略可为小型企业采用，因其所需的资金相对较少，可发挥专业特长，但风险比较大。

5. 特殊产品发展策略。指企业利用自己的专长，专门生产经营某些销路好的特殊产品，以满足消费者的特殊需要。如生产残疾人用品或具有独特工艺的艺术品等。该策略的市场竞争威胁小，适合于小型企业，但市场范围较小，难于扩大经营。

想一想

党的十八大以来，习近平总书记高度重视创新发展，在多次讲话和论述中反复强调创新，把创新摆在国家发展全局的核心位置。面对日益激烈的市场竞争，企业也要不断地创新。企业的产品创新应如何展开？除了产品创新，企业还可以有哪些方面的创新呢？

（四）产品组合策略的优化调整

企业的产品组合策略是根据企业市场需求和企业的实力做出的决策。由于这些因素都是在不断的发展变化之中，同时产品本身又具有市场生命周期，所以产品组合不是静态的而是动态的。即使是极其合理的产品组合都是暂时的。因此，企业必须对现有产品组合进行评价，以便不断调整产品组合，增删一部分产品线及产品项目，使产品组合经常处于一种较佳或最佳的状态。企业决定调整产品组合时，根据情况的不同，可选择以下策略：

1. 扩展产品组合。扩展产品组合，包括拓展产品组合的广度和深度。即在目前的经营范围内，增加新的产品线和产品项目，搞多品种经营，扩大企业经营范围。一种是关联扩展，即增加与现有产品线相关的产品，如肥皂厂在肥皂产品线之外增加洗衣粉、清洁剂等产品线；另一种是无关联扩展，即增加与现有产品线无关的产品，如香皂厂增加珠宝首饰产品。

2. 缩减产品组合。就是指减少产品组合的长度和深度，即在目前的经营范围内，剔除那些进入衰退期的亏损产品，无发展前途的产品，市场不景气的或能源、原材料供应紧张的一些次要的产品项目，以缩小经营范围，集中资源发展获利多的产品线和产品项目。

3. 产品线延伸。产品线延伸意味着增加产品项目和产品品种，使各产品线的花色式样、规格丰富化，以适应消费者更广泛的需求和爱好。产品线的延伸主要针对产品的档次而言，具体的延伸策略有向下延伸、向上延伸、双向延伸和水平延伸。

（1）向上延伸。企业原来生产经营中、低档产品，逐渐增加高档产品就是向上延伸。当高档产品销售增长潜力大，利润率高，而且企业具有经营高档产品的资源能力和营销能力时，企业可考虑采取这种策略。否则，应慎重行事。例如，有些小杂货商店也经营收录机、电视机、微波炉等产品，售货人员“一问三不知”，这就很难取得顾客的信任。

（2）向下延伸。企业在原来生产经营高、中档产品的基础上，逐渐增加低档产品项目，就是向下延伸。但它可能给人以“走下坡路”的不良印象，也可能刺激竞争对手增加高档产品进行反击，企业应在权衡利弊后做决策。

（3）双向延伸。原来生产中档产品的企业在具有了一定的市场优势后，同时增加高档产品和低档产品项目，称为双向延伸。只有在原有中档产品的市场已取得优势，并且有足够的资源能力时可以这样做，否则还是单向延伸较稳妥。

（4）水平延伸。企业在现有的产品线中增加同档次的并且与现有的产品有适当差异的产品项目。当企业生产能力过剩，或者生产上还存在着尚未填补的空缺，或者企业希望成为产品线内容丰富的领导者时，可考虑采取这种策略。

4. 产品线现代化。企业在考虑保持适当产品线长度的同时，还要对产品线的现代化程度进行关注。随着新技术、新材料、新工艺的不断出现，消费者需求的新变化，企业必须对产品线进行适时改造，不断提高产品线的现代化水平。不同的产品，现代化水平有差异，企业必须根据科学技术发展状况、产品更新换代速度、竞争对手的策略、企业的实力，选择适当的时机和方式实现产品线的现代化。

案例分析

海尔空调，“量体裁衣”

青岛海尔空调推出了“为您量体裁衣”活动，根据用户的房型、居住面积和朝向等情况，上门为用户设计最符合需求的空调，并且凭借强大的技术优势，先后设计了嵌入式、卡式、吊顶落地式、风管式等十几种模式，室内机可安装在卫生间或储藏室的天花板内，丝毫不占房间的有效空间，而且极易与室内装饰浑然一体。由于此举最大限度地满足了用户个性化的需求，尽管空调价格不菲，仍然成为市场上广受消费者宠爱的品牌，销售一路攀升，创造了家电市场又一个亮点。

问题：1. 你是如何理解海尔公司推出的“量体裁衣”活动的？

2. 用整体产品的知识来分析一下海尔集团的“量体裁衣”活动。

讨论分析：

个人：每位同学根据“海尔空调，‘量体裁衣’”案例内容，在固定的学习本上写下你对本案例的看法。

小组：请同学们每 4 人分为一组，推选 1 人为组长，1 人记录，在小组讨论中每个人依次陈述自己的看法，然后小组成员共同讨论，形成小组意见，准备在班级交流。

全班：每个小组选一位代表在班级陈述本小组观点。

任务实训

体验产品/服务的三个层次内容

1. 背景资料：根据表5－2提供的范例，请你任选一组产品/服务项目，详细展示其三个层次的内容。

表5－2　产品/服务的三个层次范例

产品名称	核心产品	形式产品	延伸产品
动力割草机	达到预期标准用于割草	停机保护、××品牌质量	质量保证期、售后服务
反病毒软件	防止病毒入侵计算机	杀毒效果、××品牌质量	质量保证期、负责安装、软件升级、售后服务

2. 实训目标：通过整体产品三个层次体验分析，熟悉整体产品三个层次的具体内容，提高对产品的认知能力。进一步培养自己与人沟通、与人交流、解决问题的能力。

3. 实训步骤：

(1) 每5个同学一组，认真学习有关产品整体概念的内容，并在网上查找相关资料。

(2) 实地走访有关产品/服务的生产或经营企业，了解它们对产品整体概念是如何把握的，并从调查资料中选择一组产品/服务项目，作为实训的内容（各组不得重复）。

(3) 按表5－2的形式，进行整体产品的三个层次：核心产品（核心利益）、形式产品（外观、品牌、包装等）、延伸产品（服务项目）的详细说明，形成整体产品。

(4) 也可结合主要竞争对手说明其整体产品的特殊竞争力。

(5) 老师选3～5组同学成果在班级交流，并做点评。

4. 成果评价（见表5－3）。

表5－3　认知产品/服务项目评分表

项目（分值）	标　准	得分
调查准备情况（25）	对产品和服务分别调查两家以上企业，从图书馆、网络中查找相关资料，每小点5分。	
对产品的分析（30）	对产品三个层次的分析，结合所选产品，有详细说明，每小项10分。	
对服务的分析（30）	对服务三个层次结合所选服务项目，有详细说明，每小项10分。	
活动过程表现（15）	与人合作、信息处理、解决问题能力，每小点5分。	
总成绩100分		
老师评语	签名：　　　　年　月　日	
学生意见	签名：　　　　年　月　日	

任务 2
认识产品市场生命周期策略

任务学习目标

素质目标：通过本任务的学习、案例分析和任务实训，培养同学们对产品和市场进行实事求是分析的意识。在根据产品市场生命周期制定营销策略等过程中树立全面、科学分析的态度。

知识目标：通过本任务的学习，能正确描述什么是产品市场生命周期、产品市场生命周期各阶段的特征和营销策略，描述产品生命周期理论对企业市场营销活动的价值等陈述性知识。

能力目标：通过本任务的案例分析和任务实训，能运用产品市场生命周期相关知识，能判断市场上常见产品所处生命周期的阶段，并会制定相应的市场营销策略的专业能力。

任务描述

上一任务我们从静态角度学习了产品和产品组合的基本知识，本任务要从动态角度考察产品在市场上的发展变化规律。任何一种产品投放市场，企业都想让其有一个长久而愉快的生命周期，但产品和服务总有从摇篮到坟墓的进化周期。这个周期的每个阶段都会面临新的挑战，要求有不同的营销战略和策略。

任务学习

产品市场生命周期通常表现为一个随时间变化的产品销售曲线。这个过程由于经受的风险不同，企业营销人员努力的差异，每种产品市场生命周期都有不同的长度和特征。本任务学习产品市场生命周期的内涵，产品市场生命周期不同阶段表现特征和应采取的营销对策，从而学习怎样根据产品所处市场生命周期阶段，制定相应的营销策略技巧，提升产品在市场上的竞争力。

一、产品市场生命周期的概念

产品市场生命周期是市场营销学中一个十分重要的概念。它是指一种产品在市场上出现、发展到最后被淘汰的过程，它是产品的一种更新换代的经济现象。

任何一种产品在市场上的销售情况和获利能力都是变化的。产品市场生命周期的长短主要取决于产品上市后消费需求的变化速度、科学技术的发展速度、新产品更新换代的程度、企业营销的努力程度等。所以，有的产品生命周期长些，如电视、汽车等，有的产品生命周期短些，如一些流行品。就大多数产品而言，产品生命周期的理论是完全适用的。

二、产品市场生命周期各阶段的特征和营销策略

产品市场生命周期是根据产品在市场上的销售情况和获利能力来衡量的，为便于分析和研究，我们用一个图形来描述产品的生命周期，如图 5－2 所示。

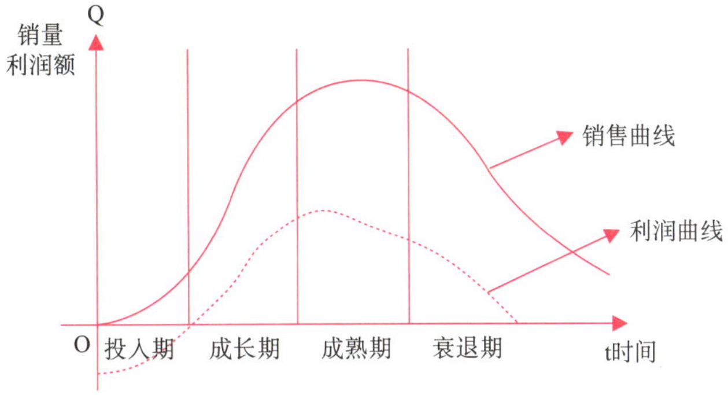

图 5－2　产品市场生命周期示意图

由图 5－2 可知，产品的生命周期可以分为四个阶段：投入期、成长期、成熟期、衰退期，图中的销售曲线和利润曲线的变化趋势大体相同，只是变化的时间有些不同。当销售曲线还在上升时，利润曲线已开始下降，这是由于竞争压低了销售价格所造成的。

由于产品在其市场生命周期的各阶段具有不同的特征，因此，在营销过程中，企业应采取不同的策略。

（一）投入期的特征及营销策略

1. 投入期的特征。

（1）销售量小且销售额增长缓慢。这是由于消费者对新产品不了解、不熟悉，只有极少数求新者购买，多数人观望，或不知道新产品上市，中间商对新产品的销售前景不明，不敢贸然进货。

（2）生产批量小，制造成本高，宣传推销费用大，企业利润很低甚至亏损。作为新产品，在这一阶段需要投入大量的广告费用，以扩大产品知名度，由于成本高，宣传费用大，出现亏损应属正常现象。所以，营销者应保持清醒的头脑。

（3）竞争者少。技术含量较高的产品在投入期竞争者较少甚至没有竞争者。

（4）风险大。由于市场预测失误、新产品本身有致命的缺陷、上市时机选择不当、宣传不力等原因，都可能使新产品上市不久即夭折。

2. 投入期的营销对策。重点是努力提高知名度，突出一个“准”字。具体地讲：

（1）控制投资规模。待销量有明显增加再逐步扩大投资；单一品种或品牌进入市场，待新产品被接受后再不断多样化和差异化；广泛搜集顾客使用新产品的信息，尽快改进新产

品的缺陷；提高产品质量，降低生产成本。

（2）采取各种方式，加强广告宣传促销工作，努力扩大产品知名度。广告宣传的重点应放在知晓产品的存在和产品的利益、用途上，促销的方式多种多样，如赠送样品、新产品演示、免费试用、技术培训、扶持中间商经销等，使产品尽快为消费者接受而进入成长期。

（3）选择适当的销售渠道，减少流通费用。

（4）采用定价与促销的市场营销组合手段。可形成四种策略供选择：

①快速撇取策略。即企业以高价高促销推出新产品。采取这一策略的条件是：市场容量大，大多数顾客还不知道该产品，顾客渴望得到这种产品而不在乎价格，企业面临潜在竞争者的威胁。

②缓慢撇取策略。即企业以高价低促销推出新产品。这种策略适用的条件是：市场容量小，潜在顾客已经了解产品，消费者愿意出高价购买该产品，潜在竞争威胁不大。

③快速渗透策略。即企业以低价高促销推出新产品。这种策略适用的条件是：市场容量很大，顾客不了解这种产品，消费者对价格很敏感，潜在竞争威胁严重，产品生产成本会随着生产规模的扩大而降低，从而抵消高费用低价格带来的不利影响。

④缓慢渗透策略。即企业以低价低促销推出新产品。这种策略适用的条件是：市场规模很大，潜在购买者已了解这种产品，消费者对价格很敏感，市场上存在一些威胁不大的潜在竞争。

（二）成长期的特征与营销策略

1. 成长期的特征。

（1）销售量迅速增长。产品已为消费者熟悉了解，最初的购买者继续光顾，进行重复购买，保守的顾客也开始购买，促使销量不断增长。

（2）利润增大。可能达到整个生命周期的最高点。

（3）吸引竞争者加入。在高额利润的诱使下，新的竞争者进入市场，企业间为争夺市场份额的竞争日益激烈。

2. 成长期的营销对策。重点是创名牌，突出一个“优”字。具体地讲：

（1）努力提高产品质量，增加新的花色、品种、款式，改进包装，使整体产品优于竞争对手。

（2）积极寻找和进入新的细分市场，广泛分销，发展网点，以扩大产品销路。

（3）价格稳中有降，不可轻易提价。原来以高价进入市场的产品，在适当时机降低价格，以争取对价格敏感的消费者，并抑制竞争者的加入。

（4）改变广告宣传的重点。从扩大产品知名度转为宣传产品的特色，树立起本企业及其产品的良好形象，重点宣传品牌商标，使消费者产生偏爱，认牌购买，以保持原有顾客，争取新顾客。

一项新产品顺利进入成长期，说明这是一个成功的产品，它已摆脱了夭折的风险。但是这并不等于创新产品的企业能成功地利用这一产品获利。因为众多的竞争者完全可以采用

"迟人半步"的新产品开发策略，把创新产品的企业挤出市场，他们既不用投入新产品的研发费用，又可针对新产品的缺陷，加以改进提高。

（三）成熟期的特征与营销策略

1. 成熟期的特征。

（1）销量最大。达到整个生命周期的最高峰，但增长速度缓慢，并渐趋稳定。

（2）利润平稳或下降。

（3）市场供应饱和，竞争激烈。一部分顾客开始转向购买新产品或替代品。由于存在行业内生产过剩的威胁，迫使各个企业都采用有效的竞争手段来维持市场占有率，导致激烈的市场竞争。

2. 成熟期的营销对策。重点是延长产品生命周期，维持市场占有率，突出一个"改"字。具体地讲：

（1）市场改革。即开发新市场，寻找新客户。第一，发现和进入新的细分市场。如一些产品在城市市场趋于饱和后，向农村市场进行转移。第二，促使现有顾客增加使用频率和使用数量。如对牙膏的使用，宣传每天早晚刷牙，饭后漱口，才能有效地保持口腔卫生；吸引竞争者的顾客和从未使用过本产品的顾客，使之成为本企业产品的使用者。

（2）产品改革。第一，品质改良。提高产品质量，改进使用效果，使本企业产品更可靠、更经济、更耐用、更安全等。第二，特性改良。主要侧重增加产品的新特性，尤其要在产品的高效性、方便性、适用性等方面改进。第三，形态改良。是指产品外观的改进，包括采用新的包装、款式、风格、花色等，增加产品的美感。

（3）营销组合改革。通过改变市场营销组合中的一个或几个变量，以刺激需求，扩大销量。如适当降价，增加广告，改善分销渠道，提供完善的售后服务等。

想一想

在成熟期，有人认为，增加广告活动是增加心理上的说服力；增加促销手段（如打折、赠品等）是增加财务上的说服力。你认为哪个更有效？

（四）衰退期的特征与营销策略

1. 衰退期特征。

（1）需求量、销售量明显下降。消费者兴趣转移，过度的竞争，更新的产品开始进入市场，这些都导致产品销量急剧下降。

（2）利润减少或亏损。伴随着销量的迅速下降，利润也在锐减，甚至出现亏损。

（3）产品出现积压，仿制品充斥市场，竞争者或立即退出或缓慢地退出市场。

2. 衰退期的营销对策。重点是掌握时机，调整市场，突出一个"转"字。

（1）立即放弃。对于确实没有必要继续经营下去的衰退产品或有更好的发展项目时，企业应果断地放弃老产品，将企业的资源转到新的项目上去，或将老产品的所有权、生产技术转卖给一些有兴趣的企业。

（2）逐步放弃。如果立即放弃将造成较大的损失，企业可选择逐步放弃，即逐步地减少投资和产品生产数量、放弃较小的细分市场、缩减分销渠道、大力降低促销费用、精减推销人员等，直到该产品完全被市场淘汰为止。对于决定放弃的产品，不管采取哪种方式，都必须承诺和加强对以前的顾客提供必要的服务，以维护消费者的利益和企业的良好形象。

（3）继续经营。当企业判断竞争者将退出该产品市场时，可采取这种策略，即继续沿用过去的策略，希望竞争者退出市场后，这种产品能增加盈利。这必须对竞争者的动向有一个准确的判断。

案例分析

雅秀变身太古里西区对三里屯商圈意味着什么？

曾经的三里屯服装批发市场雅秀变身太古里西区。近日，雅秀大厦外墙已挂上了太古里的标志，且外立面形象也基本露出。据悉，作为三里屯太古里南区的延伸，在业态打造上，该区将增强娱乐与社交属性。这一变化对三里屯商圈意味着什么？

太古里西区的外立面形象已经全部显现。该建筑外立面以透明玻璃材质为主，从外部即可看见内部的结构。三里屯太古里西区项目占地面积约4200平方米，可租赁面积约1.28万平方米，地下有三层、地面上有八层。

作为北京潮流地标，三里屯太古里一直很注重品牌招商工作。太古地产中国内地行政总裁彭国邦曾在接受媒体采访时表示，整租三里屯雅秀能够强化太古地产在三里屯现有的资产组合，三里屯太古里西区将带来全新体验和品牌。

除了扩张的西区外，近两年三里屯太古里南区和北区也一直在不断地进行品牌迭代调整，以迎合消费者的需求。

为迎合消费新潮流，三里屯太古里引进了多家品牌首店，如新锐潮牌Randomevent、中国首家全新概念店New Balance、FORNO by BOTTEGA等。

在北区，三里屯太古里与栩栩华生媒体集团围绕可持续材料、自然共生、科技赋能等行业议题，通过充满先锋性、实验性的装置，合作打造潮流实验室Fashion Lab，感受自然与时尚可持续升级，4月16日启动后即吸引了北京各路潮人纷纷到来，进行打卡体验。太古里近年来还引进品牌旗舰店、概念店等，具有独特的优势，能更好地形成差异化竞争，从而增加商圈人气。

三里屯太古里品牌不断迭代升级，但如今北京潮流地标越来越多，太古里也面临分流风险。

作为新潮流打卡地，SKP－S在开业之初就引进了诸多服饰、餐饮的北京首店；后起之秀北京坊以特色剧场、艺术体验等，吸引潮流人士前往消费；艺术购物中心侨福芳草地也拥有一批忠实顾客。

三里屯太古里西区的进驻，对三里屯商圈而言，将会带动一些优质的商业资源进一步植入，不论对自身还是对整个商圈的影响都有一定提升。“从商圈客群需求的角度看，北京诸多区域普遍存在人口混住的现象。如果定位太高端反而无法留住附近老居民的消费，更加生活化的消费体系在这样的环境中才有市场。”业内人士普遍认为，太古里西区的新定位如果能符合大众生活化，则不仅在一定程度上匹配了太古里的潮流和高端，也为多种人群提供了可以选择的购物场所。

问题：通过“雅秀变身太古里西区对三里屯商圈意味着什么？”的案例学习对你有什么启发？请从产品和服务市场生命周期的角度谈谈你的看法？

讨论分析：

个人：每位同学根据案例资料和问题，在固定的学习本上记下自己的思考。

小组：每小组6位同学，1人为组长，1人记录，小组成员都要陈述自己的观点，讨论后形成小组意见，准备在班级交流。

全班：各组派一位代表陈述本组观点。

教师：记录各组陈述要点，最后做点评。

任务实训

产品市场生命周期认知

1. 背景资料：

通过市场调研，选择处在产品市场生命周期不同阶段的产品，按要求填写表5-4内容。

表5-4　产品市场生命周期特征与对策

	导入期	成长期	成熟期	衰退期
产品名称				
消费者类型				
经销商				
竞争者				
营销费用				
营销利润				
营销重点				
价格策略				
促销策略				

2. 实训目标：通过训练熟悉产品市场生命周期不同阶段的特征以及相应的对策，培养同学们根据产品市场生命周期不同阶段制定相应市场营销策略的基本能力。

3. 实训步骤：

(1) 每4个同学一组，每位同学负责一个阶段并选择相应的商品。

（2）认真学习有关产品市场生命周期的相关内容，从图书馆或网上查找相关资料。

（3）实地走访2家以上企业，调查企业经营产品情况，了解生命周期不同阶段产品的基本特征和采取的营销对策。

（4）小组成员共同讨论，按表5－4格式将调查的有关内容填入相应的空格，形成产品生命周期调查课业。

（5）老师选3～5组同学在班级交流，并做点评。

4. 成果评价（见表5－5）。

表5－5　产品市场生命周期特征与对策实训任务评分表

项目（分值）	标　准	得分
小组活动准备情况（10）	查阅资料，有完整的调研工作方案，每小项5分。	
投入期产品选择（20）	每小项内容2分，需用词恰当。	
成长期产品选择（20）	每小项内容2分，需用词恰当。	
成熟期产品选择（20）	每小项内容2分，需用词恰当。	
衰退期产品选择（20）	每小项内容2分，需用词恰当。	
小组活动过程表现（10）	与人交流、与人合作、解决问题、信息处理，每个小项2.5分。	
总成绩100分		
老师评语	签名：　　　　年　月　日	
学生意见	签名：　　　　年　月　日	

任务3
了解产品包装策略

任务学习目标

素质目标：通过本任务的学习、案例分析和任务实训，让同学们认同在产品包装策略运用过程中绿色、可回收、环保、不过度包装等包装理念。

知识目标：通过本任务的学习，能正确描述产品包装的含义，产品包装的分类，产品包装的技术，包装策略等陈述性知识。

能力目标：通过本任务的案例分析和任务实训，能运用产品包装策略的相关知识。根据不同的产品设计合理包装的能力和服务技巧。

任务描述

包装是产品整体概念中重要的构成要素。俗话说：“人靠衣装，佛靠金装，商品靠包装。”消费者凭视觉感知的不是商品本身，而是商品的包装。因此，在市场营销中包装是形成产品差异的重要手段，也是供需双方易于辨认，在竞争中先声夺人的有效手段，是一种经济有效的广告。目前，包装已得到社会日益关注，企业应该做出相应包装决策，不仅为社会利益，而且为企业的现实顾客和企业目标服务。

任务学习

市场上销售的许多实体产品必须带有包装，产品包装有时可能只起到较微弱的作用，如不太昂贵的五金商品的包装，有时又可起到重要的作用，如化妆品包装，有些包装举世闻名，如可口可乐的瓶子。所以，企业的市场营销人员应了解包装的含义、包装的种类，熟悉包装的方法和技巧，了解产品的包装策略，并努力把包装作为整体产品的一部分向顾客进行说明和展示。

一、产品包装的含义和分类

（一）包装的含义

包装是指设计、制作容器或包扎物，并运用容器或包扎物将商品盛装的一系列活动。包装是整体产品的主要组成部分。从营销角度看，包装可以从两方面来理解：一是静态的，指盛装产品的容器或包扎物；二是动态的，指设计、生产容器或包扎物并将产品包裹起来的一系列活动，即包装产品的操作过程。二者的统一，构成产品的包装，它反映了产品的外在质量，是产品质量不容忽视的一个重要组成部分。

（二）包装的分类

1. 按照包装在流通中的作用，可分为运输包装和销售包装。运输包装又称工业包装、外包装，其目的是保护产品和提高运输效率。运输包装又可分为单件运输包装和集合运输包装。单件运输包装是指商品在运输过程中以箱、桶、袋等单件容器对商品进行的包装。集合运输包装是指将一定数量的单件包装组合在一件大包装容器内而形成的大包装。目前常用的集合运输包装有集装包、托盘和集装箱等。

销售包装，又称内包装或小包装，它随同产品实体进入零售环节。其目的主要是美化商品，促进销售，增加利润。

2. 按照产品包装的结构，可分为内包装（件装）、中包装和外包装。内包装是每个产品上做的包装；中包装是一定数量单件商品组合的包装；外包装是指为方便商品储存和运输而进行的包装。

3. 按照包装材料的类别，可分为纸质包装、塑料制品包装、木制品包装、金属包装等。

4. 按照包装的技术，可分为防潮包装、防火包装、防锈包装、防虫包装、缓冲包装、压缩包装、真空包装等。

实 例

快递包装进入绿色时代

2019 年 5 月 22 日，顺丰在上海举办了一场完全由快递纸箱改造的空间包装改造创意展，展览将孩子们天马行空的想象与装置艺术巧妙结合。顺丰举办此次展览的目的，以创意美感激发大众参与，用艺术的方式尝试破解包装浪费的难题。

据国家邮政局近日发布的《2018 年中国快递发展指数报告》统计，2018 年中国快递业务总量达到 507.1 亿件，占全球快递包裹市场一半以上。随之上涨的，还有快递包装垃圾占城市生活垃圾增量的比重，在特大城市中，已达到 93%。

污染防治是中央提出的三大攻坚战之一，然而“绿色快递”任重道远，有专家估计目前我国快递包装的总体回收率还不到 20%。国家邮政局于 2018 年发布了《快递业绿色包装指南（试行）》，明确规定了快递行业绿色包装工作的目标。《指南》要求快递企业探索使用循环快递箱、共享快递盒等新型快递容器，循环使用次数不低于 20 次，逐步减少包装耗材用量，并推进包装物回收再利用。

据了解，目前，行业备受关注且较为成熟的一款循环包装产品，是由顺丰可持续包装解决方案中心推出的循环包装箱“丰 BOX”。它创造性地用拉链代替封箱胶纸，减少内填充物，可循环使用多达数十次，在最大程度上实现了胶带、气泡膜和纸箱的投入。截至 2018 年年底，丰 BOX 共投入使用 60 万个。在实际投放中，成功替代纸箱 3000 万个，减少碳排放 1.6 万吨，减少树木砍伐 28 万棵。据悉，目前丰 BOX 已在国内所有一线城市及部分二线城市进行试点运营，未来将逐步取代纸箱。专家表示，邮政业将要迎来一次行业绿色生产方式的“大革命”。到 2020 年，符合《快递封装用品》系列国家标准的包装材料应用比例要达到 90% 以上，环保包装材料应用比例要大幅提升。随着中国快递业的发展，绿色低碳将是一个重要趋势。

二、常用的包装方法和包装技术

包装方法和包装技术是一项技术性和艺术性都很强的工作，要求美观、实用 、经济，同时考虑社会的公共利益。具体地讲：

1. 包装的大小。包装的大小主要受消费者购买和使用习惯及购买力的影响。一般来说，日用消费品小包装使用比较方便。

2. 包装的形状。包装的形状主要取决于产品的形状和性质。一般地说，产品的包装有利于产品的存放搬运，并能美化产品，吸引顾客的注意。运用包装的外形和色彩表现产品的特点和风格，如服装、装饰品和食品的包装，应能向顾客直接显示商品本身，可考虑采用透明包装、开窗包装或在包装上附加产品的彩色照片。

3. 包装的构造。包装的构造应能突出产品的特点，体现产品的功能，同时应开启方便。

4. 包装的颜色。颜色能影响人们的情绪，进而影响人们的行为。包装的颜色应美观大方，图案形象生动，色彩鲜艳和谐，不搞模仿，不落俗套，具有艺术感染力，给人耳目一新的感觉。不同的颜色能给人们以不同的感觉。因此应针对不同的产品，采用不同颜色的包装与之相配，同时也应考虑到不同的民族对颜色的偏好与禁忌，以免影响产品在国内或国际市场的销售。

5. 包装的材料。包装材料的选用除了能有效地保护产品外，还应该考虑材料与环境保护的关系，如选用多功能、简单化、容易回收的绿色包装材料等，以保护生态环境。近些年来，随着环保意识的增强，提倡绿色营销的呼声越来越高，包装材料与资源运用，包装物与环境保护必须联系起来，包装应兼顾社会利益，努力减轻消费者负担，节约社会资源。为此，有的企业提出“商品包装趋向于零”的口号，尽量减少包装物对环境的污染；禁止使用有害包装材料，实施绿色包装战略等。

6. 包装的其他技巧和要求。不同企业的产品包装应避免雷同；包装上必须注明生产企业或经销企业名称、地址等；包装上的产品说明应充分表现企业对社会公众的责任感；坚决反对利用包装弄虚作假，欺骗和损害消费者利益的行为。此外，必须考虑包装材料与产品价值和质量水平相匹配，既不能出现低值产品高级包装，也不能小商品大包装、欠量包装，更不能出现“稻草包珍珠”，再现过去那种“一等产品，二等包装，三等价格”的局面。

另外，包装设计还应尊重顾客的心理，尊重顾客的宗教信仰和风俗习惯，注意不同运输商、分销商的特殊要求等。

三、产品包装策略

由于包装在产品营销中的重要性，企业必须运用适当的包装策略，充分体现产品的魅力，激发顾客的购买欲望。常用的包装策略有以下几种：

1. 类似包装策略。指企业所有产品的包装采用相同或相似的形状、图案、颜色、特征等。这种策略能节省企业的包装设计及制作成本，使顾客容易识别商品出处，壮大企业声势，扩大影响，利用企业及其产品的声誉带动新产品上市，促进销售。这种策略一般只适用于质量水平不存在差异的产品，如果企业产品相互之间质量差异太大，则不宜采用这种策略。

2. 差异包装策略。差异包装策略是指企业的各种产品都有自己独特的包装，在设计上采用不同的风格、色彩和材料。这种策略能避免因个别产品销售失败而对其他产品造成的影响，但会相应地增加包装设计和新产品促销的费用。

3. 组合包装策略。指在同一包装中放入相关联的若干产品。如把茶壶、茶杯、茶盘放在一起进行包装，装有各种规格的套筒扳手的工具箱，装有各种化妆品的化妆盒等。它便于顾客配套购买商品，既方便使用，也可扩大产品的销售。

4. 附赠品包装策略。指在包装物内附赠奖券、实物等。如在儿童用品中附赠玩具、卡片是最为流行的一种做法，也有利用包装物抽奖，同一商品同时采用正常包装与赠品包装等。这样可以提高购买频率，吸引顾客重复购买，也可以作为介绍新产品和进行市场调整的手段。但要让顾客真正得到实惠，要能有效地对顾客产生刺激，切忌利用赠品宣传进行商业欺诈，这会严重损害企业的形象。

5. 再使用包装策略。指包装物里的产品用完后，包装容器还可以做其他用途，以此给予消费者额外的利益。如把酒瓶设计成精致的花瓶或仿造古董，具有一定欣赏价值，盛装物品的袋子用做手提袋等。一方面使顾客得到了额外的使用价值，另一方面这些包装物在再使用过程中还能起到广告宣传的作用。但要注意适度，不能过分追求其他用途使价格过高，抑制消费者购买。

6. 等级包装策略。是指企业依据产品的不同档次、用途、营销对象等，采用不同的包装。如高档商品的包装要显得名贵精致，中低档商品的包装可稍微简洁朴素，儿童商品的包装可用动物或卡通人物形象，老人使用的商品包装可简易实用，以此来迎合不同的消费者及不同收入水平者的心理要求。

7. 改变包装策略。是指企业为克服现有包装的缺点，或者为吸引新顾客而改变产品现有的包装，采用更具吸引力的新式包装。在适当的时候改变产品包装，可重塑企业产品形象，能使顾客产生一种新奇的感觉，从而刺激需求，促进销售。采用新的包装材料、形式、技术，既可用于产品防伪，抑制仿造者的嚣张气焰，又可体现现有产品的特点，体现消费新潮流，节省包装成本。这已被许多企业的实践证明是行之有效的一种策略。

8. 绿色包装策略。随着消费者环保意识的增强，绿色营销已成为企业经营的主流。因此，在设计产品包装时，选择可重复利用或可再生、易回收处理、对环境无污染的包装材料，更容易赢得消费者的好感和认同。如用纸质包装替代塑料包装，羊毛材质衣物中夹放轻柔垫纸来取代硬质衬板，既美化了包装，又顺应了发展潮流，一举两得。

9. 礼品式包装策略。包装华丽，富有欢乐色彩，包装物上通常冠以“福”“禄”“寿”“禧”“吉祥如意”等字样及问候语，其目的在于增添节日气氛，满足人们交往礼仪之需要。

10. 个性化包装策略。个性化包装追求包装的造型、色彩、图案的个性化，以吸引顾客的眼球，引起顾客的注意。同时通过个性化的包装赋予一定的象征意义，满足消费者的个性需求。

案例分析

儿童化妆品将有专门标志　“擦边球”营销有望“熄火”

目前儿童化妆品在安全性方面存在着种种问题：产品未进行化妆品备案、原料成分与成人化妆品没有区别……这些问题曾给消费者带来困扰。6月18日，国家药品监督管理局就《儿童化妆品监督管理规定（征求意见稿）》（以下简称“征求意见稿”）公开征求意见。据悉，这标志着我国有望迎来首个儿童化妆品监管法规，儿童化妆品将进入“独立监管”时代。

儿童化妆品指供年龄在12岁以下（含12岁）儿童使用的化妆品。与成人化妆品相比，儿童化妆品有何特殊之处？专家认为儿童的皮肤、器官、骨骼均处于发育阶段，这就要求儿童化妆品的安全性过硬。儿童皮肤较特殊。以护肤品为例，适合成人皮肤的保湿剂中的原材料，比如尿囊素、醇类，用在儿童皮肤上就不合适。长期使用，就相当于将儿童的皮肤长期浸泡在水里。从理论上讲，（婴）童类护肤品里最好不要添加功效性太强的原材料。

儿童化妆品将有专门标志，“擦边球”营销有望“熄火”。《征求意见稿》提出，儿童化妆品应当在销售包装展示面显著位置标注国家药品监督管理局规定的儿童化妆品标志（待征集）。同时，《征求意见稿》鼓励化妆品经营者分区陈列儿童化妆品，在销售区域公示儿童化妆品标志。

这意味着未来儿童化妆品与成人化妆品将分开销售。目前市面上的儿童化妆品尚未完全与成人化妆品分开销售，不少导购在向消费者推荐产品时，仍会以“某款护肤品婴幼儿也可以使用”作为卖点推销。

儿童化妆品配方迎来严监管：“不允许使用以祛斑美白、祛痘、脱毛、除臭、去屑、防脱发、染发、烫发等为目的的原料，如因其他目的使用可能具有上述功效的原料时，需对使用的必要性及针对儿童化妆品使用的安全性进行评价。”“儿童化妆品中应选用有安全使用历史的化妆品原料，不得使用尚处于监测期的新原料，不得使用对儿童安全性尚不明确的原料。”

所有上架销售的儿童化妆品均将经过毒理学实验。儿童化妆品应当通过安全评估和毒理学试验进行产品安全性评价。化妆品注册人、备案人对儿童化妆品进行安全评估时，在危害识别、暴露量计算等方面，应当考虑儿童的生理特点。

儿童化妆品市场是繁荣的，但同时也存在很多乱象。不少儿童化妆品虽然标注了“无毒”，但客服人员均无法提供相关产品的毒理学检测报告。“不少企业会把儿童化妆品当成玩具来卖，这些所谓的玩具里面就会掺杂一些‘三无’产品。还有一些儿童化妆品在功效方面存在夸大或者虚假宣传的情况。比如一些产品只能做到清洁和爽身，但企业在宣传时非要给产品扣上祛湿疹、防止红屁股的‘帽子’，这些乱象都需要进一步监管整治。”

问题：通过“儿童化妆品将有专门标志　‘擦边球’营销有望‘熄火’”的案例学习对你有什么启发？请你从产品包装功能的角度谈谈你的看法？

讨论分析：

个人：每位同学根据案例资料和问题，在固定的学习本上记下自己的思考。

小组：每小组6位同学，1人为组长，1人记录，小组成员都要陈述自己的观点，讨论后形成小组意见，准备在班级交流。

全班：各组派一位代表陈述本组观点。

教师：记录各组陈述要点，最后做点评。

任务实训

产品包装调研

1. 背景资料：选择三种不同包装的商品，通过市场调研按要求填写表5-6空格的内容。

表 5－6　　商品包装现状说明表

项　目	商品名称	包装现状说明	原因分析
包装适当			
过度包装			
有害包装			

2. 实训目标：通过训练熟悉产品包装的现状及对产品营销的影响，培养同学们对包装的认识能力，以更好地把包装作为整体产品的一部分向顾客进行说明和展示。

3. 实训步骤：

（1）每6位同学为一组，两位同学负责调查一种包装情况的产品。

（2）认真学习有关产品包装方面的知识，熟悉包装作为整体产品一部分的相关资料。

（3）实地调查了解有关产品销售情况，询问相关人员，选择自己负责的商品，听取现场营销人员的评价，并把他们的说明记录下来。

（4）小组成员共同讨论，按表 5－6 格式将调查了解的有关内容填入相应的空格，形成产品包装课业报告。

（5）老师选3～5组同学在班级交流，并做点评。

4. 成果评价（见表 5－7）。

表 5－7　　产品包装现状调研实训任务评分表

项目（分值）	标　准	得分
小组活动准备情况（10）	查阅资料，共同讨论实训方案，每点5分。	
包装适当（25）	商品选择、包装现状说明、原因分析，每项8分。	
过度包装（25）	商品选择、包装现状说明、原因分析，每项8分。	
有害包装（25）	商品选择、包装现状说明、原因分析，每项8分。	
完成实训任务表现（15）	在与人交流、与人合作、解决问题方面表现佳，每小项5分。	
总成绩100分		
老师评语	签名：　　年　月　日	
学生意见	签名：　　年　月　日	

任务 4
熟悉销售服务策略

任务学习目标

素质目标：通过本任务的学习、案例分析和任务实训，培养同学们在服务顾客时热情服务是营销活动的重要组成部分的意识，树立为顾客服务就是营销、而且是更重要的营销的态度。

知识目标：通过本任务的学习，能正确描述产品销售服务及基本要求、产品销售服务的内容、产品销售服务的基本策略等陈述性知识。

能力目标：通过本任务的案例分析和任务实训，能运用产品销售服务的相关知识，根据不同的产品提供不同的销售服务的能力和服务技巧。

任务描述

随着科学技术的进步，产品技术越来越复杂，消费者对企业的依赖越来越大。在购买产品的过程中，消费者不仅购买产品本身，而且希望得到可靠周到的服务。企业的质量保证、服务承诺、服务态度和服务效率，已成为消费者判定产品质量、决定购买与否的一个重要条件。对于生产各种设备和耐用品的企业，在提供高质量的有形产品的同时，提供售前、售中、售后等销售服务，对提高企业的竞争力有重要作用。

任务学习

产品在市场上的竞争能力，不仅取决于产品的质量、性能、包装等，在很大程度上还取决于产品的售前、售中、售后服务工作的优势。企业在销售有形产品的同时，还必须了解顾客心目中所期望的最好服务是什么，竞争对手所能提供的服务是什么，本企业销售服务的理念是否与顾客需求相吻合？只有企业与顾客所期望的服务水平基本相符，而且有独特的内容，才可能在服务方面形成差异化竞争优势。因此，企业必须重视销售服务工作，熟悉销售服务的内容，制定合适的销售服务策略，这些就是本任务要学习的内容。

一、销售服务的概念

销售服务，又称产品支持服务，是伴随着产品一起提供给顾客的附加利益。如果用产品的整体概念来理解，销售服务就是指整体产品中的延伸部分。销售服务的目的是使顾客在购买和使用产品的过程中，获得更大的效用和满足，产品越复杂，顾客对各种附加服务的依赖就越强，企业就越需要提供这类服务。

对许多产品而言，销售服务不是可有可无，而是产品的延伸和销售的继续，是保证全面满足顾客需求的重要组成部分。例如，空调企业在向市场提供空调产品时，必须向顾客提供上门安装服务、保证维修服务、使用说明书等。缺乏这些服务，顾客或对空调的购买失去兴趣，或在使用的过程中遇到许多麻烦。

销售服务是提高企业声誉和产品竞争能力的重要手段。在现代的市场竞争中，核心产品和形式产品的差别越来越小，企业要想实现差别化，就必须在产品的销售服务上做文章，谁能为顾客提供最好的服务，谁就可以在竞争中获得优势。

想一想

计算机产品在销售的过程中必须提供什么服务？

二、销售服务的内容

销售服务的内容非常广泛，视不同的企业、不同的产品各不相同。一般按产品营销服务的过程可分为售前服务、售中服务和售后服务。

（一）售前服务

售前服务是指通过研究消费者的心理，在顾客购买产品之前向顾客提供的服务。它包括：提供各种产品信息，提供技术咨询，为顾客介绍产品，根据顾客的不同需求，协助顾客挑选产品，提供各种必要的技术资料，迅速报价，容易联系等。其目的在于方便顾客，激发购买欲望，强化购买动机。

（二）售中服务

售中服务是指销售过程中为顾客提供的各种服务，即从与顾客洽谈生意、签订购销合同，到产品发运、货款结算全过程的服务。它包括：礼貌热情接待顾客，为顾客精心挑选产品，包装产品，操作示范表演等。其目的在于影响顾客的心理感受，增强顾客的信赖感，促成交易。

（三）售后服务

售后服务是指商品售出以后向顾客提供的各项服务。它包括：送货上门，对大件商品提供送货服务；安装调试，对大型设备、仪器仪表，到现场为顾客安装调试；提供维修，对技术性较强的产品，能否得到及时有效的维修，是影响购买的重要因素；及时提供零配件；质量三包，在保修期内，企业负责保修、包换、包退，必要时承担由此产生的经济损失；为顾客提供技术培训；提供信贷服务；根据顾客的特殊要求，提供特殊服务，如大修理服务、租赁特殊工具、联合运输等。其目的在于保证顾客所购产品使用价值的充分发挥，解除顾客的后顾之忧，提高顾客的满意度，以促使顾客重复购买。

三、销售服务策略

企业在提供产品的销售服务时，应该以顾客的需求为基本依据，认真分析产品的特点、竞争状况和自身实力，采取恰当的服务策略。

（一）热情周到策略

企业在提供服务时，应站在顾客的角度，从服务项目、服务水平、服务方式等方面，想顾客之所想，急顾客之所急，做到既热情周到，又尊重顾客。

从服务项目来看，各种不同的服务项目，对不同行业的顾客来说其重要性是不同的，如免费送货上门和维修服务对家具和电子计算机的购买者来说，重要性就有显著差别。企业需要通过调查，对顾客要求的服务项目，按重要性的大小进行排列，然后做出决定，在本产品顾客认为最重要的服务项目上使顾客得到充分的满意。对服务水平，一般情况下，较高的服务水平将使顾客得到较大的满足，因此就有较高的重复购买率。服务水平的高低，应视服务项目的重要性和顾客的要求区别对待。在服务方式上，应考虑固定服务、流动服务及服务的收费和有关修理服务的提供，这在很大程度上取决于顾客的需求和竞争者的策略，由企业灵活做出选择。

相关链接

什么是顾客？顾客永远是公司的座上客。不管是在人员推销还是邮购销售中，都是座上客。顾客并不依赖我们，而我们却依赖顾客，顾客不是我们工作的障碍，而是我们工作的目标。我们并不因服务于他而对他有恩，他却因给予我们为其服务的机会而有恩于我们。顾客不是我们要与之争辩和斗智的人，从未有人曾在与顾客的争辩中获胜。顾客是把他的欲望带给我们的人，因此我们的工作是满足这些欲望，从而使他们和我们都获得益处。

（二）回访客户策略

企业的营销服务人员或营销主管要经常回访客户，深入细致地了解顾客和用户对企业产品和服务的意见、建议甚至抱怨，以利于进一步改进企业的营销活动和销售服务。

（三）质量保证策略

在提供销售服务的过程中，必须依据国家法律法规的要求，对顾客承诺的“三包”等其他保证真正兑现，绝不食言。这样将促使顾客放心地购买产品，有利于产品销售量的真正扩大。

（四）及时解难策略

及时解难策略主要指售后服务方面，即企业应抽调优秀的专业人员组建专门的服务机构来履行产品的服务职能，保证随时随地或限时（如必须在24小时之内）解决顾客在使用过程中遇到的疑难问题或修理服务等。

（五）差异化服务策略

在服务的范围和质量上，形成与竞争者不同的特色，力求比竞争者更好、更快、更有效地满足顾客需求。差异化服务可体现在送货服务差异化、安装服务差异化、咨询服务差异化、培训服务差异化、维修服务差异化等方面。这种策略已成为当今许多企业在竞争中取胜的关键措施。

案例分析

建立顾客档案

现在许多商场和饭店建立“顾客档案”的做法，给人留下了很深刻的印象。在北京，一家商场推出了大件商品回访制度，引来了大批的回头客。顾客凡购买大件商品，商场就为顾客建立档案，并在三个月内派专业人员回访了解使用情况，解决出现的问题，此后则每年回访一次。显然，它解除了消费者的后顾之忧，不仅真正体现了服务意识，同时也是真正为自己赢得市场的最好办法。

在上海，一家饭店的促销手段值得称道：友情追踪。把凡来过该店办过宴庆的顾客情况搜集起来建成档案。每当顾客的喜庆日子来临，店家就送上贺卡、鲜花等礼物以示祝贺。于是，顾客对该店产生了好感，也心甘情愿地成为他们的“回头客”。

问题：这则案例说明什么？对你有何启发？

讨论分析：

个人：每位同学根据“建立顾客档案”案例内容，在固定的学习本上写下你对本案例的看法。

小组：请同学们每4人分为一组，推选1人为组长，1人记录，在小组讨论中每个人依次陈述自己的看法，然后小组成员共同讨论，形成小组意见，准备在班级交流。

全班：每个小组选一位代表在班级陈述本小组观点。

任务实训

调研售前、售中、售后服务的内容

1. 背景资料：通过市场调研选择一个实体产品（有形产品）和一个有特色的服务产品（无形产品），按要求填写表5－8内容。

表5－8　产品销售服务现状调查情况说明表

项　目	售前服务	售中服务	售后服务
××企业 ××产品			
××企业 ××服务			

2. 实训目标：通过训练熟悉有形产品和无形产品的服务内容，提升同学们对服务的认知能力，提高服务意识，培养同学们的服务能力和服务技巧。

3. 实训步骤：

（1）每6位同学一组，3位同学负责调查整理一种产品或一项服务。

（2）认真学习有关销售服务方面的知识，搜集典型销售服务事例（图书馆、网络）。

（3）实地到企业询问销售或售后人员，听取他们对服务活动的实际体验，了解相关产品的服务情况。

（4）小组成员共同讨论，按表 5－8 格式将调查了解的有关内容填入相应的空格，形成销售服务调查作业。

（5）老师选 3～5 组调查作业在班级交流，并做点评。

4. 成果评价（见表 5－9）。

表 5－9　　产品销售服务实训任务评分表

项目（分值）	标　　准	得分
小组活动准备情况（20）	搜集资料，整理典型销售服务实例，每点 10 分。	
有形物质产品（30）	产品名称 6 分，售前、售中、售后每项 8 分。	
无形服务产品（30）	服务产品名称 6 分，售前、售中、售后每项 8 分。	
完成实训任务中表现（20）	在自我学习能力、与人合作、与人交流、解决问题能力方面的表现，每项 5 分。	
总成绩 100 分		
老师评语	签名：　　　　年　月　日	
学生意见	签名：　　　　年　月　日	

思考与实训

1. 选择题

（1）产品整体概念包括（　　）三个层次。

A. 核心产品　　　　B. 形式产品

C. 延伸产品　　　　D. 附加产品

（2）在产品的市场生命周期中，销售量迅速增长的阶段是（　　）。

A. 投入期　　　　B. 成长期

C. 成熟期　　　　D. 衰退期

（3）化妆品、餐具等产品采用一个包装整体出售，这属于（　　）策略。

A. 类似包装　　　　B. 多种包装

C. 组合包装　　　　D. 新奇包装

(4) 产品组合的深度是指（　　）。

A. 产品线的多少　　B. 产品项目的多少

C. 产品线的关联性　　D. 产品大类

(5) 企业增加产品线，扩大经营范围，这是指拓宽产品组合的（　　）。

A. 广度　　B. 深度

C. 关联性　　D. 前三者的总和

(6) 下面哪一种说法是正确的？（　　）。

A. 产品生命周期是指产品的市场寿命、经济寿命

B. 任何一种产品都必须经历引入期、成长期、成熟期、衰退期

C. 某一产品在不同的市场所处的生命周期就不同

D. 市场营销学分析的主要是产品种类的生命周期

(7) 投入期广告宣传的重点应是（　　）。

A. 宣传产品的特色和性能　　B. 扩大产品的知名度

C. 提供完善的售后服务　　D. 增加打折的力度

(8) 延长产品生命周期的主要途径有（　　）。

A. 产品改革　　B. 市场改革

C. 营销组合改革　　D. 前三者的总和

(9) 企业以高价配合高强度的促销向市场推出新产品，这一策略可称为（　　）。

A. 快速渗透策略　　B. 缓慢渗透策略

C. 快速撇取策略　　D. 缓慢撇取策略

(10) 在制定产品组合策略时，加强产品组合的关联性可以（　　）。

A. 扩大经营范围，分散市场风险

B. 满足特殊需求，提高市场占有率

C. 强化市场地位，提高企业声誉和知名度

D. 实行多元化经营，提高竞争能力

2. 判断题

(1) 产品项目就是指密切相关的一组产品。（　　）

(2) 任何能满足人们某种需求和欲望的东西，都可以称为产品。（　　）

(3) 产品的市场生命周期是指产品的社会经济寿命。（　　）

(4) 任何产品都必须经历投入期、成长期、成熟期和衰退期。（　　）

(5) 由于包装的价值是构成产品价值的一部分，所以产品包装必须与产品本身的价值相符合。（　　）

(6) 从产品的整体概念来理解，销售服务就是指整体产品中的延伸部分。（　　）

(7) 谁拥有最先进的产品，谁就拥有市场。（　　）

(8) 产品延伸策略主要是针对产品的档次而言的。在原来的基础上，可以向

上延伸、向下延伸、双向延伸。（ ）

（9）进入衰退期的产品，企业承担的市场风险最大，必须果断放弃。（ ）

（10）产品市场生命周期的长短，主要取决于企业的技术、资金、管理水平等因素。（ ）

3. 案例选择题

开元罐头食品有限公司生产的“开元牌”水果系列罐头，销路一直很好。最近该公司产品开发部研制开发出一种用橘皮加工制成的小食品，成本低，每公斤5元，此产品口味独特，具有养颜健胃之功效，市场前景看好。

为使消费者一看就知道此产品是开元罐头食品有限公司生产的产品，该企业营销部决定此产品使用“开元牌”品名，包装也将用与“开元牌”水果系列罐头相同的图案和色彩。同时又决定采用高价格、低促销费用推销产品，以便在短期内收回投资，在低销售费用的基础上获取较高利润。此产品上市后，基本上达到了预期目标。

（1）此产品处于产品生命周期的（ ）阶段。

A. 投入期 B. 成长期

C. 成熟期 D. 衰退期

（2）该厂在推销新产品时，采用的营销策略是（ ）。

A. 快速撇取策略 B. 缓慢掠取策略

C. 快速渗透策略 D. 缓慢渗透策略

（3）该厂采用的包装策略是（ ）。

A. 类似包装策略 B. 差异包装策略

C. 配套包装策略 D. 改进包装策略

（4）该厂采用这种包装策略的优点是（ ）。

A. 使顾客容易识别商品出处，壮大企业声势

B. 不会因一个产品的失败而损坏整个企业的形象

C. 起到广告宣传的作用

D. 提高购买频率，吸引顾客重复购买

（5）包装属于产品整体概念中的（ ）。

A. 期望产品 B. 核心产品

C. 形式产品 D. 附加产品

（6）提供产品的使用说明书属于（ ）。

A. 售前服务 B. 售后服务

C. 售中服务 D. 全过程服务

（7）如果该公司还生产啤酒、饮料等产品，这是指拓宽产品组合的（ ）。

A. 广度 B. 深度

C. 关联性 D. 前三者的总和

4. 案例分析题

五粮液集团现在既有五粮液，也有五粮醇、五粮春、五粮神、金六福、东方龙、京酒、尖庄等，共有20多个产品项目，恰好形成了适应不同消费层次的产品结构，构成了与不同档次品牌名酒竞争的市场态势。

问题：①集团采用了什么产品组合策略？

②这种策略有何优点和缺点？

项目六

6 价格策略

案例导入

珠宝的吉芬之谜——定价的艺术

在美国亚利桑那州的一块旅游胜地，新开了一家售卖印第安饰品的珠宝店。由于正值旅游旺季，珠宝店里总是顾客盈门，各种价格高昂的银饰、宝石首饰都卖得很好。唯独一批光泽莹润、价格低廉的绿松石总是无人问津。为了尽快脱手，老板试了很多方法，如把绿松石摆在最显眼的地方、让店员进行强力推销等。然而，所有这一切都徒劳无功。在一次到外地进货之前，不胜其烦的老板决定亏本处理掉这批绿松石。在出行前她给店员留下一张纸条："所有绿松石珠宝，价格乘二分之一。"等她进货回来，那批绿松石全数售清。店员兴奋地告诉她，自从提价以后，那批绿松石成了店里的招牌货。"提价？"老板瞪大了眼睛。原来，粗心的店员把字条中的"乘二分之一"看成了"乘二"。

这是畅销书《影响力》的开篇故事，这些价格越高越受欢迎的珠宝不由让人想起在1845年爱尔兰大饥荒时期，那些越贵越多人争夺的土豆。英国经济学家吉芬观察到这样奇怪的事，这种现象被经济学界称为"吉芬之谜"。

价格，是对出让品或提供服务所收取的金钱。企业只有为产品定价，才能创造收益。乍看上去，价格是营销组合中最简单的元素。诞生自名设计师笔下、具有错综复杂经销体系、耗费巨额宣传费的宝马车需要定价，农民们自产自销的李子也需要定价……但定价绝不是一张标签、一个价牌这么简单。

例如，有一天你拥有了一家汉堡店，你卖的汉堡比麦当劳的更美味，服务更全面，售卖网点比麦当劳更多，广告促销更吸引人，你决定用3元一个汉堡的低价，把麦当劳杀得片甲不留。但你的低价策略引起了顾客的满腹疑虑——这么低的价格能做出好的汉堡吗？不会是用劣质原料做的吧？为了消除顾客的疑虑，你决定抬高价格，定到20元。这下顾客更反感了，你一个新出现的汉堡店凭什么比麦当劳还贵呢？

所以，价格不仅仅是和顾客博弈的工具以及与对手竞争的武器，它往往还传递着产品质量、级别，甚至形象等方面的信息。正是由于这个原因，便宜的绿松石卖不出去。就像曾是政府官员专用的红旗轿车因为降价，放低了身段，后来失去了往日的风光。

思考： 1. 这则案例说明了什么？珠宝类产品的价格应如何制定。

2. 对你有何启发，结合实际谈谈价格制定的重要性。

任务1
熟悉企业定价程序

任务学习目标

素质目标：通过本任务的学习、案例分析和任务实训，提升同学们对企业产品定价目标、定价程序的确定要全面考虑社会、企业和顾客多方面的利益意识。

知识目标：通过本任务的学习，能正确描述企业的定价目标、定价程序、影响企业定价的内外部因素等陈述性知识。

能力目标：通过本任务的案例分析和任务实训，能结合企业产品价格，提高实现企业定价目标，执行企业定价程序的能力。

任务描述

价格是营销组合的第二大工具，也是营销组合中唯一能创造收益的因素，其他因素都代表着成本。价格又是营销组合中最灵活的因素之一，购买者和营销者都特别关注价格，购买者所支付的价格决定了他们所做交易的价值，也决定了购买者对购买决策的满意度；营销者所制定的价格影响着他们能否收回成本和预期利润的大小。成功的营销指的是企业和消费者均满意，成功的价格指的是消费者认为产品或服务物有所值，而企业在销售产品和服务的同时也能获得利润。因此，确定产品的实际成本和消费者愿意支付的最高价格具有很大的难度，都有一个艰难的价格决策过程。

任务学习

价格是市场营销过程中一个十分敏感而又难以有效控制的因素。定价不仅直接影响企业盈利目标的实现，而且直接关系到顾客对产品的接受程度。企业为了获得最佳结果，通常需要仔细制定所售产品或服务的价格。因此，企业必须明确定价目标，认真分析影响价格制定的各种因素，依照一定的定价程序，给企业的产品和服务确定合适的销售价格，这些就是本任务学习的内容。

一、企业定价目标

所谓定价目标，是指企业希望通过价格手段的运用而达到的预期营销效果。由于市场环境和企业状况的不同，不同企业的定价目标会有所不同。一般来说，企业的定价目标有以下几种：

（一）以获取当前最高利润为定价目标

获取当前最高利润是指企业的定价目标是获取目前能够从市场上获取的最高利润。这几乎是所有企业的共同愿望。

追求最大利润并不追求最高价格。当一个企业的产品在市场上处于某种绝对优势地位时，如拥有专卖权或垄断地位等，固然可以实行高价策略，以获得超额利润，然而，由于市场竞争的结果任何企业要想在长时期内维持一个过高的价格几乎是不可能的，必然会遭到来自各方面的抵制。诸如需求减少、代用品加入、竞争者增多、购买行为推迟，甚至会引起公众的不满而遭到政府的干预等。因此企业可把追求最大利润作为一个长期的指导思想，同时选择一个适应当前环境的短期目标来确定实际价格。

（二）以提高市场占有率为定价目标

市场占有率也称市场份额，是一个企业在某一市场上出售某种产品的销售额或销售量相对该行业同一时期内该种产品的这一市场上的总销售额或销售量的比率。市场占有率是企业经营状况和产品竞争力状况的综合反映。较高的市场占有率可以保证企业产品的销路，便于掌握消费者的需求变化。所以企业一般尽量保持或提高市场占有率，并以此作为定价目标。

（三）以实现预期的投资收益率为定价目标

预期的投资收益率即为利润相对投资总额的比率。企业对于所投入的资金，都期望在预期时间内分批收回。因此，定价时一般在总成本之外加上一定比例的预期盈利，以预期收益为定价目标。在产品成本不变的情况下，价格的高低往往取决于企业确定的投资收益率的大小。如果投资收益率低于同期银行存款利率，这种投资是不划算的。

一般说来，只有企业在同行业中处于领导地位或是全新产品，受保护或没有竞争者的产品时，才适宜选用此种定价目标。否则定价太高会遭到用户排斥。

（四）以应付或防止竞争为定价目标

价格是市场竞争的重要手段，在激烈的市场竞争中，厂商的规模无论大小，对于竞争者的价格都很敏感。实力雄厚的大企业都能左右市场价格，为保持自己的市场地位往往以稳定商品的价格为主要目标。有时有意识地通过定价去应付和避免竞争，采取以击败竞争对手为目标，或阻止新的竞争对手的出现，往往采取低价倾销的手段力争独占市场，然后制定对企业有利的垄断价格。而实力弱的企业则紧随市场主导企业的价格或以此为参考，与其保持适当的差异。

（五）以维持企业生存为定价目标

维持生存的定价目标是企业处于不利环境中定价的一种特殊的过渡性目标，目的是使企业能够继续生存。当企业由于生产能力过剩、市场竞争激烈，或顾客需求发生变化，造成产品积压、资金周转困难，影响企业生存时，企业则给自己产品制定较低的价格，以求收回成本，使企业得以继续经营下去，这时生存比获利更重要，但这只能作为企业面临困境时的短期目标，一旦出现转机，马上选择其他的定价目标。

（六）以维持高品质产品形象为定价目标

维持高品质产品形象是指企业定价目标是维持市场上产品质量领导者的形象。采用这种定价目标企业必须制定高价，一方面使顾客产生优质产品的印象，另一方面收回优质产品生产和开发研究的高额费用。名牌产品多采用这种定价目标。

此外，企业还可确定以保证中间商合理利润、以保护生态环境等为定价目标。

想一想

一些新推出的产品，在生命周期的早期阶段，为迅速打开市场赢得一定数量的顾客，应选择哪一种定价目标？

二、影响企业定价的因素

企业定价除了考虑定价目标外，还要考虑其他的影响因素。这些因素主要包括企业的内部因素和外部因素，如图 6－1 所示。

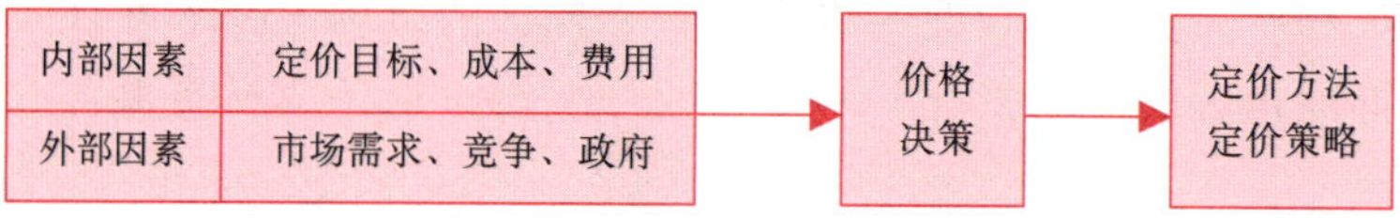

图 6－1　影响定价的因素

（一）成本费用

成本费用是商品价格的主要组成部分，也是定价的基础。产品成本包括制造成本、销售成本和储运成本等。企业为了保证再生产的实现，通过商品的销售既要收回成本，又要实现一定的利润。因此，成本是产品定价的最低限度。从长期来看，任何产品的价格都应高于所发生的成本费用，这样在生产经营过程中所发生的耗费才能从销售收入中得到补偿，企业才能获取利润。企业必须了解成本的具体构成及变化情况，努力降低成本，扩大销售，增加盈利。

（二）市场需求

市场需求是影响企业定价的重要因素。当产品价格高于某一水平时，将无人购买，因此，市场需求是产品定价的上限。所以，企业在制定价格时，必须了解价格与需求的关系，需求价格弹性等因素。

1. 价格与需求的关系。一般来说，市场需求随着产品价格的上升而减少，随着价格的下跌而增加，需求曲线是一条从左上方向右下方倾斜的曲线，如图 6－2 所示。

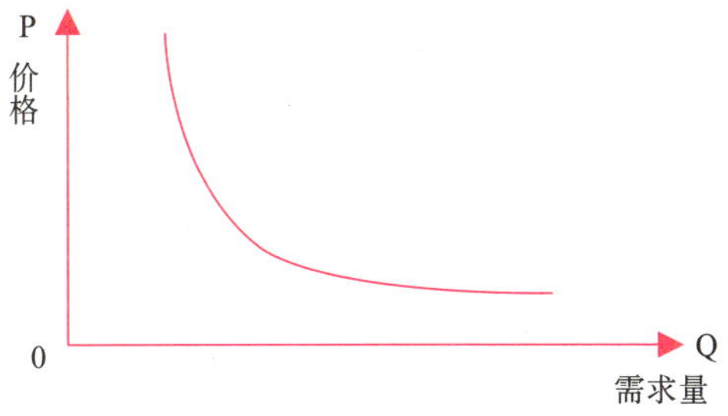

图 6－2 需求曲线示意图

需求曲线表明了价格与需求之间成反比关系，即价格下降，需求增加；价格上升，需求减少。但也有一些产品，需求与价格之间呈同向变化的关系，如能代表一定的社会地位和身份的装饰品、显示其经济实力的标志性产品或有价值的收藏品等。

2. 需求价格弹性。价格的变动会影响市场需求，那么需求对价格的变动将做出多大的反应呢？这就必须了解需求价格弹性。

需求价格弹性，简称需求弹性，是指价格变动而引起的需求相应变动的比率，反映需求变动对价格变动的敏感程度。需求弹性的大小一般依据需求弹性系数测定。需求弹性系数反映需求变动率与价格变动率的比值，用 $|E_P|$ 来表示，则：

$$\text{需求弹性系数}|E_P| = \frac{\text{需求量变动的百分比}}{\text{价格变动的百分比}} = \frac{\Delta Q/Q}{\Delta P/P} = \frac{\Delta Q}{\Delta P} \times \frac{P}{Q}$$

在上式中，P 代表价格，ΔP 代表价格变动量；Q 代表需求量，ΔQ 代表需求变动量。由于价格与需求反向变动，需求弹性系数小于零。为方便起见，常用绝对值来表示 E_P。

不同产品具有不同的需求价格弹性，对价格的制定影响很大。

（1）$E_P>1$，富于弹性。即需求的变动对价格的变动十分敏感，价格较小幅度的下降或上升，就可能引起需求量较大幅度的增加或减少。这种产品的需求是有弹性的，这时，应该降低价格，以刺激需求，实现薄利多销。

（2）$E_P<1$，缺乏弹性。即需求的变动对价格的变动不敏感，价格变动对需求的影响不大。这时，企业可以适当地提高产品的价格，增加企业的总收益。因为缺乏弹性的商品，降价会减少企业的收益。

（3）$E_P=1$，单一弹性。即需求的变动与价格的变动反向同幅度。价格下降 10%，需求量就增加 10%，对企业总收益影响不大。这时，企业应采取通行价格，来实现预期的利润。

（4）$E_P=0$，完全无弹性。即需求的变动对价格的变动一点都不敏感，价格的任意变化都不会引起需求量的变动。这时，可适当提价，当然，这也有个幅度问题。

（5）$E_P\to\infty$，完全有弹性。即需求的变动对价格的变动有无穷大的敏感性。这时，企业应综合考虑各种因素，努力使自己的产品以市场上的通行价格出售。

需求价格弹性的大小主要受产品的需求程度，产品的独特性和知名度，产品的替代性，产品的供求状况、购买时间等因素的影响。

在市场营销活动中，供需关系一定的情况下，顾客的议价能力对企业产品交易价格的形成有很大影响。

实　例

“第二杯半价”背后的秘密

本来销量不佳的一杯饮料，打上“第二杯半价”，立马成了爆款。经典的“第二杯半价”促销方法，背后有什么秘密？

“第二份半价”的商品往往只有1～2种，这种设定能使单品销量迅速攀升。一方面，商家可以借此推出新品；另一方面，也要加强对供应链的掌控，提前准备，保证出品的速度和效率；一些商家推出“第二杯半价”等促销活动的饮品也可能是“特例单品”。例如平时顾客点单不多的产品，出于尽快消耗原料的目的，需要加快销售和推荐；还有一种情况，是为涨价作铺垫。单品的价格涨了，但由于“第二杯半价”的策略，提价部分和第二杯均摊对冲，还会让消费者有一点“赚到了”的心理。而对于新顾客来说，可能他们根本没发现促销活动之前，商家刚刚涨过价。

采用“第二杯半价”至少有两个好处：一是商家利润最大化。对于只打算买一杯饮品的顾客来说，“第二杯半价”不会影响他的购买行为；对于本来就打算买两杯饮品的顾客，相当于获得了七五折优惠；对于可买可不买第二杯的顾客来说，可能为了获得优惠买第二杯，或鼓动周围的人买第二杯。于是，商家既用折扣吸引了对价格敏感的人群，实现了促销，也没有给那些对价格不敏感的人折扣，这种营销策略比简单的打折更能增加利润。

“第二杯半价”作为一种营销手段，目的十分明显：制造优惠噱头，维护客户关系，带动额外消费。必须承认，比起直接打折或优惠，“第二杯半价”无疑自带营销噱头。

（三）市场竞争

企业的定价是一种竞争行为，任何一次价格的制定或调整均会引起竞争者的关注，并可能导致竞争者采取相应的对策。同时，竞争者的定价行为也会影响本企业产品的定价，迫使本企业做出相应的反应。所以，企业在定价时，必须考虑各个竞争者产品的质量和价格，利用它们作为自己定价的出发点。

（四）政府的法律、政策

所有国家的政府都有自己的经济政策，对市场价格的制定和调整也都有相应的限制和法律规定，如我国的《价格法》《反不正当竞争法》就对价格的制定做出种种限制。

相关链接

定价中的伦理问题

“孩子在郑州上学，不知道怎么了，突然要我们寄几千元钱给她，来了才知道剪一次头发就花了6000元。”洛阳市民李先生和张先生相约赶到郑州，一起到郑州市消协投诉他们的孩子理发遭遇高消费一事。

张先生说，他的女儿小玉和李先生的女儿小丽在郑州市一所警校上学。一天下午，小玉和小丽逛街时看到某美容美发店门口写有“剪发 20 元，洗发 38 元”标语，两个人就进去剪发。

剪发签字时，上面就写着“洗发 10 元，剪发 20 元”，但后来一结账，单子上就变成了 6000 元！小玉说：“我们剪发一共花费 1.2 万元，但身上只带了 100 多元，从下午 2：30 到晚上 10：25，我们拿不出钱，他们就不让走。”没办法，她们只好向学校同学打电话借钱，一共交给该店 9800 元，办了一张该店的卡，才得以脱身。

三、企业定价程序

定价程序，是指企业对影响定价的诸多因素进行分析评估，并结合企业自身和产品的具体情况决定产品价格的一系列步骤。通常包括以下六步，如图 6－3 所示。

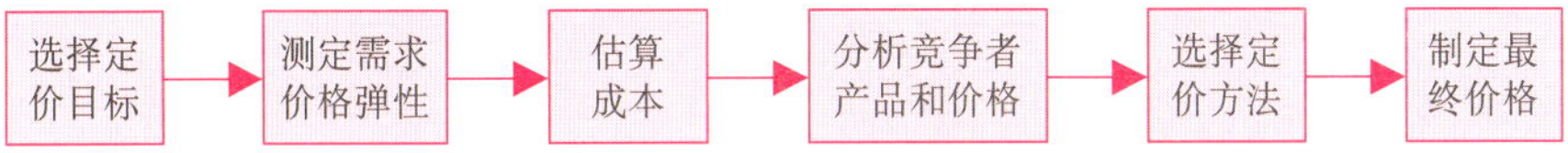

图 6－3　企业定价基本程序

1. 选择定价目标。定价目标是企业在定价时有意识要达到的目的。企业必须按照既定的战略目标来制定价格。

2. 测定需求价格弹性。首先应调查了解市场需求结构，了解不同价格水平上人们的购买数量；其次分析需求的价格弹性。

3. 估算成本。产品成本一般分为两类，一类固定成本，一类变动成本。固定成本包括厂房设备折旧费、房地租金、利息、办公费用、高级管理人员薪金等。这些费用不随生产和销售产品数量的变化而变化，即使未开工也必须负担。所以当产量等于零时，总成本等于固定成本。变动成本是反映随产品的产量和市场投放量的变化而变动的成本，主要是生产和市场营销支出方面的费用，包括原料、燃料、工资、储存费用、运输费用、促销费用等。固定成本和变动成本之和为全部成本。

4. 分析竞争者的产品和价格。产品的最高价格取决于市场需求，最低价格取决于产品的总成本费用。在最高价格与最低价格的幅度内，企业究竟给产品定多高的价格，则取决于竞争对手的同种产品的价格水平。企业必须了解和研究竞争者的产品质量和价格，作为自己制定和调整价格的依据。

5. 选择定价策略和方法。企业通过对成本、供求状况、竞争环境等一系列因素的分析研究后，可采用适宜的定价策略和方法制定价格或调整价格。定价目标、定价策略实质上是实现定价目标的思路和措施，定价方法是对产品价格进行计算或确定的方法，是将定价策略与具体价格水平联系起来的重要环节。实践中可供选择的定价方法大致有三种：成本导向定价法，需求导向定价法，竞争导向定价法。这部分内容将在下面的章节详述。

6. 制定最终价格。在制定最终价格时还需要分析政府有关政策法规、企业的定价政策、消费者心理、企业的合作伙伴方面的意见，经过计算分析，最终确定产品价格。

案例分析

“灵魂砍价”是医改惠民缩影

“再降1块，1块钱，连个冰棍儿都买不到……”“降价不能像挤牙膏，大胆降!”近日，重庆、湖北等八省（区、市）医保部门组团进行带量采购时，再现“灵魂砍价”，不少网友直呼“给力”。

一段时间以来，随着医保带量采购机制的不断捋顺，“灵魂砍价”成为常态。而实际谈判过程，远没有看上去那么轻松。对某种药品来说，价格些微变化，叠加庞大用量都意味着巨大的利益调整。为了分厘之差，医药专家常常与药企代表争得面红耳赤。而之所以“锱铢必较”，是因为一分一厘的小账背后，是一笔笔民生大账。就拿这次谈判来说，与历史采购价相比，药价平均降幅55.03%，最高降幅99.40%。谈判药品目录涵盖抗微生物、抗肿瘤、解毒剂等多个领域，许多医疗机构用量大、患者受众面广的药品均在其中。对参保人员来说，这都是重大利好。

“灵魂砍价”，也是医改惠民的缩影。从破除“以药养医”“以耗养医”，大幅降低医疗负担；到推进分级诊疗，营造“小病在基层、大病到医院、康复回基层”的合理就医秩序；再到落实异地就医直接结算，减去患者“垫资”之负……中国迎难而上，逐渐探索出了一条自己的医改之路。这其中，有顶层制度的再造与重构，也有细节上的突破与创新，而医改推进的每一步都牵动人心，也恰恰就在于其对接着最基本的民生。医改回应民生、民声点赞医改，这样的正向互动正是改革深化的动力与底气。

医改是系统工程、重大工程，不会一蹴而就，必须久久为功。一方面，打破固有壁垒、调整利益分配势必会产生一些新矛盾。就拿带量采购来说，价格是砍下来了，但一些药品却出现了“进了医保，进不了医院”的尴尬，这就需要相关方面进一步完善机制，拿出更精细化的方案予以破解。比如，对部分谈判药品实行定点医疗机构和定点药店“双通道”保障政策，拓宽患者购药渠道。再如，将一些药品纳入单行支付管理，以减小医院的进药顾虑。另一方面，从长远来看，随着人们收入水平的提高，国人对多样化、高品质卫生健康服务的需求也会水涨船高，再加上人口老龄化不断加剧，这些都要求医改要始终处于动态调整之中，不断顺应大众需求变化。

问题：通过“‘灵魂砍价’是医改惠民缩影”的实例学习对你有什么启发？请你从产品定价的角度谈谈你的看法？

讨论分析：

个人：每位同学根据案例资料和问题，在固定的学习本上记下自己的思考。

小组：每小组6位同学，1人为组长，1人记录，小组成员都要陈述自己的观点，讨论后形成小组意见，准备在班级交流。

全班：各组派一位代表陈述本组观点。

教师：记录各组陈述要点，最后做点评。

任务实训

体验产品的定价

1. 背景资料：你和朋友打算开一个小商店卖衣服和小饰品，小店的地址在一个比较高档的社区（或以某一社区类似商店为例完成实训任务），分析你对产品定价的考虑。从衣服和小饰品中各选一样产品，写出它的定价范围（最高价、最低价），然后计算产品的售价。描述你的定价目标，并解释你的产品的最终售价是如何得出的。

2. 实训目标：通过实训，运用所学的企业定价目标、影响企业定价的因素等知识，熟悉产品定价的基本程序，具有对一般产品定价的业务能力。

3. 实训步骤：

（1）每5位同学一组，完成本实训任务。

（2）认真学习有关企业定价目标，影响定价的内外部因素和企业定价程序的相关知识，搜集企业定价方面的典型案例。

（3）实地到类似的小店了解同类产品的进价，销售过程中的费用项目及费用金额、产品售价的范围（最高售价、最低售价）。

（4）按照调查的资料，结合你所选产品的情况，把相关内容填入表6－1中。

表6－1　产品定价程序实训表

产　品	定价目标	定价范围最高/最低价	说明你得出最终售价的理由
××服装			
××饰品			

（5）老师选3～5组同学，在班级交流，由老师做点评。

4. 成果评价（见表6－2）。

表6－2　产品定价程序实训任务评分表

项目（分值）	标　准	得分
小组准备情况（10）	搜集资料、整理定价典型案例，每点5分。	
定价目标（15）	定价目标，符合小店服务对象，地理位置，产品情况，每点5分。	
定价范围（15）	最高定价、最低定价范围清楚（且符合小店情况，也符合附近企业实际），每点5分。	
确定售价的理由（40）	理由应说明四点以上，每点10分，最多40分。	
完成实训任务的表现（20）	通过与人合作、与人交流能力、解决问题能力、数字运用能力等方面表现给分，每小点5分。	
总成绩100分		
老师评语	签名：　　　　年　月　日	
学生意见	签名：　　　　年　月　日	

任务2
熟悉企业定价方法和策略

新产品定价策略

任务学习目标

素质目标：通过本任务的学习、案例分析和任务实训，培养同学们在产品定价方法、定价策略的制定和执行过程中自觉践行营销职业道德、营销伦理和践行社会法律法规的意识。

知识目标：通过本任务的学习，能正确描述企业成本导向定价、需求导向定价、竞争导向定价等方法，折扣和让价策略、心理定价策略、促销定价策略、产品组合定价策略等陈述性知识。

能力目标：通过本任务的案例分析和任务实训，能结合企业经营的日常生活用品和生产资料，根据市场需求变化，会分析选择适宜的定价方法和定价策略的专业能力。

任务描述

给产品制定最适合的价格是企业重要的营销活动。企业设定的价格应合理适中，价格太低，企业就无法赚取利润；价格太高，就不能产生需求。产品成本确定了价格的最低限度，消费者对产品价值的看法确定了价格的最高限度，同时考虑竞争对手的价格以及其他的外部和内部因素，以便在这两极之间找到最适合的价格，这就必须有科学的定价方法和定价技巧。

任务学习

企业定价是一项十分复杂而又技巧性较强的工作，任何企业都不能凭直觉随意定价，必须借助科学而行之有效的定价方法和定价策略。定价方法是企业确定价格实现定价目标所采用的具体方法，定价策略体现定价的技巧和艺术。本任务主要学习两项内容：一是学习企业的一般定价方法，主要包括以成本为导向、以需求为导向和以竞争为导向的定价方法；二是学习企业常用的定价策略，主要包括新产品定价、折扣和让价、心理定价、促销定价、产品组合定价等策略，形成覆盖企业产品系列的各种不同的定价结构。

一、企业定价方法

（一）成本导向定价法

成本导向定价法，就是在成本的基础上，加上一定比例的利润而构成产品基本价格的定价方法。即以产品的成本作为定价的基本依据，定价时较少考虑市场需求和竞争状况。具体包括：

1. 成本加成定价法。成本加成定价法是以产品的成本为基础，加上预期的利润，结合销售量等有关情况，确定产品的价格水平。其基本公式为：

P = 单位产品总成本 ×（1 + 加成率）

这种定价方法的关键在于确定成本加成率。一般情况下，确定成本加成率大小的主要依据是产品的性质、特点、市场供求和产品的需求弹性。通常高档消费品或生产批量较小的产品，其成本加成率可大些；一般生活必需品或生产批量大的产品，成本加成率应小一些。

成本加成定价法是企业最基本、最普遍采用的定价方法。它的优点是计算简便易行，能保证企业获得预期的利润。缺点是忽视了市场需求的变化和竞争的影响，缺乏灵活性，而且只是从卖方的角度来考虑，不一定切合实际。在产品销量与产品成本相对稳定，竞争不太激烈的情况下，可以采用。

2. 目标利润定价法。目标利润定价法也称投资收益率定价法。它是根据企业的总成本和估计的总销售量，加上按投资收益率制定的目标利润来制定价格的方法。这种方法计算价格时，先预计不同产量所发生的总成本，再加上单位产品的目标利润。其计算公式为：

P =（总成本 + 目标利润）/预计销售量

这种方法计算简便，可以保证企业实现既定的目标利润，使企业管理具有计划性，不足之处是没有考虑价格与需求之间的关系，忽略了竞争者产品的价格对企业产品销量的影响。如果在目标期内实际销量小于预期的销量，那么目标利润就很难实现。所以，这种方法适用于市场占有率较高或带有垄断性的产品。

3. 变动成本定价法。变动成本定价法又称边际成本定价法或边际贡献定价法。它是指计算价格时所依据的产品成本仅计算变动成本，而不计算固定成本，价格水平比正常定价低得多，可以刺激销量。只要价格或收益高于变动成本，企业就可获利，这部分收益弥补固定成本之后如仍有剩余，就形成企业的纯收入，否则将发生亏损。其计算公式为：

P =（总的变动成本 + 边际收益）/总产量

这种定价方法通常适用于两种情况：一是当产品积压时，企业如果坚持以总成本为基础定价，就难以为市场所接受，销售量会受到影响；二是订货不足，生产经营能力过剩，企业开工不足时，与其让厂房设备闲置，不如以变动成本定价的低价来扩大销售维持生存，同时，尽可能减少固定成本的亏损。所以在企业经营不景气、销售困难、生存比获利更重要或企业生产能力过剩时，只有降低售价才能扩大销售，就可以采用变动成本定价法。

想一想

以下情况适用于哪一种定价方法？

（1）小企业和标准化的、竞争性不强的产品；

（2）供不应求或处于市场有利地位时的产品；

（3）供过于求或处于激烈竞争的产品。

（二）需求导向定价法

需求导向定价法是以消费者对产品的价值感受和需求强度为依据来制定产品的价格。这是伴随着营销观念的更新而产生的新型的定价方法，面对商品供应的日益丰富和消费需求的不断变化，企业已经认识到，判定产品价格是否合理，最终并不取决于生产者或经销商，而是取决于消费者和用户。合理的定价，不仅使消费者获得了公平交易的满足，还应成为刺激消费者产生再次购买欲望的手段。所有这些都赋予了定价强烈的艺术性的特点，需求导向定价法正是定价艺术性的集中体现，其特点是具有较强的灵活性和适应性。具体包括以下三种定价方法：

1. 理解价值定价法。理解价值定价法又称认知价值定价法，就是根据目标顾客对商品价值的认识程度和感觉来确定价格，而不是在于产品的成本。因为消费者在购买商品时，总会在同类产品之间进行比较，选择那些既能满足其需求，又符合其支付标准的商品，当价格水平和消费者对商品价值的理解大体一致时，消费者就会顺利购买。例如，一位消费者在一小卖部喝一杯咖啡，吃一块点心要付 1.5 美元，在饭店的咖啡厅，同样的东西需 2.5 美元，如果送到饭店的房间里享受，需 5 美元，价格一级比一级高，并不是由成本的增加而导致的，而是由于附加的服务和环境气氛为产品增加了价值，消费者对产品的感受、理解不同所致。

理解价值定价法的关键是要正确地估计顾客的认知价值。如果估计过高，会导致定价过高，影响销售；如果估计过低，会导致定价过低，产品虽卖出去了，但影响收益。所以，为了加深顾客对商品价值的理解程度，提高其愿意支付的价格限度，企业在定价时，应首先搞好市场定位，突出产品特色，使消费者形成一种有利于企业的价值印象。

实 例

对市场营销中的定价策略，有人有一些不同的意见，以下所列是目前存在的一些现象：原价 20 元，现价 19.8 元，销量就会大量增加，这是自作聪明；原价 70 元，提高至 100 元，限量打 7 折销售，买的人就多，这是欺诈；超市 4 元一瓶的啤酒，酒吧要 20 元一瓶，这简直是暴利；原价 300 元的皮衣，无人问津，标价 3 000 元，却被抢购一空，这是消费者太蠢；某旅游景点突遭降温，游客被困，个别商家一包方便面售价 30 元，租一件军大衣 150 元，商家认为这是物以稀为贵，遵循的是价值规律，等等。

2. 市场可销价格倒推法。也称反向定价法，即根据市场上同类产品的价格或消费者能够接受的销售价格，估算出本产品在市场的零售价，倒推出产品的批发价和出厂价，再同成本比较，最后定出价格。其计算公式为：

$$\text{批发价} = \frac{\text{市场可销零售价}}{1 + \text{批零差率}}$$

$$\text{出厂价} = \frac{\text{市场可销批发价}}{1 + \text{进销差率}}$$

$$\text{或} \quad = \text{市场可销批发价} \times (1 - \text{进销差率})$$

市场可销价格的确定可通过主观评价、市场调查或试销评估来确定。批零差率和进销差率一般可由买卖双方共同协商，按利润合理分配，或依据一般行情来确定。这种方法比较适合批发商和零售商采用。

实　例

某品牌空调通过市场调查，了解到消费者可接受的价格为6 000元，空调零售商的经营毛利要求25%，批发商的经营毛利要求10%，采用可销价格倒推法计算出的价格如下：

零售商可接受的价格＝消费者可接受的价格×(1－25%)

＝6 000×75%＝4 500（元）

批发商可接受的价格＝零售商可接受的价格×(1－10%)

＝4 500×90%＝4 050（元）

经过计算后得知，4 050元就是空调的出厂价格，企业应据此做好成本控制。

3. 需求差异定价法。又称差别定价法，指在特定的条件下，同一产品或服务可按不同的价格出售。这种价格不一定完全反映成本的差异，而是以顾客需求差异为基础，充分体现了定价的灵活性。差别定价法有以下几种形式：

（1）因顾客而异。即对同一产品或服务，根据顾客不同的需求强度，制定不同的价格或不同的顾客在同一价格下，享受不同的配套服务。例如，对批发商和零售商采用不同的价格；有的公共交通工具对学生折让，对老人免票等。

（2）因产品形式而异。即对同一产品，根据不同式样、花色、规格等，制定不同的价格，并且这种价格上的差异与成本差异不成比例。例如，式样新颖的服装比式样陈旧的服装定价可高些；同是汗衫，普通的可能卖10元，而文化衫可以卖到18元。

（3）因时间而异。即同一种产品或服务，在不同的季节、不同的月份、不同的日子，甚至不同的钟点，制定不同的价格。例如，长途电话的收费，在白天与晚上、平时与节假日就不相同；宾馆在旅游旺季和淡季的收费标准也不相同。

（4）因地点而异。即企业为处于不同位置的产品或劳务制定不同的价格，即使它们的成本费用没有任何差异。例如，影剧院、体育场前排和后排的票价就不相同，同样的酒，商店和饭店的价格就不一样。

采取需求差异定价法，应符合下列条件：一是市场能够细分，细分后的市场相互独立，互不干扰；二是市场中高价与低价竞争者不能并存；三是价格差异适度，不致引起消费者的反感。

（三）竞争导向定价法

竞争导向定价法是以市场上相互竞争的同类产品的价格为依据，来确定自己产品的价格。具体包括：

1. 随行就市定价法。又称通行价格定价法，它是以本行业的平均价格水平或本行业中占主导地位的企业的价格水平作为定价的基础。平均价格水平往往被认为是“合理价格”，容易被市场接受。同时，企业试图与竞争对手和平相处，避免恶性价格战所产生的风险，而且这种通行价格一般也能为企业带来适度的利润。这种定价方法主要适合产品差异较小的行业，如钢材、粮食、其他原材料或高度竞争型市场。

2. 竞争价格定价法。竞争价格定价法是一种主动竞争的定价方法。指企业根据本企业的实际情况及与竞争对手的产品差异状况，以高于、低于竞争者的价格来出售产品。采用这种定价方法，首先要了解竞争对手的价格策略和方法，然后把本企业的产品与竞争对手的产品进行分析、比较，找出本企业产品所具有的优势，作为制定主动出击价格的依据，最后根据上述的竞争形势和有利条件，制定出本企业产品的价格。关键是知己知彼，随时调整，这充分体现了定价的灵活性，一般为实力雄厚或产品独具特色的企业所采用。

3. 密封投标定价法。大宗物资采购、工程项目承包、仪器设备引进、矿产能源开发等大都采用招标和投标的交易方式。投标价格是投标者根据竞争者的报价估计确定的，而不是按照自己的成本费用确定的。

投标定价法的另一种形式是拍卖定价法。它是指预先展示所出售的商品，在一定的时间和地点，按一定的规则，由买主公开叫价的方式，引导购买者报价，利用买方竞购的心理，从中选择最高价格成交。这种方法具有竞争公开、出价迅速、交易简便的特点，现仍流行于世界各地，尤其在出售文物、古董、珍品、高级艺术品、房产等商品时采用此法。

想一想

我国图书的定价属于何种定价方法？北京故宫博物院的门票，旅游淡季 60 元/人，旅游旺季 80 元/人，这采用了哪种定价方法？

二、企业定价策略

企业运用不同的定价方法确定了产品的基本价格后，还要根据市场环境、产品特点、消费心理、销售条件等，运用灵活的定价策略和技巧，对产品的基本价格进行调整和修正，以促进销售，增加盈利。定价策略多种多样，在此仅介绍企业常用的几种定价策略。

（一）新产品定价策略

新产品的定价十分重要，它对新产品能否打开市场起着重要作用。由于消费者对新产品不熟悉，因此新产品定价的自由度很大。

1. 取脂定价策略。即向市场高价投放新产品，价格远高于价值，力求在短时间内收回全部成本，并获取利润。这就像从牛奶中撇取油脂一样，所以称取脂定价或撇脂定价。

这种策略的优点：一是易于企业实现预期的利润；二是掌握市场竞争及新产品开发的主动权；三是树立高档名牌产品形象；四是便于价格调整，因为一开始的高价为后面降低价格留有充分的余地。它的不足是在高价抑制下，销路不易扩大，而且高价厚利，极易诱发竞争，使企业获得高额利润的时间比较短。

采用这种定价策略，主要是利用消费者对新产品的好奇、求新的心理动机。新产品刚上市时，竞争产品还未出现，新产品的新颖性和优越性会降低人们对价格的敏感度，而且在细分市场上，总有一些追求时尚的和标新立异、乐于接受新生事物的消费者，他们有较高的支付能力和较强的购买欲望，愿意支付高于平均水平的价格，以获得特定数量的新产品和服务。

2. 渗透定价策略。即向市场低价投放新产品，以吸引顾客，扩大销售，提高市场占有率。采用这种定价策略，主要是利用消费者求廉求实的心理，在新产品上市时，以低价刺激人们的需求，给消费者留下经济实惠的感觉和印象，取得顾客的信赖。

这种策略的优点：一是迅速打开销路，占领市场，并渗透更多的细分市场，以提高市场占有率；二是树立良好的企业形象；三是低价薄利不易诱发竞争，有效阻止新竞争者的加入，便于企业长期占领市场，实现利润最大化。例如，美国最早发明传真机，并制定了很高的价格，比美国晚两三年的日本，给传真机的定价整整比美国低40%，他们几乎一夜之间就占领了市场，美国只有一家生产少量特别产品的小传真机公司幸存下来。它的缺点是，低价销售产品，本利回收期长；企业在市场竞争中价格变动余地小，难以应付短期内骤然出现的竞争和需求的变化；低价容易使消费者产生便宜没好货的联想。

在某种情况下，渗透定价可紧随取脂定价，即企业可对新产品制定一个较高的初始价格，以吸引对价格不敏感的消费者，收回初期的投入后，就接着运用渗透定价策略，以吸引对价格敏感的消费者，并提高市场占有率。需要注意的是，渗透定价策略不是减价让利，更不是亏本经营，而是抓住时机，立足长远，以期通过市场占有率的提高和规模经济的形成来降低成本，增强市场竞争能力。

实 例

T恤服装的定价策略

在一时装专卖店，一件新的夏装T恤刚上市，专卖店定价一千多元，你虽觉得很时尚，但花上千块钱买一件中档T恤好像不值得，还是等等看吧。然而这种T恤还是被少部分崇尚潮流的年轻人买走了，专卖店从他们身上撇取了最肥美的一层油脂。经过半个月，恰逢五一假期，这种T恤进行节日优惠，打8折出售，这时又有一部分原来呈观望状态的人把它买下。终于到了季末，专卖店进行清仓甩卖，产品全部5折出售。这时，很多像你一样忍了好几个月的人终于出手了，你乐呵呵地以500元左右的低价捧回了原价上千元的T恤。但到了下一季末，这批T恤竟以2折的价钱被堆放到专卖店的门前供大家抢购。商家自然不会做亏本生意，于是你意识到，原来这些衣服卖到200元还能收回成本，你在“清仓甩卖”中淘回来的“宝贝”其实并不便宜。

3. 满意定价策略。满意定价策略是介于取脂定价和渗透定价之间的一种定价策略。企业的价格水平适中，同时兼顾厂商、中间商和消费者的利益，使各方面都能顺利接受。有的企业在竞争中处于优势地位，有条件采用取脂定价获得高额利润，但为了使各方面满意，从长计议，还是采用满意定价策略，制定一个各方面均可接受的“温和价格”，故也称君子定价策略。

这种策略制定的价格具有较大的合理性，可以避免高价带来的竞争风险，又可防止低价可能遭致的损失，保持价格稳定，按期实现企业的盈利目标。缺点是可能比较保守，会使企业丧失更大的盈利机会，不适应复杂多变或竞争激烈的市场环境。

这种策略适用的条件是：产品在市场上的供求基本平衡；竞争不太激烈，具有同种商品的一些大型企业或主要企业的价格关系协调；企业对利润的短期追求不太迫切，财务状况较好；产品的需求弹性较大，并希望维护较长时期平稳的价格。

（二）折扣和让价策略

企业为了鼓励顾客的某些行为，如提早付款，批量购买，会对基本价格进行修订，实行价格折扣和折让，以适应消费者的偏好和需求情况变动，充分体现定价的灵活性。主要有以下几种方式：

1. 现金折扣。即对按约定日期付款或提前付款的顾客给予一定的价格折扣，其目的在于鼓励顾客提前支付货款，加速资金周转，减少呆账风险。这是国际上十分流行的一种价格策略，典型的折扣条件是“2/10，net30 天”，表示付款期 30 天，如果顾客能在 10 天内付款，则给予 2% 的折扣。现金折扣率一般应高于银行同期贷款利率，否则，买主宁愿采用延期付款的方法。

2. 数量折扣。数量折扣是企业给那些大量购买某种产品的顾客的一种减价，以鼓励顾客购买更多的货物。一般来说，购买数量越大，折扣幅度越大。

数量折扣分为累计数量折扣和非累计数量折扣。累计数量折扣，即规定顾客在一定的时间内购买商品累计达到一定数量和金额时，按总量大小给予不同的折扣，其目的在于鼓励顾客经常购买本企业的产品，建立一种长期的购买合作关系。如一旅客在一年中累计乘坐飞机旅行超过 10 000 公里，每次购买机票时按基本价格结算票款，到年终，航空公司免费赠送旅客一张 2 000 公里以内的机票一张。非累计数量折扣，即按顾客每次购买产品数量和金额的多少给予不同的折扣，购买越多，折扣越大，其目的在于鼓励顾客进行一次性的大量购买，便于企业大批量地生产和销售。如购买 100 件以上按基本价格的 95% 收款，购买 200 件以上按 90% 收款。

3. 交易折扣。交易折扣又叫功能折扣，中间商折扣，它是指企业对处于不同渠道的中间商或同一渠道中不同环节的中间商，按其在渠道中所发挥的功能、承担的风险给予不同的折扣。目的在于鼓励各类中间商充分发挥其潜在功能，调动各类中间商的积极性，取得渠道最佳的使用效果。

4. 季节折扣。季节折扣又称季节差价，是企业给那些非旺季购买季节性强的商品或服务的顾客提供的一种减价，使企业的生产和销售在一年四季保持相对稳定。生产厂商利用这种折扣鼓励批发商、零售商提早进货，淡季购买，从而使自己获得资金和维持稳定的生产。例如，某些旅游景点为了在旅游淡季吸引游客，对机票或旅店房间租金打折，采用季节折扣的策略。

5. 推广让价。推广让价是指中间商替制造商进行产品促销活动时，制造商给予中间商一定的津贴。例如，零售商为制造商的产品在当地的报刊上做广告，开辟专门的橱窗陈列某制造商的产品，为制造商的产品举办展销会等，制造商应给予一定的补贴。其具体做法多种多样，可以支付一部分广告费，或在货价上给予减让，或免费供应一部分产品等。

想一想

对批发商、零售商的折扣一样吗？折让策略的实行，对中小企业来说是一种公平竞争吗？

（三）心理定价策略

企业在给产品定价时，一方面要从经济的角度考虑定价，另一方面还要根据消费者的购买动机和心理感受来制定价格。主要有以下几种：

1. 尾数定价策略。尾数定价又称奇数定价，是指对多数日用品或低档商品，在定价时保留价格尾数，以零头数来标价。如定 9.95 元，而不定 10 元，使价格与整数有一定的差额，并保留在较低一级档次。这是根据消费者求实、求廉的心理，使消费者感觉价格低廉。但它一般只适用于价格较低的产品，其尾数一般使用奇数，效果更好。

2. 整数定价策略。对一些高档耐用的消费品，特别是一些消费者不太了解的商品，消费者往往以价格高低来衡量产品质量的优劣。对这些商品，企业在定价时，合零凑整，采用整数定价，利用“一分钱一分货”和方便快速的心理，使价格上升到较高一级档次。如一台电视机标价 2500 元，而不标价 2498 元，这样反而会增加顾客的购买欲望。

3. 如意定价策略。如意定价是根据消费者追求吉利、好兆头的心理，在定价时加以适当利用的定价策略。如采用一些吉祥的数字来给产品标价，如 8、9、6 或偶数，以及 888 元（发发发）、168 元（一路发）等，往往能收到较好的效果。但要注意不同地区、不同民族有不同的方言、习俗，灵活运用这一策略。

4. 声望定价策略。企业利用消费者仰慕名牌和“价高质必优”的心理，对在消费者心目中享有声望的产品制定较高的价格，如一些名牌产品（名烟、名酒）、有名望的商店（老字号）、标志性的高级消费品（高级轿车、钻石、香水、精美瓷器、水晶、珍珠等），价格定得都较高。一方面显示商品的档次和企业的声望，另一方面又迎合了消费者的求名心理，满足较高收入消费者的需要。

5. 招徕定价策略。也称特价品定价、牺牲品定价，即企业利用消费者的求廉心理，在一定时期内，有意识地将某几种商品的价格定得特别低，以招徕顾客，借以带动和扩大其他正常价格产品的销售。现在一些超级市场和百货商店几乎天天都有“特价”“惊爆价”“减价”等商品，就是这种策略的运用。

相关链接

当企业发现其主要竞争对手以更低的价格出售相同的产品时，很自然地会倾向于也降低价格或把对手的价格压下去。虽然削价以后，看着顾客都涌向你很具诱惑性，但也存在危险。连续几轮的削价可能导致整个行业所有竞争者的利润都减少的价格战。或者更糟糕，对一件产品打折就会在顾客头脑中留下该产品便宜的印象，使销售者长期保持可观价格的能力减弱。所以，竞争对手削价时，企业如何保持其定价权利是必须认真思索的问题。

6. 习惯定价策略。有些商品在顾客心目中已经形成了一个习惯价格，符合其标准的价格就会被顺利接受，偏离其标准的价格则会引起疑惑。因此，对这类商品，企业在定价时要按照消费者已经形成的习惯心理，力求维持产品价格不变，避免价格波动带来不必要的麻烦。当必须变价时，应同时改变包装或品牌，避开习惯价格对新价格的影响，引导消费者逐步形成新的习惯价格。

（四）促销定价策略

促销定价是指企业在某些情况下临时把价格定得低于目录价格，甚至低于成本，以促进销售。促销定价的形式有：

1. 牺牲品定价。也即招徕定价或特价品定价，见前述心理定价策略。

2. 特别事件定价。企业利用某个特定的时间或场合、某种特别的节日或某些重要的社会活动日，将价格大幅度地降低，以吸引顾客，如开业庆典、周年纪念、“六一”节

“三八”节；一些商店利用寒暑假开学前的时机，降低学习用品的价格，吸引学生购买。

3. 现金回扣。有些制造商在特定的时间内向顾客提供现金回扣，以刺激他们购买本企业产品，达到清理存货的目的。

4. 心理折扣。企业开始时给产品制定很高的价格，然后大幅度降价出售。如标出“原价×××元，现价×××元”。采取这种方式，不得违反有关法规，如虚增原价、所标原价无根据或所标原价非本次降价前的售价等。

（五）产品组合定价策略

如果企业经营多种产品，而且这些产品之间存在某些关联性时，定价就应综合考虑，一般有这样几种情况：

1. 产品线定价。一个企业通常不仅销售一个产品，而是销售各种各样的系列产品，这时企业应适当地确定产品线中相关产品之间的价格差异，这就是产品线定价策略。在许多行业中，常常利用顾客对产品线系列产品形成的理解来定价。如服装商店可将男衬衫分三个档次，分别定价为15元、18.5元和24元。顾客自然会把这三种价格的衬衣分为低、中、高档，即使这三种价格都有所变化，顾客仍会按他们的习惯去购买某一档次的产品。另外，如果一条产品线上两种产品的价格差异不大，顾客就会购买性能较高的产品；反之，如果价格差异较大，顾客就会更多地购买性能较低的产品。

2. 单一价格定价。企业销售品种较多而成本悬殊不大的商品，为了方便顾客挑选和内部管理的需要，企业所销售的全部产品实行单一的价格。如一些自助餐厅，每位顾客进店用餐，不管你吃多少，只有一个价格。

3. 选择品定价。许多企业在提供主要产品的同时，还提供与主要产品密切相关、但又可独立使用的产品。如自行车的车篮、车锁，舞厅里提供的饮料，汽车上的报警器，餐厅里的酒水等。企业可将选购品的价格定得很低以吸引顾客，也可定得很高来获取利润。

想一想

顾客去饭店吃饭，除了要饭菜之外，可能还会要点酒水、饮料等，许多饭店酒水价格很高，而饭菜的价格相对较低，有的饭店却相反，你认为哪一种定价策略效果更好？

4. 附带产品定价。附带产品又叫互补产品，指必须和主要产品一起使用的产品，如照相机的胶卷、计算机的软件、刀架上的刀片、录音机的磁带等。企业往往将相关产品中的主要产品的价格定得较低，以吸引顾客，这种商品称为“引诱品”，而把与主要产品一起使用的附带产品价格定得较高，以谋取最大利润，这种商品称为“俘虏品”。一般引诱品应当使用寿命长，而俘虏品则是易耗品。当顾客以较低价买了引诱品以后，不得不以高价来买俘虏品。如把剃须刀的价格定得较低，而把配套的刀片价格定得较高。

5. 组合产品的定价。企业可以将相关产品组合在一起，为它制定一个比分别购买这些产品更低的价格，进行一揽子销售，如电脑公司把电脑硬件、软件和维修组合在一起，瓷器店把整套餐具组合在一起；世界杯足球赛出售的套票，旅游景点的参观套票等，都是典型的组合定价。采用这种方式定价时，提供的价格优惠要足以吸引原本只准备购买部分产品的顾客转而购买全套组合产品，但一定要注意不能搞硬性搭配。

6. 副产品定价。肉类加工和化工等企业在生产过程中往往会有副产品，只要买主愿意支付的价格大于企业储存和处理这些副产品的费用，就可以接受。这样，能够减少企业的支出，为主要产品制定更低的价格，增加竞争力。

案例分析

市场价格1万元的鸡肉3 000元就卖了

严某、许某系朋友关系，两人均在安徽省宿松县从事肉鸡养殖生意。王某、杨某则主要从事冷冻肉食品贸易，但两人均没有相关的经营资质。

2020年9月25日，严某、许某添加王某的微信后，共同向王某以每吨3 000余元的价格推销冷冻鸡，而当时这种鸡肉的价格在每吨1万元左右。在明知冷冻鸡肉不符合食品相关要求、远低于市场价的情况下，经双方事前联系、验货，王某先后两次从许某、严某处购买冷冻鸡肉产品。2020年10月12日，王某以每吨3 400元的价格购买17.16吨，通过银行转账支付货款5.8万余元，运输至聊城储存。2020年10月27日至11月6日，王某将其中10吨以每吨5 000余元的价格，分别销售到德州、潍坊、临沂等地。2020年10月20日，王某再次以每吨3 000元、1 000元的价格购买许某、严某冷冻鸡肉24.62吨，通过银行账户支付许某货款4.6万余元，并将该批冻鸡销售给杨某。杨某在收到货物后，明知冷冻鸡肉不符合食品相关要求，仍以每吨5 400元的价格销售给冠县某食品有限公司。经检验，这两个批次的冷冻鸡肉均为不合格产品。

问题：通过“市场价格1万元的鸡肉3 000元就卖了”的实例学习对你有什么启发？请你从营销职业道德的角度谈谈你对这种产品定价的评价？

讨论分析：

个人：每位同学根据案例资料和问题，在固定的学习本上记下自己的思考。

小组：每小组6位同学，1人为组长，1人记录，小组成员都要陈述自己的观点，讨论后形成小组意见，准备在班级交流。

全班：各组派一位代表陈述本组观点。

教师：记录各组陈述要点，最后做点评。

任务实训

体验不同企业产品的定价

1. 背景资料：调查校园内、校园附近的副食店、附近较大的超市等三家以上的商店，每个商店记录三种不同品牌商品的价格（三个商店记录的三种商品是相同的）。

要求：

（1）你从不同商店的定价中总结他们的定价方法和技巧。

（2）分析这些商店使用的是成本导向、需求导向还是竞争导向定价方法。

2. 实训目标：通过实训了解中小企业定价的一般方法和定价策略，掌握定价的基本思路、基本方法和技巧，培养同学们对常用产品定价的业务能力。

3. 实训步骤：

（1）每6位同学一组，2位同学负责走访三家商店调查了解一种商品。

（2）认真学习有关成本导向、需求导向、竞争导向定价的基本方法，学习企业定价的基本策略，搜集有关企业定价方面的典型案例。

（3）实地调查走访三家企业。两人负责记录一种相同品牌的商品在不同商店的价格（可以多记录几种商品，后选择其中一种），并详细了解不同商店的地理位置，离最近竞争者的距离，各店的目标顾客，本大类产品在该店中的比重等相关内容。

（4）将搜集到的资料，按照要求整理商品定价实训报告，各组选择最佳的方式进行展示。

（5）老师选3~5组学生的报告在班级交流，并做点评。

4. 成果评价（见表6-3）。

表6-3　不同商店商品定价调研评分表

项目（分值）	标　准	得分
调研前准备（20）	通过图书馆、网络搜集资料（5分）。三种定价方案都有典型案例（5分×3）。	
产品A定价调查（20）	每家定价方法（5分）、定价技巧（5分），从中学到的定价策略和技巧（10分）。	
产品B定价调查（20）	每家定价方法（5分）、定价技巧（5分），从中学到的定价策略和技巧（10分）。	
产品C定价调查（20）	每家定价方法（5分）、定价技巧（5分），从中学到的定价策略和技巧（10分）。	
完成实训任务表现（20）	了解各家定价方法和技巧，各家经营情况和环境说明详实，与人合作，与人交流，解决问题能力等每个小点4分。	
总成绩100分		
老师评语	签名：　　　　年　月　日	
学生意见	签名：　　　　年　月　日	

定价的艺术

任务 3
了解企业调价策略

任务学习目标

素质目标：通过本任务的学习、案例分析和任务实训，培养同学们在产品调价过程中践行营销道德、营销伦理和价格制定的法律法规意识。

知识目标：通过本任务的学习，能正确描述企业主动调整产品价格原因和策略、企业对竞争者调价的对策等陈述性知识。

能力目标：通过本任务的案例分析和任务实训，培养同学们结合实际产品与企业面对的市场情景，能准确分析企业调价的方法及原因的专业能力。

任务描述

企业制定的产品价格并不是一劳永逸的，随着市场环境的变化，需要适时地对价格进行调整。价格调整有两种情况，一是市场供求环境发生了变化，企业认为有必要变动自己产品的价格；二是竞争对手的价格有所变化，企业不得不做出相应的反应。不管哪种情况，企业可能都会对价格做出调整。

任务学习

在营销过程中，企业和竞争者都会面对不断变化的环境而调整产品价格，并可能由此引发一系列的价格竞争。企业到底应该在什么时候调整产品价格，顾客和竞争者会做出什么反应，竞争者为什么会调整价格，面对竞争者调价企业应该采取什么对策等，都是企业在调整价格时应该考虑的问题。本任务主要学习企业价格调整的原因、企业价格调整的策略、企业在产品价格调整中应注意的问题，从而使企业在主动调价和应对竞争调价中都能做出准确的判断，学会利用价格这一营销工具提升企业的经营竞争力。

一、企业价格调整的原因

企业对价格调整分主动调整和被动调整，价格调整原因也主要从这两个方面进行分析。

（一）企业主动调整价格的原因

1. 提价的原因。提高价格可能招致顾客和经销商的抱怨，并会引起企业销售人员的不满，但许多企业有时仍不得不提价。企业采取调高价格主要有四方面的原因：

（1）产品成本提高。由于原材料涨价等原因使企业成本、费用不断增加，而企业技术进步和生产效率的提高跟不上原材料价格上涨的速度，原材料价格上涨因素不能在企业内部消化时，就要考虑提价。

（2）产品过度需求。当产品供不应求，企业的生产不能满足市场需求时，采取提价策略既能促进生产经营规模的扩大，又能限制消费，促进商品供求平衡。

（3）通货膨胀。企业为了应付通货膨胀有时也不得不提高商品价格。

（4）竞争的需要。将产品价格提到同类产品之上，以树立高档产品形象。

2. 降价的原因。

（1）商品供过于求。商品出现大量积压，占用大量仓库和流动资金，从而影响生产的正常进行，为了摆脱困境，在采用其他营销策略无效的情况下，就要采用降价策略。

（2）市场占有率下降。在激烈的竞争中，企业的市场占有率逐渐降低，为了夺回失去的市场，企业采取降价策略。

（3）成本降低。由于企业成本费用比竞争者低，想通过降低价格来控制市场，或者希望通过降价提高市场占有率，从而扩大生产和销售。

（二）企业被动调整价格的原因

当竞争对手率先调整商品价格，企业随之做出反应，这种调整属于被动调价。

一般讲在同质商品市场上，如果竞争者降价，企业也要随之降价；如果竞争者提价，其他企业也可能随之提价（如果提价对整个行业有好处）。在异质商品市场上，企业对竞争者价格变动后的反应，则有较大伸缩余地。如果竞争者价格变动影响到企业的市场占有率，企业靠优化营销组合中的其他因素难以达到效果时，企业必须以完全或部分的价格变动来应对。

二、企业价格调整策略

在市场营销活动中，企业为了应对市场营销环境的变化，不得不对价格做出调整。不管是主动调整价格，还是被动调整价格，价格调整策略包括以下内容：

（一）企业提价策略

1. 直接提高产品价格。根据市场情况和竞争对手调价情况，直接提高产品的价格。但价格上涨之后，企业应表现出同情顾客的姿态而不要像个无情的价格骗子，应有一套完整的沟通计划来告诉顾客价格上涨的原因。

2. 变相提价。通常做法是产品价格不变，但减少免费项目或增加收费项目。如减少产品的折扣、减少产品的功能、服务和分量，对原先提供的某些服务，如送货与安装等单独收费，使用便宜的材料和配件做替代品，或采用廉价的包装材料等。

3. 减少价格折扣及在产品线上加入高价产品。这种方法等于在无形中提高产品的价格，使涨价不会显得那么明目张胆。

企业决定提高产品价格时，还必须考虑是一次性大幅度提价还是多次小幅度提价。对后一种方式，消费者可能更容易接受。

（二）企业降价策略

1. 直接降价。根据市场情况和竞争对手调价情况直接降低产品的价格。

2. 增加免费服务项目。在价格不变的前提下，企业通过增加免费服务项目，如送货上门，免费安装、调试等手段来变相降低价格。

3. 随产品赠送优待券或馈赠礼品，达到暗中降价的效果。

4. 维持原价，增加单位产品的含量。

5. 改进产品的性能和质量，增加折扣种类等，以此来实际降低产品价格。

降低价格可以增强企业产品的竞争能力，在一定的时期内刺激需求，增加销量。但其缺陷也不可忽视，可能会引起价格陷阱战，引起竞争对手之间的价格战，导致两败俱伤。

（三）维持原价策略

当竞争者降价幅度较小时，企业可以在保持商品原有质量基础上维持原价，因为降价时会减少利润，影响企业经营产品的形象，而保持价格不变，市场份额损失不大，必要时很容易弥补。

想一想

在提价和降价策略中，你认为明调和暗调价格哪一种效果好？

三、企业调整产品价格应注意的问题

1. 调价产品的数量。对一系列产品价格进行调整还是对某一种产品价格进行削价或提价。

2. 价格调整的方式。价格变动的方式多种多样，包括明调、暗调等。明调是对标价的直接改变，暗调是采用其他方式和营销手段与对手周旋，使实际价格发生改变，有的靠差异营销，靠技术研究与产品更新换代的优势抢占市场。

3. 价格调整的幅度。即要调整多大的价格幅度。对于竞争优势和经济实力较强的企业，可选择少次数、大幅度的变价方式；而实力较弱的企业一般采用多次数、小幅度的变价方式。

4. 价格调整的时间。何时向顾客宣布及何时正式开始执行新的价格都是调价时应该注意的问题。

5. 其他相应的营销措施。可以采用其他的营销措施，如包装或广告收费、产品质量改善、提供配套服务等。

想一想

市场的竞争应以价格竞争为主还是以非价格竞争为主？

案例分析

临期食品“白菜价”虽好　监管不能丢

“建议零售价 18.9 元的香辣海带结，特价只要 4.5 元；建议零售价 35 元的麻花礼盒装，特价只要 10.8 元；建议零售价 14.8 元的进口饼干，特价只要 5 元……”如今，在一些热门商圈或社区，以“白菜价”售卖临期食品的超市悄然走红。

对消费者而言，临期食品不是过期食品，还在厂家商家标注的保质期内，并不影响正常食用。对于超市来说，临期食品“白菜价”并不亏，能把临期食品低价处理掉，有利于避免食品滞销，同时，也避免了宝贵食品被白白浪费掉。

不过，临期食品超市的悄然走红，也有令人担忧之处。首先是食品价格的监管问题。根据我国的《价格法》，对于市场调节价，由经营者自主制定，通过市场竞争形成。对于临期食品的销售价格，虽然属于商家自愿定价的范围，但是否存在“利用虚假的或者使人误解的价格手段，诱骗消费者或者其他经营者与其进行交易”“为了排挤竞争对手或者独占市场，以低于成本的价格倾销，扰乱正常的生产经营秩序”等不正当价格行为，损害其他经营者或者消费者的合法权益，还需要有关部门跟进监督，确保价格公开公平、合法合规。其次是食品安全的监督问题。食品安全关系到公众身体健康和生命安全，《食品安全法》明确规定了各级政府和食品安全监督管理部门的监管责任，要求“食品经营者应当按照保证食品安全的要求贮存食品，定期检查库存食品，及时清理变质或者超过保质期的食品”。对于以“白菜价”出售的临期食品，应当加强监管，防止生产经营标注虚假生产日期、保质期，进而损害消费者健康。

问题：通过“临期食品‘白菜价’虽好　监管不能丢”的实例学习对你有什么启发？请你从营销职业道德角度对临期食品定价的看法？

讨论分析：

个人：每位同学根据案例资料和问题，在固定的学习本上记下自己的思考。

小组：每小组6位同学，1人为组长，1人记录，小组成员都要陈述自己的观点，讨论后形成小组意见，准备在班级交流。

全班：各组派一位代表陈述本组观点。

教师：记录各组陈述要点，最后做点评。

任务实训

体验产品调价

1. 背景资料：对你所在城市某些商品价格调整进行调查，调查的内容和具体要求如表6－4所示。

表6－4　商品调价调查表

项目		商场、商品名称	调价时机	调价幅度及方式	调价程序	调价原因
鲜活商品	调高价格的商品					
	调低价格的商品					

续表

项目		商场、商品名称	调价时机	调价幅度及方式	调价程序	调价原因
保质期短的商品	调高价格的商品					
	调低价格的商品					
季节性商品	调高价格的商品					
	调低价格的商品					
促销商品	调高价格的商品					
	调低价格的商品					

2. 实训目标：通过对不同商品调价的调研，了解商品调价的相关业务，熟悉不同类别商品的调价时机、调价幅度、调价程序、调价原因等实务知识，培养学生对商品价格调整的业务能力。

3. 实训步骤：

(1) 4位同学为一组，每两位同学负责两类商品的调查任务（各小组选择的商品不要重复）。

(2) 通过图书馆和网络，认真学习有关商品调价的基本知识、调价的基本策略，搜集企业调价方面的一些典型案例。

(3) 实地调查走访两家以上企业，向营销人员详细了解企业调价的操作过程。

(4) 将调查搜集的资料，按表6-4的要求进行整理归纳，小组讨论后形成正式的商品调价报告作业。

(5) 老师选3~5组作业在班级交流，并做点评。

4. 成果评价（见表6-5）。

表6-5　商品调价调查实训任务评分表

项目（分值）	标准	得分
调研准备（10）	通过图书馆、网络搜集资料，四个项目都有典型案例，每个案例2.5分。	
鲜活商品调研（20）	调高、调低价格各五个项目，每个项目2分。	
保质期短的商品调研（20）	调高、调低价格各五个项目，每个项目2分。	
季节性商品调研（20）	调高、调低价格各五个项目，每个项目2分。	
促销商品调研（20）	调高、调低价格各五个项目，每个项目2分。	

续表

项目（分值）	标　准	得分
调研活动中的表现（10）	调研两家以上企业，调研中与人交流、与人合作、信息处理、践行营销伦理，每个小点2分。	
总成绩100分		
老师评语	签名：　　　　年　月　日	
学生意见	签名：　　　　年　月　日	

思考与实训

1. 选择题

（1）市场需求弹性较大的商品，定价时适当（　　），可以增加总收入。

A. 提高价格　　B. 降低价格

C. 保持价格不变　　D. 先高后低

（2）新产品投放市场时制定一个较高的价格，以求在短时间内收回投资并获取利润，这是采用了（　　）策略。

A. 渗透定价　　B. 取脂定价

C. 温和定价　　D. 声望定价

（3）现在许多商场、超市经常推出“特价”“惊爆价”商品，这属于（　　）策略。

A. 现金折扣　　B. 招徕定价

C. 渗透定价　　D. 习惯定价

（4）附带产品定价时，企业往往将主要产品“引诱品”的价格定得（　　），将“俘虏品”的价格定得（　　）。

A. 较高，较低　　B. 较低，较高

C. 较高，较高　　D. 较低，较低

（5）以维持或提高市场占有率为定价目标的企业，通常为其产品制定（　　）。

A. 高价格　　B. 低价格

C. 市场价　　D. 保本价格

（6）价格调整的主要形式有（　　）两种。

A. 降价　　B. 重新定价
C. 提价　　D. 进行价格组合
(7) 为了与顾客建立长期的购买合作关系，企业应实行（　　）。
A. 累计数量折扣　　B. 非累计数量折扣
C. 季节折扣　　D. 现金折扣
(8) 所谓倾销，主要是指把产品以低于（　　）的价格进行销售。
A. 市场价格　　B. 生产成本
C. 竞争对手价格　　D. 折扣价格
(9) 竞争导向定价法具体包括（　　）。
A. 随行就市定价法　　B. 竞争价格定价法
C. 可销价格倒退法　　D. 密封投标定价法
(10) 比较稳健的定价目标是（　　）。
A. 以避免竞争为定价目标　　B. 以提高市场占有率为定价目标
C. 以维持形象为定价目标　　D. 以获取最大利润为定价目标

2. 判断题

(1) 定价既是一门科学，也是一门艺术。（　　）
(2) 要追求利润的最大化，就一定要给产品制定最高价。（　　）
(3) 价格与需求之间的关系是反比关系。（　　）
(4) 市场供求是影响产品定价的重要因素。（　　）
(5) 要想打败竞争对手，就一定要给产品定最低价。（　　）
(6) 成本导向定价法简单易行，适合所有的产品。（　　）
(7) 渗透定价就是给产品制定保本价格，最大限度地减价让利。（　　）
(8) 竞争者提价后，企业可采取的策略是保持价格不变或适当提价。（　　）
(9) 成本是产品定价的最低限度，需求是产品定价的最高限度。（　　）
(10) 为了调动各类中间商的积极性，企业应采用累计数量折扣。（　　）

3. 案例选择题

宏达汽车经销商经销各种不同规格、不同档次的小轿车。具体定价方法是：高档豪华轿车根据消费者在观念上所理解的价值来定价；中档轿车根据经济成本加30%的毛利来定价；低档轿车以本行业主要竞争者的价格为基础来定价。由于该经销商采用了不同的定价方法，使盈利水平一直处于稳定状态。

(1) 高档豪华型轿车采用的定价方法是（　　）。
A. 随行就市定价法　　B. 理解价值定价法
C. 差别定价法　　D. 成本加成定价法
(2) 中档轿车采用的定价方法是（　　）。
A. 需求导向定价法　　B. 成本加成定价法
C. 目标利润定价法　　D. 竞争导向定价法

（3）低档轿车采用的定价方法是（　　）。

A. 成本导向定价法　　B. 需求导向定价法

C. 随行就市定价法　　D. 竞争价格定价法

（4）小轿车的市场需求弹性（　　），定价时适当（　　），可以增加总收入。

A. 较小，提高价格　　B. 单一，保持价格不变

C. 较大，降低价格　　D. 较大，先高后低

（5）轿车生产厂家为了鼓励宏达汽车经销商迅速付清货款，通常会采用一种（　　）定价策略。

A. 数量折扣　　B. 现金折扣

C. 功能折扣　　D. 季节折扣

（6）给汽车的附带产品，如汽车轮胎、音响、导航、装潢等产品定价时，可以将价格定得（　　）。

A. 较高　　B. 较低

C. 中等　　D. 前三种都可以

4. 案例分析题

彩电论斤卖。

某百货大楼前，人声鼎沸，人们里三层外三层地围着一个正在转动的彩色轮盘，嘴里喊着一个数字——“25”。这可不是一个非法的赌博场所，而是百货大楼进行“彩电论斤卖”的促销活动现场。每位顾客只要先以原价买下自己选中的任何一款彩电，就可以去转动轮盘，轮盘上标着从25到85的一组单价，指针在哪个单价上停下来，商家就按这个数字的单价乘以彩电的重量来计算售价，如果超出原价，就按原价卖出，如果低于单价，商家将退还多余的钱。在一片喧闹声中，轮盘的指针在那个红色的25上停了下来，一个小伙子以580元的价格抱走了原价920元的康佳彩电。就算是运气比较差的人，也能以低于市场价一两百元的价格买到大厂家生产的品牌机。这一下让很多围观的人跃跃欲试，都想赶上这趟热闹。

问题：①这种卖彩电的做法你赞同吗？说说你的理由。

②你如何看待中国彩电、手机等产品的价格战？

7 项目七 渠道策略

案例导入

“黑米片”分销制胜

广东泰林食品有限公司是一家生产“黑米片”即冲即饮营养品的企业，产品销往全国市场。“黑米片”投入期，由于担心产品在零售市场覆盖率低，为提高分销效率，采用了双重的复式销售体系：泰林在通过各地批发商销售的同时，还利用当地有实力的大零售商场进行双渠道批发。公司的市场份额有较大幅度的提高。

经过一段时间的发展，这种模式的问题也出现了。公司突然发现市场销量开始急剧下降，经分析知道，产品在市场有了一定知名度，市场批零价格透明度增加后，这种双重销售体系的致命弱点也暴露出来。例如，兼营零售业务的批发商在获得了批零差价后同其他不设批发的零售商直接竞争，打乱了保证零售商利益的零售利润，影响零售商推销“黑米片”的积极性，批发环节也因争夺客户而降价促销，利润下滑，导致中间商们推销热情减弱。

泰林公司鉴于双渠道的诸多弊端，经研究及时改变分销战略，将全国划成几大区域，企业投资建立直销办事处。首先废除过去的双渠道销售网，在删减部分流通环节基础上，制订了一套“区域关系佣金代理”销售模式。一大批资金实力不雄厚，但代理条件相对较好的各地代理商，纷纷主动上门寻求合作。以泰林区域办事处为中心的佣金代理商们被企业定为纯粹的销售代理，他们以赚取佣金收入为主，不承担大量经销买卖风险，他们在泰林划定的区域办事处进货。在分销中，若代理的某笔生意金额超过代理商的资金能力时，他们会积极介绍客户直接向厂家办事处进货，只要是在其负责区域内或介绍下在办事处成交的订单，全都享受合同约定的佣金。

泰林的新分销战略很快取得成就，主要体现在：对各地代理商的约束力加强；产品市场价更为统一；产品市场价格更低，竞争力加强。

同时，新的佣金代理制，也因为对代理商资金实力要求低、代理商经营风险小，企业将大批有网络优势和经营热情的代理商纳入直销队伍，分销机会大增。“黑米片”的全国销量很快改降为升，市场占有率和覆盖面较双重销售体系高峰时增加近一倍。

思考： 1. 这则案例说明了什么？

2. 结合实际，谈谈培育渠道的重要性。

任务 1 认识分销渠道

分销渠道选择

任务学习目标

素质目标：通过本任务的学习、案例分析和任务实训，培养同学们在渠道运用和渠道合作中的营销道德和营销伦理的意识。

知识目标：通过本任务的学习，能正确描述分销渠道及功能、分销渠道模式、分销渠道的基本类型等陈述性知识。

能力目标：通过本任务的案例分析和任务实训，培养同学们能结合企业产品的进货渠道和销售渠道分析企业渠道结构和渠道类型的专业能力。

任务描述

产品和劳务只有到达消费者或用户手中，才是现实的商品。在市场经济条件下，产品在流通领域的这种运动，是依赖一系列的买卖活动转移其所有权来实现的，担负这一职能的就是市场分销渠道。产品只有通过一定的渠道，才能在适当的时间、地点，以适当的价格供应给广大的消费者和用户。而将生产者手中的产品运到消费者能够买得到的地点并不容易，这中间开销大，耗费时间长，所以尽管目前的商业行为更侧重于销售活动，但有效的分销仍然是提高消费者满意度和销售利润的重要因素。

任务学习

营销中最复杂最具挑战性的环节就是分销，分销是生产和消费契合的关键点。通过分销将有价值的产品带给消费者时，很少是一个企业独立完成的，大多数企业只是供应链或分销链条中的一个环节。正因为这样，分销效率不仅取决于企业自身，还有赖于整个分销过程中的渠道成员及与竞争对手的分销渠道相比是否占优势。本任务主要学习：分销渠道的性质和功能，渠道成员是如何相互合作和组织起来发挥渠道功能（分销渠道模式）的，如何选择渠道类型，培养同学们对分销渠道进行初步分析的能力，为改善渠道功能、提高分销效率和效益提出合理建议。

一、分销渠道的概念和职能

分销渠道是指产品从生产者向消费者或用户转移的过程中所经过的一整套机构或途径。在现代社会中，大部分生产企业并不是把产品直接销售给最终的消费者或用户，而是借助一系列中间商的买卖活动来实现的。所以，分销渠道的起点是生产者，终点是消费者和用户，中间环节包括批发商、零售商、代理商以及储运商等，由它们构成了产品的分销渠道，如图7－1所示。从生产者到最终的消费者和用户，任何一组相关联的市场营销机构叫作一条分销渠道。分销渠道也可理解为产品从生产领域经中间商转移到消费领域的市场营销活动。

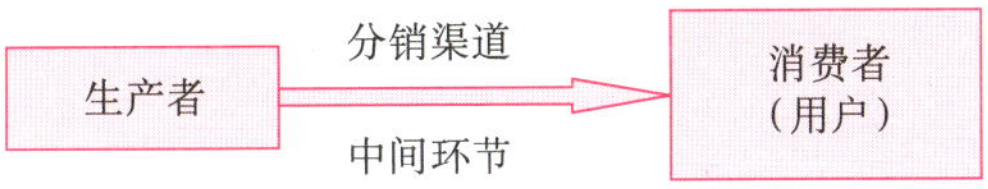

图7－1　分销渠道示意图

二、分销渠道的模式

在现实经济生活中，产品从生产领域进入消费领域有多种途径，而且不同行业、不同产品的分销渠道往往不同。

（一）消费品分销渠道模式

消费品由于其消费者的分散性，一般要经过零售环节。消费品的分销模式归纳起来有以下五种，如图7－2所示。

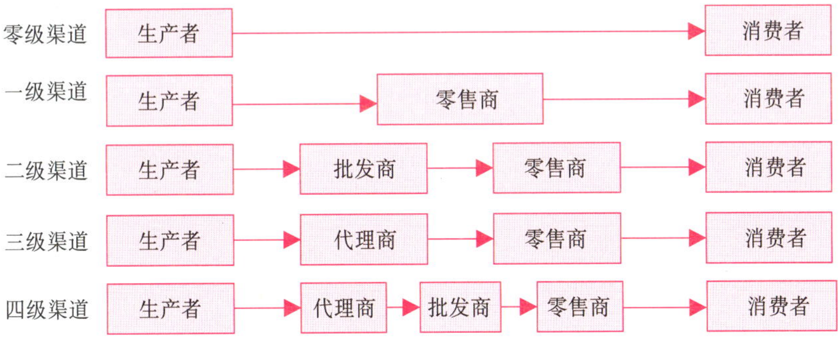

图7－2　消费品分销渠道模式示意图

（二）工业品分销渠道模式

工业品分销渠道的基本要求是环节尽量少，渠道尽量短，主要有以下几种分销模式，如图7－3所示。

从图7－2、图7－3可以归纳分销渠道的模式有以下几种：

1. 零级渠道。它是由生产者直接将产品销售给消费者或用户的一种渠道模式，如上门推销、邮寄销售、网上直销和生产者自设商店销售等。

2. 一级渠道。它包括一种类型的中间商，即只经过一个中间环节。在消费品市场通常是零售商，在工业品市场则可能是代理商或批发商。

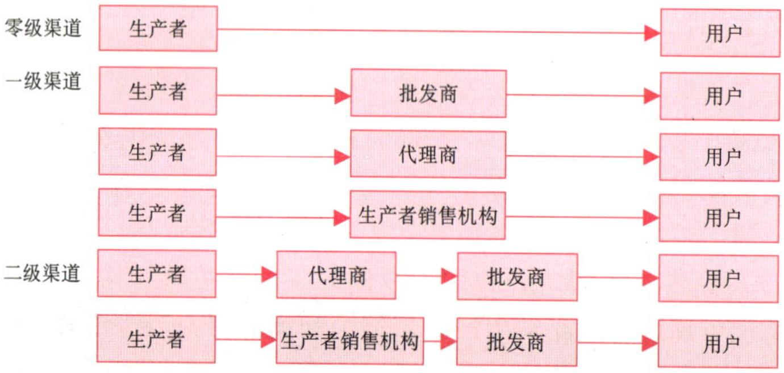

图 7－3　工业品的分销渠道示意图

3. 二级渠道。它包括两种类型的中间商，经过两个中间环节。在消费品市场通常是批发商和零售商，在工业品市场可能是代理商与批发商。

4. 三级渠道。经过三个中间环节。在消费品市场，一般是在批发商和零售商之间加入中转商，解决大量批发与零星销售之间的矛盾，或是生产者通过代理商将产品卖给批发商和零售商。

当然，还有层次环节更多的渠道模式，但不多见。因为环节越多，越难以管理，并将导致流通费用和产品售价过高、信息传递不灵等不良后果。

想一想

运输公司、仓储公司是不是渠道成员？

实　例

三只松鼠的营销渠道

三只松鼠是依赖线上电商渠道起家的互联网坚果品牌，从 2002 年成立至 2018 年就卖出了 160 多亿元坚果和零食，并且每年的销售额几乎保持翻番增长，可以说是当前中国销售规模最大的食品电商企业。

线上营销渠道。三只松鼠一直以旗舰店为主的方式在线上立足，而线上营销最大的优势就是可以快速推出一款产品并对新品进行测试；除了旗舰店以外基于微信生态圈的社交电商是线上营销的另一种渠道，线上营销可以更快、更有效率地让消费者理解商品，从而等商品一成熟便迅速推向全国。

线下营销渠道。直营连锁的三只松鼠投食店，2018 年已达到 45 家，这 45 家店可以帮助客户消费信息的回流；2B 分销渠道，这种营销方式是以零售通为代表，而且三只松鼠在零售通的业绩表现中是零食品类中的第一名；松鼠小店，这是三只松鼠的联盟店，通过这些营销渠道可以便捷地服务消费者，同时这种营销渠道是可以进行品牌展示、消费体验和互动。

三、分销渠道的基本类型

（一）按是否使用中间环节，可以分为直接渠道与间接渠道

1. 直接渠道。生产者将产品直接销售给消费者或用户，不经过中间环节，属直接渠道，也即零级渠道。直接渠道是工业品分销的主要类型，绝大多数机器设备、原材料和零件、部件都是采用直接销售的形式。在消费品市场上，也有不少商品采用了直接渠道，饮食店、糕点店大多采用直接销售方式销售自己的产品。

2. 间接渠道。在生产者与消费者或用户之间有中间机构加入，商品销售要经过一个或多个中间环节，属于间接渠道，包括一级渠道、二级渠道、三级渠道等。目前市场上绝大多数的消费品都是通过间接渠道销售给最终的消费者或用户的。中间商的介入，将起到调节产销矛盾、提高分销效率的作用。

（二）按使用中间环节的多少，可以分为长渠道与短渠道

如果有中间商加入，经过一个中间环节的，叫短渠道；经过两个或两个以上中间环节的，叫长渠道。

分销渠道的长与短只是相对而言的，仅为形式的不同而已，并不决定它们的孰优孰劣。所以渠道长短的选择，关键是要适合商品的特点，权衡利弊，“取长补短”。一般情况下，价格较高的家用电器、个人电脑、名牌服装、汽车和其他贵重商品等，可采用短渠道；绝大多数日用品、食品饮料、普通服装、小型家用电器、标准零配件等，可通过长渠道销售。

（三）按各环节使用同种类型中间商数目的多少，可以分为宽渠道与窄渠道

分销渠道的宽窄取决于渠道的每个层次（环节）中使用同种类型中间商数目的多少。如果生产者利用许多的批发商和零售商来分销产品，这种渠道就是宽渠道；反之，如果只通过很少的专业批发商推销其产品，甚至在某一地区只授权给一家中间商总经销，这种渠道就较窄或很窄。确定中间商数目时，有三种可供选择的战略：

1. 广泛分销。也称密集分销或普遍分销，是指生产者利用尽可能多的中间商销售自己的产品，使广大消费者都能及时、方便地买到所需产品。比较适合消费品中的便利品（饮料、牙膏、洗衣粉、报纸等）和工业品中的一般原材料、小五金、小工具等及不宜长期存放的商品（鲜花、水果、肉制品、鲜奶）等。

2. 选择分销。是指生产者在一定的市场区域内选择一些愿意合作且条件较好的中间商来销售自己的产品，借以提高产品形象，加强推销力度，增加商品购买率。这种策略适用于所有产品，但相对来说，对于消费品中的选购品（服装、鞋帽、家电等）和工业品中的零配件更合适。

3. 独家分销。是指生产者在一定的地区内只选择一家中间商销售自己的产品，独家买卖。通常经双方协商签订独家经营合同，规定在该地区内中间商不得再经营竞争性的产品，生产者也不得再向其他中间商供货。这种策略主要适用于特异产品（专利技术、专门用户、品牌优势等），如钢琴、轿车、钻石饰品，相当多的工业用品如钢材、化工原料、建材、机器设备等的销售采用的就是独家分销策略。

（四）按采用分销渠道的多少，可以分为单渠道系统和多渠道系统

单渠道系统是指生产者只通过一条分销渠道销售产品，多渠道系统（复式渠道或混合

渠道）是指企业对同一或不同细分市场，同时采用多条渠道的分销体系，并对每条渠道或至少对其中一条渠道拥有较大控制权。

在产品分销中，越来越多的企业乐于采用复式渠道。因为这种渠道形式能有效地扩大市场面，增加竞争力。例如，许多家电产品的分销既采用直接渠道（通过建立自己的销售机构或专卖店），又同时采用间接渠道（通过百货公司、大型家电零售连锁店、大型超市等）来销售产品。采用复式分销渠道，较单一渠道增加了企业对渠道管理控制的难度，也容易造成市场混乱，因此必须加强管理，注意协调、处理各渠道间的关系，最大限度地减少利益冲突。

想一想

Nu Skin 化妆品在进入中国市场时采用自行投资，建立自己专卖店的形式分销其产品，该企业采用的是哪一种渠道类型？

相关链接

社区 O2O 渠道：家电渠道新革命

从百货到连锁，从连锁到专卖店，再从专卖店到电商，家电零售渠道经历了数次大的变革。O2O 模式兴起被视为新的渠道革命。

创维、三星、志高等企业通过大篷车开进社区、开设社区店、建智能体验馆等方式将家电渠道社区化，社区家电 O2O 渠道开始兴起。

先是制造企业自建 O2O 渠道。创维把大篷车开进城市社区。很多城市跳广场舞的地方成为了创维大篷车的新据点。在大篷车上，消费者可以体验购买创维品牌各类家电，包括净水机、厨房家电等。值得注意的是，创维大篷车不仅售卖自有品牌产品，还成为华帝、倍轻松等其他品牌产品的售卖渠道。

空调企业志高也对这一模式表现出极大认可，志高此前已经在北京等一线城市开出名为“乐淘”家电网的社区店。消费者可以通过家中或社区店中的网络登录“乐淘家电网”，也可以到社区门店中进行体验。

后是制造企业采用与大型电商企业竞合的方式，线上线下渠道融合加速。有说法称，O2O 模式的逐步兴起，电商渠道将沦为比价系统，顾客将被社区店或者大篷车分流。大型电商渠道恐将“为他人作衣裳”。“电商和专卖店渠道之间的关系不应只是竞争，完全可以是竞合关系。”实际上，电商渠道也希望在 O2O 社区店扩张浪潮中分一杯羹。

数据显示，北上广深等一线城市的家电销售市场增速已经明显放缓，然而三四线城市以及农村市场的家电销售潜力正在被挖掘。京东提出渠道下沉计划，“京东帮服务店”就是渠道下沉计划的主要载体。“这个策略就是要把物流和安装售后等服务通过与制造企业专卖店合作的方式直接复制到农村，我们是以县为单位，一个县一个京东帮服务店。”

未来，一二线城市和农村市场的家电社区 O2O 店面“出处不同”。城市市场的 O2O 店面通过创维推出的大篷车或者三星的体验店模式实现。对于三四线城市和农村市场，各大企业的专卖店将扮演重要角色。

案例分析

新兴力量崛起 后疫情时期零售渠道结构裂变加剧

全球监测和数据分析公司尼尔森IQ公布的最新研究显示，后疫情时期新零售趋势兴起，零售行业渠道结构的裂变在加剧。邻里商店和O2O、社区团购、传统渠道的现代化将给品牌商带来新的发展机遇。

尼尔森IQ数据显示，线上渠道推动快消品整体增长，线下渠道出现复苏。2021年第一季度快消品全渠道销售额增长8.5%，大幅高于上一季度的3.4%。“中国是全球经济复苏信心和趋势最为强劲的市场，消费在拉动经济复苏中起到了重要作用，而其中零售和快消品又贡献了四成的消费。”新冠肺炎疫情之下，零售市场格局经历了深刻调整，企业创新步伐加快，新商业模式、新渠道不断涌现，中国的快消品市场从未像现在这样充满变化及活力。

在线上线下渠道实现全面增长的同时，后疫情时期，零售渠道结构裂变加剧，数字消费正在重塑零售市场格局。

消费者选择新兴渠道的原因各有不同，但产品的丰富多样性是电商、O2O和社区团购的消费者共同关注的因素。此外，消费者选择社区团购更多的是因为其促销力度大、价格有优势。目前中国电商形成了综合电商占比78%、微信小程序占比14%、垂直电商占比4%、O2O新零售占比和社交内容电商占比分别为2%的五大模式主导的新格局。而新冠肺炎疫情发生后，社交内容电商、O2O新零售、品牌和零售商自有的微信小程序正成为快速崛起的三股新兴力量。

在新兴渠道中，O2O目前所占份额虽然仅为2%，渠道重要性较低，但发展前景可观。

从用户来看，O2O整体偏向更具消费潜力的年轻人群。在O2O的女性用户中有78%在40岁以下，男性用户中有75%在40岁以下。从品类来看，生鲜在O2O渠道的渗透率最高，2020年下半年达到59%。除生鲜外，多个品类在O2O渠道也占据较高的渗透率，如食品和饮料渗透率为33%、家庭清洁用品为20%、个护和家庭必需品分别为18%和17%、母婴类为12%、酒类为10%。此外，O2O渠道整体品类格局集中度较高，在60个快消品类中，前20%的品类占到了O2O整体销售额的90%。

新冠肺炎疫情同时加速推进了O2O渠道下社区团购的增长，并促使社区团购从上线城市向下线城市渗透，主要用户群体以女性为主，并横跨中青年人群。社区团购以促销、低价为主要优势，主要依托微信小程序运营，依靠社区店的强大触达能力履约，品类以蔬果为主。不同城市购物者选择社区团购的原因各异，一线和二线城市的购物者更多因为价格实惠和提货方便；三线城市购物者则更多关注产品多样性。

问题：通过“新兴力量崛起 后疫情时期零售渠道结构裂变加剧”实例学习对你有什么启发？请你从市场营销渠道角度谈谈你的看法？

讨论分析：

个人：每位同学根据案例资料和问题，在固定的学习本上记下自己的思考。

小组：每小组6位同学，1人为组长，1人记录，小组成员都要陈述自己的观点，讨论后形成小组意见，准备在班级交流。

全班：各组派一位代表陈述本组观点。

教师：记录各组陈述要点，最后做点评。

任务实训

调查产品分销渠道

1. 背景资料：

选择两件你购买过的或最喜欢的商品，到经销店调查了解，从生产地到销售地，中间的分销渠道涉及了哪些环节？

2. 实训目标：通过调查了解，加深对渠道模式和类型的认识，加深对分销渠道本质以及在商品销售活动中的作用的理解，提高合理选择利用渠道的认知能力。

3. 实训步骤：

（1）由每个同学单独完成该实训任务。

（2）根据自己选定的两件商品（不同大类），走访经销商，向营销人员了解该产品从生产地到销售地经过了哪些环节，经过了哪些分销步骤。详细说明商品每一次位移的空间变化，借助了什么运输工具，增加了什么费用，价格发生了什么变化。

（3）将调查搜集的资料分商品，按分销环节和步骤的先后顺序进行详细说明和分析，形成分销渠道实训报告。可与同学交流，修改完善。

（4）老师选3~5个同学在班级交流，可由学生点评，老师最后做总结。

4. 成果评价（见表7-1）。

表7-1　分销渠道实训评分表

项目（分值）	标　准	得分
调查前准备（10）	搜集资料、整理典型案例，每小点5分。	
商品（1）（40）	调查商店名称，商品经过的环节，借助了什么运输工具，增加了什么费用，价格发生了什么变化，每小点8分。	
商品（2）（40）	调查商店名称，商品经过的环节，借助了什么运输工具，增加了什么费用，价格发生了什么变化，每小点8分。	
调查过程中表现（10）	调查中与人合作、与人交流、分析解决问题能力、自我学习能力，每小点2.5分。	
总成绩100分		
老师评语	签名：　　　　年　月　日	
学生意见	签名：　　　　年　月　日	

任务 2
熟悉分销渠道的选择与管理

任务学习目标

素质目标：通过本任务的学习、案例分析和任务实训，培养同学们在渠道管理和调整的过程中践行管理规范和营销职业道德的意识。

知识目标：通过本任务的学习，能正确描述分销渠道的选择、分销渠道管理和分销渠道的调整优化等陈述性知识。

能力目标：通过本任务的案例分析和任务实训，培养同学们根据实际情况会分析影响营销渠道功能发挥的因素，提出对营销渠道管理的一些合理化建议的专业能力。

任务描述

产品或劳务从生产者到达消费者的分销过程中，许多企业、活动和人员都被牵涉其中。分销活动中究竟要牵涉多少企业、涉及多少活动和人员，是由每个企业自己决定的，这就是分销渠道的决策问题。企业的分销渠道决策直接影响到企业其他方面的营销决策。每种渠道都会带来不同水平的成本和收益，到达的目标顾客及细分市场也不同。企业必须选择适合自己的合作伙伴，认真组织和管理分销系统，努力使分销系统中的企业相互理解、相互合作，协调目标和行动，协同起来实现渠道的整体目标，更加有效地服务和满足目标市场顾客的需求。

任务学习

分销渠道的选择与管理是企业分销渠道决策的核心。分销渠道设计合理、选择得当，能使产品更快地到达消费者手中；分销渠道管理到位，能规范市场销售秩序。所以企业在选择合作伙伴时应该对每个渠道成员的资格进行评价，选择那些最适合渠道目标的渠道成员。对于选中的渠道成员必须不断地加以激励，使其出色地完成任务。所以，在对分销渠道有基本的认识和了解后，就要对如何选择分销渠道，如何管理分销渠道和评价分销渠道成员，如何调整分销渠道等内容进行学习。

一、分销渠道的基本策略及选择

（一）分销渠道的基本策略

在分销渠道的决策中，企业要对产品采用渠道的类型、渠道的长度、渠道的宽度、渠道的多少进行正确的选择。结合前述分销渠道的类型，可以把分销渠道的基本策略归纳为三种：

直接渠道与间接渠道策略；长渠道与短渠道策略；宽渠道与窄渠道策略。

（二）分销渠道策略的选择

企业在选择分销渠道时，会受到各种因素的影响和制约。影响分销渠道选择的因素有：

1. 产品因素。

（1）产品的单价。单价较高的产品，可以使用较短渠道或直接渠道销售，而单价较低的产品，则应采用较长较宽的渠道。

（2）产品的体积和重量。对体大量重的产品，可采用较短渠道，避免环节过多增加装卸搬运次数，如机床设备、大型变电设施、起重机等。绝大多数体小量轻的产品可采用较长渠道，广泛分销，扩大市场面。

（3）产品的自然属性。对于一些保质期短、易腐烂变质的产品（如水果、蔬菜、食品等）、易碎产品（如玻璃制品、瓷器、塑料制品等），必须采取较短渠道，保证产品能够尽快地到达消费者手中；反之，则可选择长渠道。

（4）产品的技术性和服务要求。对于技术复杂、售后服务要求高的产品，应选择短且窄的渠道，也可由企业直接销售，如专用汽车、飞机、精密仪器等。对于那些通用性强、服务要求低、标准化产品的销售，则可采用长而宽的渠道。

（5）产品的时尚性和季节性。式样变化快、流行性强、季节性明显的产品，如高档玩具、时装、家具，宜采用短而宽的渠道；款式不易变化的产品，渠道可长些。

（6）产品的生命周期阶段。投入期的新产品，销售难度大，中间商经销的积极性不高，可采用较短、较窄的销售渠道，有些情况下只能由厂家直销；进入成长期和成熟期的产品，则可采用长且宽的渠道。

2. 市场因素。

（1）目标市场范围的大小。市场范围大，潜在的购买者多，可采用长而宽的渠道；反之，市场范围小，潜在购买者少，可由生产者直接供应用户。

（2）顾客的集中程度。如果市场上消费者和用户比较集中，可采用直接渠道、短渠道；消费者和用户分布广阔，宜选择长渠道、宽渠道。

（3）顾客的购买习惯。对顾客购买次数频繁，但每次购买数量少的产品，应使用长且宽的渠道；对不经常购买、数量大、服务多的产品，可采用短渠道、窄渠道。另外，针对年轻人、高收入阶层愿意到名店购买名牌产品的习惯，名牌产品尤其像名牌服装、名牌家电，可采用设立专卖店或由名店销售的方式，销售渠道呈现短且窄的特征。对消费者购买时不太在意品牌，讲求购买方便的产品，可以利用较多的中间商，即采用长且宽的渠道。

（4）竞争者所使用的销售渠道类型。通常情况下，企业应与同类竞争的产品采用相同或相似的渠道。但如果竞争者已经控制了某些销售渠道时，企业就要另辟销售渠道，避免与强手正面争夺市场。

3. 企业自身因素。

（1）企业的规模和实力。如果企业规模大，资本实力雄厚，信誉良好，控制渠道的能力就较强，可以自由地选择分销渠道，既可直接销售或选择较短的渠道，也可选择固定中间商经销其产品；而那些规模小、资金有限、缺乏实力的企业，只能依赖中间商扩大销售。

（2）企业的管理能力和经验。企业具有较强的营销能力和经验，可以直接销售自己的产品，因而渠道可短些，否则只有选择较长的渠道。

（3）企业控制渠道的愿望。有些企业为了有效地控制渠道，宁愿花费较大的直销费用，承担全部的市场风险，建立短而窄的渠道；也有一些企业可能并不希望控制渠道，则可采用长而宽的渠道。

（4）企业的产品组合情况。如果企业的产品组合比较深、比较宽，可以选择较短的渠道，直接向零售商销售；反之，则要选择较长的渠道。

4. 外界环境因素。

（1）经济形势。经济繁荣时，市场需求旺盛，企业可以选择最合适的渠道来进行销售；而当经济衰退时，市场需求下降，通货紧缩，这时企业应尽量减少不必要的流通环节，采用较短的渠道，以控制最终产品的价格。

（2）国家的有关法规。在市场经济中，政府已经放开对绝大多数商品的管制，这些商品的销售渠道完全由企业决定；而对极少数关系国计民生的重要商品的销售，还要受到有关法规的限制，需要根据有关政策法规的规定选用相应的销售渠道。

想一想

为了提高分销效率，使货畅其流，物尽其用，应该尽量减少中间环节，渠道能短则短。这句话对吗？

二、分销渠道的管理与调整

企业在选择确定分销渠道并付诸实施后，还应对渠道进行管理。渠道管理包括选择渠道成员、激励渠道成员、评估渠道成员，必要时还要对渠道进行整改和对渠道成员进行调整。

（一）分销渠道管理

1. 选择渠道成员。渠道成员是指参与商品流通的各类中间商，选择渠道成员亦即选择中间商。选用哪些中间商来构建产品的分销渠道是极重要的，因为这些中间商的销售能力直接关系到渠道的分销功能，对中间商的选择也是对风险的选择。选择中间商一般应考虑以下因素：

（1）中间商的地理位置和市场覆盖面。应当是最接近目标市场，顾客方便光顾的地方。中间商拥有的销售网点越多，覆盖面越大，销售能力就越强，开拓市场的潜力就越大。

（2）中间商的经济实力。经济实力强的中间商通常能够及时地返还货款，加速企业资金流动，有时还可以对企业提供财务方面的支持。同时资本实力也是其经营实力的标志之一，他们通常能采用先进的商业技术和销售方式，市场营销能力和管理能力也会加强。

（3）中间商的经营能力和管理水平。这是指中间商的市场覆盖面，业务人员的素质，目前经营的景气程度，未来的销售增长潜力，提供服务的能力，以及在成本、利润、库存控制、运输、资金融通、促销配合等方面的管理水平及其稳定性，它直接关系到产品在市场上的长远利益。

（4）中间商的信誉。信誉是企业的无价之宝，因而在选择中间商时，应对其同业口碑、履约率、资信状况、知名度进行认真审查，选择信誉度好、营销道德水平高的中间商。

（5）合作的意愿。选择中间商，应该选择具有强烈的合作愿望和动机，愿意推销本企业产品的中间商，如果没有合作的意愿和诚意，勉为其难，有可能要付出昂贵的激励成本，或者分销渠道不尽如人意。

（6）与公众、政府及顾客的关系。中间商不仅要和生产者打交道，而且要获得公众、政府的支持和包容，获得顾客的欢迎。因此，良好的公众关系、政府关系、顾客关系是一个中间商生存和发展的重要条件，也是选择中间商的一个重要条件。

依据以上这些标准，找到初步合作的中间商后，应对其进行论证和筛选，筛选的最好方法是与之面对面晤谈。当找到合适的中间商后，双方就可签订销售协议书。

相关链接

一位渠道管理者的坦言

中间商并非由制造商所营造的链条中被雇佣的一个环节，而是一个独立的市场。经过一些实践，他们确定了自己的经营方式，执行了那些在他们认为要达到的目标所不可缺少的职能，形成自己的政策，无论怎样他们都有这样做的自由。

中间商经常要担当顾客的购买代理人，其次才是担当他们的供应商的销售代理。他们对任何有希望能从他们那里购买产品的顾客都会感兴趣。

2. 激励渠道成员。选择中间商以后，生产者要不断地给予激励，以促使他们提高经营水平，扩大产品的销售。

生产者与中间商是相互依存、相互合作的关系，但同时又具有各自独立的经济利益。中间商首先是顾客的采购代理，然后才是生产者的销售代理，只有顾客愿意购买的商品，中间商才有兴趣经营，而且，多数中间商对其经营的产品组合具有较强的灵活性，不愿死心塌地地依附于生产企业，除非给予特殊的刺激。因此，要发挥渠道成员的积极性，就必须对渠道成员进行有效的管理，制定出一套完整、准确、清晰和行之有效的激励政策与措施，以激励中间商出色地完成任务。这些激励措施包括：

（1）销售权与专营权政策。主要从销售区域、授权期限、分销规模（生产占有率等方面的规定）、违约处理等方面加以规定，目的是限定中间商的销售区域和规定分销规模，防止出现窜货，同时也要确保中间商一定范围内的专营权。生产者要根据市场需求不断开发新产品，提高产品适销率，从根本上为中间商创造良好的销售基础。

（2）促销支持政策。企业应协助中间商开展各种促销活动，如共同开展宣传，共同承担广告费用，邮寄宣传品，布置店堂，提供广告和推广等。中间商在销售产品时，都希望或要求给予足够力度的促销支持，很多企业在招募和选择中间商时，往往也承诺给中间商以促销支持。

（3）扶持中间商政策。生产厂商可以经常向中间商提供培训、维修、商业咨询、资金等方面的服务和帮助。一是向中间商提供必要的资金支持或使用优惠的付款方式。二是向中间商提供信息情报及有关服务。三是协助中间商开展经营活动，如帮助中间商培训维修人员；辅导推销工作，包括顾客管理、推销实务培训、广告促销技巧、区域性公共关系活动；市场需求调查等。

（4）奖励政策。奖励政策分很多种，如资金奖励和精神奖励等。资金奖励是给中间商尽可能丰厚的利益和佣金，提供融资的方便，设立商品促销奖，给予合作奖、回款奖、返利奖和年终奖励等。精神奖励包括赠送礼品或纪念品，发给奖牌，在制造商媒体和地方报纸上亮相，地位提升，邀请出国观光等。在实际操作时，严格执行，不要拖泥带水。

（5）价格折扣。为了激励中间商，企业可根据不同的情况给予不同的价格折扣。但在确定价格折扣时必须慎重，因为中间商对产品的价格及各种折扣都非常敏感。一般来说，相同的渠道之间的价格政策必须统一，不同的渠道之间的价格不要差别太大。如果给不同的中间商的价格差异较大，就会严重挫伤他们的积极性，还有可能会导致渠道之间的冲突。

（6）与中间商结成长期的伙伴关系。生产者要注意与中间商之间的长期配合，考虑彼此的基本利益需要，建立互助的合作关系，在长期的合作中，互惠互利，利益均沾，共谋发展。

实 例

空调的分销渠道模式

你使用什么品牌的空调？是在哪里买的呢？你可能会说："从国美电器专卖店买的。"那么，你想过在国美电器专卖店买不同品牌的空调有什么不一样吗？

美的空调的分销模式是批发商带动零售商。美的厂家销售人员分销给批发商—批发商再分销到国美电器专卖店（零售商）—专卖店促销人员销售给消费者。海尔空调的分销模式是以零售为主导。海尔厂家销售人员分销给国美电器专卖店（零售商）—国美电器专卖店中的海尔促销人员销售给消费者。格力空调的分销模式是格力厂家与代理商服从制。志高空调的分销模式是区域总代理制。

3. 评估渠道成员。企业应定期对渠道成员的工作绩效进行评估。评估的主要内容有中间商的履约率、资信状况、合作态度、销售指标完成情况、平均存货水平、向顾客交货的速度、对损坏和遗失商品的处理、促销方面的合作、货款回收情况、为顾客提供的服务等。

评估的目的在于掌握销售动态，及时发现问题。一方面，对绩效好的中间商给予一定的奖励，必要时可淘汰一部分中间商；另一方面，可对企业现有的分销渠道进行必要的调整，使之更趋合理。

（二）分销渠道的调整优化

随着消费者或用户购买方式的变化、市场的扩大、产品进入生命周期的新阶段、新的竞争者的出现等，企业应对分销渠道进行必要的调整，以适应市场的需要。事实上，几乎所有成功的企业都没有采取一贯制的分销模式。渠道调整一般分为三种方式：

1. 增减某些渠道成员。这是渠道改进和调整的最低层次。当某个中间商经营不善且影响到整个分销渠道时，企业应考虑对该中间商进行调整和改进，并在适当的时候，增加能力较强的中间商。在做出这种调整决策时，需要做具体分析，如增加或减少某个中间商，将会对公司的利润带来何种影响，在某一销售地区增加一家批发商，对公司有多大的直接收益，对其他批发商的销售量、成本与情绪会带来什么影响等。

2. 增减某些分销渠道。这是分销渠道改进和调整的较高层次。当某些市场的营销环境、市场需求或顾客的购买能力都发生了很大变化时，生产者原有的分销渠道不能有效地将产品送达目标顾客或只依靠原有的分销渠道不能满足目标顾客的需求时，生产者应考虑对某些分销渠道进行改进和调整。

3. 变更整个分销渠道。这是分销渠道改进和调整的最高层次。企业对以前所选择的分销渠道做较大规模的改进，甚至完全废弃原有的分销渠道，重新设计和组建新的分销渠道系统，而且可能迫使企业改变其营销组合和营销政策。对企业来说，它是最为困难、也是最为复杂的渠道调整改进决策，应周密安排，慎重从事，权衡利弊，对可能出现的后果进行预测。

上述调整方式，前一种属于结构性调整，立足于增加或减少原有分销渠道的某些中间层次。后两种属于功能性调整，立足于将一条或多条渠道的分销工作在渠道成员中重新分配。

想一想

（1）某化妆品公司发现其经销商只注意成人市场而忽视儿童市场，引起儿童护肤产品的销路不畅。为了促进儿童化妆品市场的开发，应如何对渠道进行调整？

（2）某汽车制造厂放弃原来的直销模式，而采用通过代理商推销的方式。这属于结构性调整还是功能性调整？

案例分析

江小白和雪花啤酒

雪花啤酒当时在成都是非常有渠道基础的，有 200 多家的一二级经销商，10 个亿的大盘子，市场占有率在 75% 以上，每一家网点，许多 AB 类的优质网点的老板和雪花啤酒的经销商多多少少都有着千丝万缕的关系。而江小白的产品和雪花啤酒正好是反季节互补的产品，啤酒的销售旺季是在 10 月以前，而江小白的产品是 10 月以后，那么江小白就干了一件事情，把雪花啤酒的渠道给拿下，而且对对方来说没有任何损失，因为产品互补，还可以让渠道方在淡季的时候有一个利润的填补，当然商家是非常愿意的。通过江小白团队的努力，搞定了 30% 左右的雪花啤酒的渠道，这样江小白就成功进入了成都的市场。

问题：通过“江小白和雪花啤酒”的案例学习对你有什么启发？请你从营销渠道策略角度谈谈你的看法？

讨论分析：

个人：每位同学根据案例资料和问题，在固定的学习本上记下自己的思考。

小组：每小组 6 位同学，1 人为组长，1 人记录，小组成员都要陈述自己的观点，讨论后形成小组意见，准备在班级交流。

全班：各组派一位代表陈述本组观点。

教师：记录各组陈述要点，最后做点评。

任务实训

调查企业分销渠道

1. 背景资料：调查两家代理商，两家物流公司，既要了解代理商对物流企业的建议和意见，也要了解物流企业对代理商的建议和意见，根据调查了解的信息和资料，提出对改善渠道合作关系、建立高效渠道合作关系的建议。

2. 实训目标：通过调查代理商和物流公司，实际了解在分销渠道中存在的问题，有利于加深渠道管理对销售的作用，体会渠道管理中涉及的伦理道德问题，培养同学们完善渠道管理的积极性和主动性。

3. 实训步骤：

(1) 每5个人一组，实地调查两家代理商，两家物流公司。

(2) 从图书馆和网络中搜集渠道成员合作关系良好和关系不协调的案例，为实地调查做准备。

(3) 通过代理商，主要了解他们对物流企业的建议和意见以及自身还有哪些不协调因素，影响与渠道成员的合作；通过物流企业，主要了解他们对代理商的建议和意见以及他们自身还有哪些不协调因素影响。

(4) 在了解双方建议和意见的基础上，进行分析讨论，形成本小组对“改善渠道合作关系，建立高效渠道合作关系”的实训作业（可以其中一家代理商为例进行分析，然后提出建议）。

(5) 老师选3~5组的作业在班级交流，老师做点评。

4. 成果评价（见表7-2）。

表7-2　营销渠道调查评分表

项目（分值）	标　准	得分
调查前准备（15）	搜集典型案例3例，每个5分。	
对代理商调查（35）	调查企业2家（5分），搜集意见，提出建议，也有自身问题分析，每小点5分。	
对物流公司调查（35）	调查企业2家（5分），搜集意见，提出建议，也有自身问题分析，每小点5分。	
调查过程中表现（15）	调查中与人交流、信息处理、解决问题方面的表现，每小点5分。	
总成绩100分		
老师评语	签名：　　　　年　月　日	
学生意见	签名：　　　　年　月　日	

任务3
了解中间商

任务学习目标

素质目标：通过本任务的学习、案例分析和任务实训，培养同学们在选择中间商的过程中践行管理规范和营销职业道德的意识。

知识目标：通过本任务的学习，能正确描述批发商、零售商职能、类型等陈述性知识。

能力目标：通过本任务的案例分析和任务实训，培养同学们根据实际情况会分析影响中间商功能发挥的因素，提出对中间商选择和管理的一些合理化建议的专业能力。

任务描述

产品的分销渠道是由不同类型的中间商构成的，这里主要探讨零售和批发两个环节。对于零售我们并不陌生，因为每天我们都会接受大大小小、各式各样的零售商提供的服务。尽管零售商不开发产品，但他们负责选择能够招揽消费者的产品种类以及销售地点、制定价格、策划促销活动。他们为消费者购买商品时和购买商品后提供信息和服务。在分销渠道所有成员中，零售商直接与消费者接触，因此，他们扮演着十分重要的角色。批发商在分销渠道中也发挥着重要的作用，在产品或服务从生产者转移至最终消费者或用户的过程中，批发商完成了购买、销售、运输、储存以及财务管理等几项特定的分销活动。由此可知，不同的中间商有不同的类型和职能，认知和了解他们有利于企业选择恰当的中间商，从而加速商品的流通过程。

任务学习

中间商是介于生产者与消费者之间，专门从事商品流通活动的经济组织或个人。中间商可以有多种分类方式，按其是否拥有商品所有权，可分为经销商和代理商。经销商是从事商品流通业务，并拥有商品所有权的中间商；代理商是指从事商品交易业务，接受生产企业委托，但不具有商品所有权的中间商。按在流通过程中所起的作用不同，中间商可分为批发商和零售商。本任务主要是学习零售商和批发商的特点、职能，并了解其为了适应市场和技术的快速发展，零售业和批发业正在发生哪些变化。

一、批发商

（一）批发商的概念及经营特征

批发商是指专门从事成批商品买卖活动，为转售或生产加工，进行批购和批销的中间商。批发商在经营方式上表现为大批量购买和大批量销售，经营的结果并不改变商品性质，只是实现商品在时间和地点上的转移，达到销售的目的。

与零售商相比，批发商的交易对象主要是生产商、零售商或下一层次批发商；流通过程中处于中间环节；交易中反映的主要是工商企业间、商业企业间的经济关系；交易次数少，批量较大。批发商在媒介商品交换的过程中发挥着独特的作用。

（二）批发商的职能

批发商构成商品流通的大动脉，是连接生产企业和零售企业的纽带。在满足市场需求、调节商品供求等方面发挥着蓄水池的作用。

1. 开拓市场与产品推介。批发商通过其营销人员的业务活动，可以将生产者产品有效地推广介绍给众多小客户，从而起到开拓市场、促进产品销售的作用。

2. 集中采购与分装配货。即通过采购把分散在各地的企业的商品集中起来，再经过初步加工、整理、挑选、分级、编配和包装等活动，分散供应给零售企业和生产用户。

3. 整买零卖与沟通产销。批发商可以整批地买进货物，再根据零售商的需要批发出去，从而降低零售商的进货成本，并成为生产者与更低一级批发商、零售商的桥梁与纽带。

4. 仓储服务与货物运输。批发商在货物从储存到出售中，起到桥梁和纽带作用，从而降低供应商和顾客的存放成本和风险。由于批发商一般在仓库储存与货物运输方面具有专业的设备与人员，而且一般距零售商较近，可以很快地将货物送到顾客手中。

5. 融通资金与分担风险。批发商可以向客户提供信用条件和融资服务，促进产品销售，加快商品销售及周转速度；另外，如果批发商能够提前订货或准时付款也就等于是为制造商提供融资服务，可以加快资本周转速度，提高企业再生产能力；批发商在分销过程中，由于拥有货物所有权，故可以分担失窃、损坏或滞销等各种风险。

6. 信息咨询与终端服务。批发商可向其供应商提供有关买主的市场信息，如竞争对手的活动、新产品的出现、价格剧烈变动等；批发商还可以帮助零售商培训推销人员，布置商店以及建立会计和存货系统，从而提高零售商的经营效益。

（三）批发商的类型

1. 商人批发商。也称独立批发商，是指自己进货，取得商品所有权的批发商，这是批发商的主要类型。按照所提供的服务差别，又可细分为以下两种：

（1）完全服务批发商。能执行批发商的全部职能，如保存货物、提供信贷、运送货物、协助管理等服务。具体又分为：① 综合批发商。经销商品种类繁多，花色齐全，通常单店规模较大。②专业批发商。通常只经营一条或两条产品线，但花色品种齐全，如药品批发商、五金批发商等，单店规模相对较大。③工业品配销商。主要向制造商销售零件、部件以及生产用辅助材料，而不是向零售商销售产品。

（2）有限服务批发商。只提供一部分服务的批发商，以减少成本费用，降低批发价格。又可分为：① 现购自运批发商。大多以小型零售商为服务对象，收付现金，一般不负责送货。② 货车贩运批发商。以上门批发为特色，销售产品线极为有限，承担销售和送货职能。③ 承销批发商。这类批发商只有营业场所，不设仓库，根据客户订单，与生产厂商联系，直接运送给客户，主要经营煤炭、木材、重型设备等大宗商品。④ 邮购批发商。将产品目录邮寄给城乡零售商店、企业和机关团体顾客，然后按收到的订单交送订货。

2. 代理批发商。代理批发商简称代理商，是指在产品流通过程中，不拥有产品所有权的批发商。主要功能是代表买方或卖方在市场上从事营销活动，负责寻找顾客，代表委托者与顾客洽谈、代销、代购、代存、代运业务。代理商按其与生产者之间业务购销联系的紧密程度，又可分为厂家代理商、销售代理商、采购代理商、经纪人、寄售代理商等。

相关链接

诚征代理

我公司是××市批准认定的高科技企业，专业生产制造各类液晶显示屏，播放录像、电视、动画的效果清晰，技术国内外领先。

现诚征国内外代理，本公司信誉好、让利高，是您成功的最佳选择。欢迎您成为本公司的代理商。

××市×××电子科技有限公司

地址：××市××路××楼

电话 ××××××××

传真：××

邮编：××

联系人：×××

3. 生产商及零售商的分店和销售办事处。具体包括：（1）销售分店和销售办事处。这是生产厂商设立的组织批发销售业务的机构，其目的是改进自己的存货控制、销售和促销业务。（2）采购办事处。这是大型零售商在一些中心市场设立的采购与批发销售机构，兼有采购和批发的功能。

4. 其他批发商。主要指零售企业兼营的批发业务部门和存在于某些特殊经济部门的专业批发商、专业批发市场等。

想一想

厂商代理商和销售代理商主要的区别是什么？

当前，随着科学技术的发展，尤其是以计算机为基础的信息技术的广泛应用，给传统的流通结构、流通方式带来了巨大的冲击，对传统的批发业提出了极大的挑战。所以，批发商应及时了解和掌握新技术、新产品的动态，与时俱进，提高市场竞争能力。

二、零售商

（一）零售商的概念和经营特征

零售商是指向最终消费者提供日常生活所需的商品和服务的机构和组织。商品经过零售环节，最终进入消费领域，实现了社会生产目的，实现了商品价值，保证了社会再生产的顺利进行。零售是商品交换的一种类型，相对于其他交易类型，具有以下三个特征：

1. 交易对象是最终的消费者。他们是为了个人和家庭生活而购买和消费的。

2. 交易活动零星频繁。零售商整批购进商品，然后零星分散地把商品销售出去，一般营业时间长，交易次数多，交易也频繁。

3. 处于商品流通的最后环节。商品经过零售以后，最终进入消费领域，商品变成了消费品，满足了消费者的消费需求。

（二）零售商的职能

1. 批量购进，零散销售。解决供求数量矛盾。

2. 了解市场，反馈信息。承担市场调查与求购信息反馈双重职能。

3. 咨询服务，担保信用。解决购销双方信息不对称的矛盾。

4. 采购配货，保障供应。解决生产地分散与消费地集中的矛盾。

5. 预测市场，储备货物。解决供求时间不协调的矛盾。

6. 运输储存，送货上门。解决生产者与消费者地域空间的矛盾。

7. 广设网点，便利购销。解决生产者与消费者数量需求不对称的矛盾。

（三）零售商的类型

1. 百货商店。或称百货大楼、百货公司，是指规模较大，经营范围广泛，种类繁多，规格齐全，并可为顾客提供优良设施和服务的综合性零售商店。它的基本特征是各类商品分部门经营管理，有专人负责进货和实施管理，一般设在城市商业群中心或交通中心。目前，由于新的零售形式的不断发展，使百货公司这一传统的零售销售受到严峻的挑战。

2. 专业商店。是指专业化程度较高，专门经营某一类商品或某一类商品中的某种商品的零售商。这类零售商经营的商品范围较窄，但经营的商品花色品种较为齐全，如服装店、书店、花店、电器城、家具店等。由于社会分工的纵深发展，市场细分化，近年来拥有品种丰富、档次齐全的系列化商品的专业商店得到迅速发展。

3. 超级市场。指以自我服务、低价销售为特征的零售机构。目前超级市场规模越来越大，设施越来越齐全，是竞争力比较强的一种零售方式。

4. 方便商店。即便利店，是指设在居民区附近的小型商店，营业时间较长，商品主要是日用品，方便顾客购买，但它的销售价格较高。便利店已成为人们生活中不可缺少的一种零售形式。

实 例

新零售变革

20 年前，凡是主动拥抱大卖场、便利店等现代零售，主动寻求与现代零售合作的品牌商，都获得了快速发展；凡是抵触、远离现代零售的品牌商，可能都消失了。今天，凡是主动适应、拥抱、参与新零售的品牌必将获得新的一轮发展机遇，凡是抵触、远离新零售的品牌商可能会消失。

不要把新零售与电商平台划等号，也不要把新零售与传统零售企业划等号。电商企业、零售企业都在积极创新新零售，但是这些创新都是新零售创新大潮中的一种有价值的创新。

目前，新零售变革的主要方向之一就是提升传统零售效率。主要围绕四个方向：

一是技术改变零售效率。采取数字化、移动化、智能化技术手段，改变传统零售效率。目前阿里、苏宁、京东等一些企业都在做这方面的努力。

二是全渠道改变零售效率。主要就是推动全渠道的融合，把传统的线下零售与传统的线上零售更好地结合起来，创新出一些更有效率的零售形式。

三是业态创新改变零售效率。主要是创新一些距离消费者更近、更便利的零售形式，社区店、小业态、O2O 等一些模式，以及借助当前的移动社交平台，创新社群、社交零售新零售模式。

四是从理念上改变零售效率。主要是改变传统快消品成本高、效率低的严重问题，把快消品回归本质，“好东西不贵”，让消费者花该花的钱，买到好东西，不要再让消费者再去为广告费、渠道费用、营销费用过多地买单。

5. 折扣商店。是自助式、低价销售商品的零售方式。其突出特点是以比一般商店明显低的价格销售商品，店址一般设在租金低廉的地区，设施尽可能少，销售对象以中低收入者为主。折扣商店所经营的商品均是合格品，而且突出销售有一定知名度的商品，以说明价格低廉并不是商品质量低下。目前折扣商店向经营专用品方向发展，如折扣书店、折扣体育用品商店等。

6. 仓储商店。是指集仓储、批发、零售于一体的自选商场。这种商场形似仓库，不搞豪华装修，采用开放式货架陈列商品。通过减少中间环节，节约装修和运输费用，为顾客提供价廉物美的商品，达到以低价大量销售商品的目的。

7. 产品陈列式推销商店。这种商店是产品目录和折扣商店的合二为一，即向顾客散发彩色印刷的产品目录，在目录中，标明每项商品的价格和折扣价。一般销售种类多、有商标的商品，如珠宝饰品、照相器材等。这种形式已成为西方零售业中最热门的形式之一。

8. 购物中心。是指由大商店和小店铺组成的商场。由于购物中心内设有不同行业的店铺，经营各种各样的商品和服务，有停车场，有餐饮服务，甚至设有大型娱乐场所，所以具有商品品种齐全，服务多样化，能满足一次购买所需商品和购物、餐饮、休闲、娱乐同时进行的优势。

9. 无店铺零售商。根据商品信息沟通的方式不同，无店铺零售商可分为：

（1）邮购公司。它指通过报纸或杂志广告，介绍商品并接受顾客汇款订货和销售的零售商，使顾客在家中也能购物。

（2）网上商店。它指通过企业网站或网页，向顾客推荐和介绍商品，利用电话、电子邮件和手机 APP 等方式接受顾客订货，然后通过物流配送系统送货上门。目前专门的网上商店交易量大增。

（3）直销公司。它是以推销人员上门推销为主来销售商品的零售商。

（4）自动售货机。自动售货是指使用硬币自动售货，自动售货机一般设置在人流量较高的交通要道，以及车站、码头、机场、影院等场所。自动售货机的成本很高，其所售商品价格比一般商店高 20% 左右。

想一想

自动售货这种零售形式，适合在我国大力发展吗？为什么？

案例分析

国美线上与线下双渠道融合布新局

20××年 3 月 5 日，国美宣布将在本月 9 日启动第四届国美“黑色星期五”，国美将牵手酒类、家电类、美妆类等千余家品牌商让利消费者，并借助多渠道拉动消费。

据了解，国美与品牌商的互动将不仅仅局限于线下的价格战，更会注重提升消费者的体验感。消费者在购买冰箱等电器后，国美将提供远程安装、安装支架、高空作业等十余项售后服务。国美零售总裁王俊洲称，在实体商业中，后服务市场需要具备强交互的能力，促进产品与消费者之间的互动，这也促使企业需要搭建信息化平台。

在新零售不断驱动之下，实体店面的价值正逐渐回归，互联网是门店改造和升级的技术，实体门店也可以互联网化，线上与线下是消费者产生消费行为时的渠道选择，而实际上双渠道已经下沉到门店，互联网技术在不断升级和驱动。为打通双渠道，国美的实体门店已经实现运营一体化，线上与线下的采购能力也在逐渐实现一体化。

问题：通过“国美线上与线下双渠道融合布新局”的案例学习，对你有什么启发？请你从零售渠道变化谈谈你的看法？

讨论分析：

个人：每位同学根据案例资料和问题，在固定的学习本上记下自己的思考。

小组：每小组 6 位同学，1 人为组长，1 人记录，小组成员都要陈述自己的观点，讨论后形成小组意见，准备在班级交流。

全班：各组派一位代表陈述本组观点。

教师：记录各组陈述要点，最后做点评。

任务实训

体验零售商经营

1. 背景资料：

（1）列出你最近常光顾的两家零售商店，每个零售商店销售何种产品？是什么原因使你决定购买该店的产品？

（2）到互联网上浏览一下，选择两家网店，看都卖些什么商品？与附近的实体店比较，你喜欢网上购物还是去实体店购买，为什么？

2. 实训目标：通过调查实体店与网店，实地了解他们各自的商品经营特点、营销特点，加深对零售业的认识与了解，培养同学们热爱零售业，投身零售业的职业取向。

3. 实训步骤：

（1）每组4人，负责两家实体店、两家网店调查，两人一组分头调查。

（2）从图书馆和网络搜集有关零售业的相关资料，为实地调查做好准备。

（3）汇总交流调查情况，讨论分析后把结果填入表7－3中。

表7－3　零售企业调研信息汇总表

企业名称		经营商品大类	主要的营销措施	吸引你购买原因分析
实体店	1.			
	2.			
网店	1.			
	2.			

（4）选择3个小组在班级交流，班级其他同学可做补充，最后老师做点评。

4. 成果评价（见表7－4）。

表7－4　零售企业经营情况调研评分表

项目（分值）	标　准	得分
调查前准备（15）	搜集零售业相关知识资料、搜集实体店和网店典型案例各1个，每小点5分。	
实体店1调查（20）	实体店情况说明、经营商品大类说明、主要经营措施、吸引你购买的原因分析，每小点5分。	
实体店2调查（20）	实体店情况说明、经营商品大类说明、主要经营措施、吸引你购买的原因分析，每小点5分。	
网店1调查（15）	网店经营大类商品说明、主要经营措施、吸引你购买的原因分析，每小点5分。	
网店2调查（15）	网店经营大类商品说明、主要经营措施、吸引你购买的原因分析，每小点5分。	

续表

项目（分值）	标　　准	得分
调查中表现（15）	调研中与人合作、与人交流、解决问题、信息处理、笃行职业道德的表现，每小点3分。	
总成绩100分		
老师评语	签名：　　　　年　月　日	
学生意见	签名：　　　　年　月　日	

思考与实训

1. 选择题

（1）下列产品中，最适合采用广泛分销策略的是（　　）。

A. 电视机　　B. 高档家具

C. 可口可乐　　D. 精工牌手表

（2）如果某公司建立的一级销售渠道属于宽渠道，一定是因为（　　）。

A. 存在多个代理商　　B. 存在多个批发商

C. 存在多个零售商　　D. 存在多个消费者

（3）按是否经过中间环节，分销渠道可分为（　　）。

A. 直接渠道和间接渠道　　B. 长渠道和短渠道

C. 宽渠道和窄渠道　　D. 多渠道与少渠道

（4）（　　）俗称掮客，主要作用是为买卖双方牵线搭桥，协助谈判，促成买卖。

A. 批发商　　B. 代理商

C. 经纪人　　D. 经销商

（5）下列产品最适宜选择短渠道的是（　　）。

A. 机器设备　　B. 时装

C. 玻璃制品　　D. 食品

（6）在目前市场规则不甚完善的情况下，选择中间商考虑（　　）因素十分重要。

A. 经营能力　　B. 资金状况

C. 信用状况　　D. 合作意愿

（7）消费品中的便利品和工业品中的标准件、通用小工具等多采用（　　）。

A. 直接分销　　B. 广泛分销
C. 选择分销　　D. 密集分销
(8) 渠道成员包括（　　）。
A. 批发商　　B. 零售商
C. 代理商　　D. 制造商
(9) 分销渠道的管理，主要包括（　　）。
A. 选择渠道成员　　B. 激励渠道成员
C. 增减渠道成员　　D. 评估渠道成员

2. 判断题

(1) 分销渠道就是由不同类型的中间商构成的。（　　）
(2) 企业选择两种或两种以上的渠道来销售产品，这采用了广泛分销策略。（　　）
(3) 长渠道是指在同一环节层次上选择两个或两个以上的中间商销售产品。（　　）
(4) 分销渠道模式和策略的选择是渠道决策的核心。（　　）
(5) 没有中间商介入的分销渠道，称为一级分销渠道。（　　）
(6) 最窄的渠道模式是独家分销，最宽的渠道模式是密集分销，最长的渠道模式是三级渠道，最短的渠道模式是一级渠道。（　　）
(7) 专业商店经营的产品项目较少，但花色品种齐全。（　　）
(8) 购物中心是迄今为止最完美的一种零售形式。（　　）
(9) 直销就是直接销售，传销也应属于直销的一种。（　　）
(10) 易腐烂的产品、鲜活产品通常选择短渠道和窄渠道。（　　）

3. 案例选择题

深圳香雪兰公司在全国洗发水市场调研的基础上，为其新产品“美乐”洗发水制定了以下分销渠道策略。

第一，到二级城市争市场。“美乐”洗发水要想占领尽可能大的市场，在没有大量资金投入做后盾的情况下，直接进入一级市场无疑收效甚微，而且一级市场有众多名牌产品，很容易形成对新产品的围攻。因此要先行进入二级市场，寻找地市级经销商。因为二级城市具有人口多、覆盖面广、周边辐射能力强的特点，是城市与农村的连接点，占有“近可攻城市，远可退农村”的地理优势。

第二，选择成长型代理公司。“美乐”洗发水属于新产品，市场基础薄弱，知名度较低，要想有效介入市场，需寻找既接受自己（愿意经销），又能提升自己（积极推广）的经销商。通过分析比较，公司认为成长型代理公司更符合“美乐”洗发水的市场要求。

第三，零售点定位于中小型商场及超市。零售网络是产品直接面对目标消费群的纽带，由中小型商场、超市的经营特点可以看出，“美乐”洗发水销售，中小型商场、超市是良好选择。

第四，为了提高中间商的热情，公司推出一系列激励措施：分销技能培训；销售人员培训；设定销售目标、奖励政策；广告宣传支持（增强经销商信心）；售点广告支持（增强经销商信心）；参与市场反馈信息的分析（及时应对市场变化）；参与维护营销网络（掌握市场控制主动权，巩固市场销售基础）；参与促销活动的策划、奖励业绩突出者（鼓励经销商积极性，提高销售热情）。

(1) 公司无法进军一级城市是受（　　）因素影响。

A. 市场　　B. 企业

C. 中间商　　D. 产品

(2) 公司选择成长型代理商的原因包括（　　）。

A. 产品是新产品，知名度低　　B. 公司财务能力有限，控制力弱

C. 成长型代理商进取心强，合作意愿强　　D. 日用品需要宽分销渠道

(3) 公司实行宽渠道，受（　　）因素影响。

A. 产品　　B. 市场

C. 购买行为　　D. 企业控制力

(4) 公司为代理商提供分销技能培训、销售人员培训，属于（　　）。

A. 渠道成员功能调整　　B. 渠道成员素质调整

C. 渠道成员数量调整　　D. 个别分销渠道调整

(5) 公司对代理商的直接激励包括（　　）。

A. 分销技能、销售人员培训　　B. 设定销售目标、奖励政策

C. 广告支持，促销活动管理　　D. 帮助代理商维护客户网络

(6) 如果“美乐”洗发水处于市场投入期，应倾向于建立（　　）模式。

A. 直接渠道　　B. 间接渠道

C. 短渠道　　D. 宽渠道

4. 案例分析题

李先生原来是当地一家有名的服装厂的设计师，因为与老板意见不合而离职。李先生认为对自己新潮服装有很强的设计能力（过去他设计的多套新款服装销路都不错），便决定自己做老板。他拿出多年积蓄创办自己的服装厂，并打算在销售渠道方面大胆创新，推出服装邮购销售方式。但对于如何组织商品销售，他是一个外行。而对于自己的构思的可行性如何，他更是心中无底。

问题：① 李先生的服装厂是否适合采用邮购销售方式？

② 如果可以采用的话，李先生应当抓住哪些环节来保障商品销售顺畅？

③ 除了邮购方式，你认为李先生的服装还可采用什么分销模式？

项目八

8 促销策略

案例导入

一千万广告费给公交公司后

两个开发商，一个在城东十里开发圆梦花园，一个在城西开发凤凰山庄。城东的聘请了最好的设计师，使用了一流的施工队，城西的也是如此。

一年后，总投资十个亿的圆梦花园建成了。60 栋楼房环湖排列，波光倒影，清新雅静，曲径回廊，处处花草，置身其中，真如在花园中一般。不久，凤凰山庄也竣工了，它真像一座山庄，60 栋楼房依山而筑，青砖碧瓦，绿树掩映，清风徐徐，松涛鸟鸣，确实是理想的居住地。

圆梦花园首先在电视上打出广告，接着是报纸和电台，他们打算投资 1 000 万元做宣传，让圆梦花园成为购房者真正圆梦的地方。凤凰山庄建好后，也拿出 1 000 万元，不过它没有交给广告公司，而是给了公交公司，让他们把跑西线的车由每半小时一班增加到每 5 分钟一班。一个月后，凤凰山庄售出的房是圆梦花园的 10 倍。一年过后，凤凰山庄开始清盘，圆梦花园开始降价。

现在去凤凰山庄的车每 2 分钟就有一班，坐这条线路上车的人们可以得到一张如花园门票大小的彩色车票，它的正面是凤凰山庄的广告，反面是一首四言绝句，这种车票每周一换。据说，凤凰山庄有个孩子在车上背了 400 多首唐诗，最少的也背了 50 多首。

前不久，圆梦花园申请破产，凤凰山庄借势收购。从此，本市又多了一条车票上印有宋词的线路。

思考： 1. 这则案例说明了什么？

2. 结合实际，谈谈还有哪些新奇的广告媒体？

任务 1 认识促销组合

促价和促销组合

任务学习目标

素质目标：通过本任务的学习、案例分析和任务实训，培养同学们在促销活动过程中践行促销营销道德和营销伦理的意识。

知识目标：通过本任务的学习，能正确描述促销、促销组合及影响因素，促销预算的确定等陈述性知识。

能力目标：通过本任务的案例分析和任务实训，提升同学们依据企业经营实际和促销要素提出制定基本促销组合意见和建议的专业能力。

任务描述

现代市场营销所要求的，不仅是开发优质的产品、制定合理的价格、建立高效率的分销网络系统，仅有这三项活动还不能给企业带来足够的销售收入和利润。因为可能还有许多潜在的消费者和用户由于信息不畅通极少进行购买。为了进行卓有成效的市场营销活动，企业还必须制定行之有效的促销策略。促销的实质在于信息沟通，通过各种促销组合活动，制定促销策略，使消费者对企业及产品产生兴趣，进而进行购买活动。

任务学习

促销是营销策略组合工具中的最后一项，但促销不是一个独立的工具，相反，它是几种工具的组合，在整合营销传播的框架下，较为理想的状态是，企业应认真地协调全部的促销手段，以便对公司及产品的宣传能令人信服，目标始终如一。本任务我们学习促销、促销组合和促销策略，影响促销组合的决策因素，形成对促销和促销组合的全面认知。

一、促销的含义

促销即促进销售，是指企业通过人员和非人员的方式，把企业的商品、服务等信息传递给消费者，从而达到刺激需求、促成购买、扩大销售目的的全部活动的总称。促销是任何企业营销计划中的重要因素，它可以使企业树立良好形象，增加销售，使渠道成员产生合作感，给消费者提供售后服务，以及开展其他活动等。理解这一概念时应注意以下几点：

1. 促销的实质——沟通和传递信息。信息沟通是企业进行促销活动的基本要求。通过促销活动，首先将商品或劳务的信息传递给各种可能的消费者，才能进行深层次的说服工作。

2. 促销的方式——人员推销和非人员推销。人员推销是企业派出推销人员与顾客进行面对面的洽谈，直接说服顾客购买。非人员推销是借助一定的媒体来传递产品或服务的信息，从而激发消费者的购买欲望，具体包括广告、营业推广、公共关系等手段。

3. 促销的目的——促成和推动销售量的扩大。促销不仅是传递信息，更重要的是引发消费者的兴趣，促使其采取购买行动。但是，促销只是一种辅助手段，其本身并不能取代销售的功能。

想一想

2016年9月上线的“抖音”是一个专注年轻人音乐短视频社区平台。上线之后迅速窜红，引起了大家的关注。抖音的出现对企业来说是利多还是弊多？企业应该怎样面对这个新鲜事物？

相关链接

星期天报纸中夹了一张插页，里面有一张购买某商场商品10元的优惠券。某网上书店给你寄来了一封电子邮件，上面说如果你再花35元购买书籍，就可以享受70%的折扣。超市中货架的尽头摆放了一面墙大小的可乐饮料，刺激人们购买。一位学生购买了一部联想笔记本电脑，得到了免费手提箱，五金连锁店接到通知，要是同意在当地报纸上为某品牌电动工具做宣传的话，就可以得到10%的回扣。促销是用以刺激更快、更强烈的市场反应的手段。

二、促销组合及促销策略

（一）促销组合

促销的方式包括人员推销和非人员推销两类，非人员推销又具体分为广告宣传、营业推广、公共关系三种具体方式，把这些方式结合在一起，就是促销组合，如图8－1所示。

促销方式
- 人员推销
  - 推销员
  - 售货员
  - 销售服务人员
- 非人员推销
  - 广告宣传
  - 营业推广
  - 公共关系

（以上六项合称：促销组合）

图8－1　促销方式组合示意图

促销组合，就是指企业在促销活动中，根据产品的特点和营销目标，综合各种影响因素，将人员推销、广告、营业推广、公共关系四种促销方式有机地结合起来综合运用，形成一个完整的最佳的促销方案，以便实现更好的整体促销效果。

在这四种促销方式中，人员推销最根本的特点是推销员“人的表现”，着眼于信息的双向沟通和情感交流，这是人员促销的主要原因；广告促销的最主要原因是“告知”，这是促销组合的主力；营业推广最主要的特点是与日常营业活动紧密结合，催化交易活动，产生短期效益；公共关系促销最主要的原因是“关系好”“形象好”“人缘好”，追求的是远期效益。

实 例

短视频营销

短视频行业发展十分迅速，短短几年就实现了从兴起到爆发的转变，成为继微博、微信之后社会化营销的下一个趋势。近年来，互联网开始了全民创业的浪潮，短视频也受到了很多人的欢迎。目前，全国短视频创业人数数量巨大，有几十万的内容创业者。短视频比较火热的原因之一在于消费者注意力的转移。视频消费的主流——“90后”和“00后”，是在互联网的环境下成长起来的，他们已经成为网络主流用户。短视频的时间短、内容幽默风趣，特别是年轻人制作的带有恶搞性质的搞笑类视频，都会有很高的点击量，从而形成大批量的粉丝。如今，快消、体育、时尚、美妆、旅游等和用户接触很直接的行业都特别钟情于短视频营销。

（二）促销策略

促销策略根据促销合力形成的总体方向，可以划分为推式促销与拉式促销两种类型。

1. 推式促销。推式促销是指上游企业直接针对下游企业或目标顾客开展的促销活动。活动过程主要是运用人员推销、营业推广手段，把产品从制造商推向批发商，再由批发商推向零售商，最后由零售商推向最终消费者，如图8－2所示。

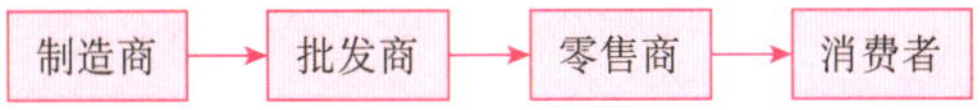

图8－2 推式促销策略

采用这一策略的企业，通常有完美的促销队伍，或者产品质量可靠，声誉较高。这种促销策略的促销对象一般是中间商，它要求促销人员针对不同的销售对象采取不同的促销方法和技巧。

2. 拉式促销。拉式促销主要是指制造商直接针对最终消费者施加促销影响，以扩大产品或品牌的知名度，刺激消费者的购买欲望，进而产生购买行为，如图8－3所示。

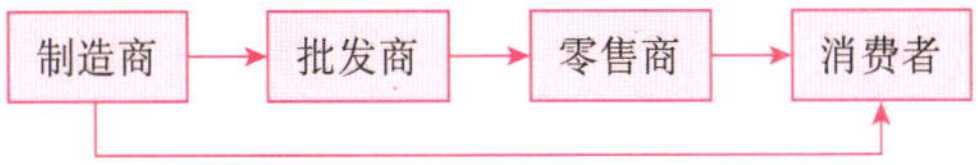

图8－3 拉式促销策略

拉式促销策略一般以广告宣传、公共关系为主要手段，通过创意新、高投入、大规模的广告宣传，直接诱发消费者的购买欲望，由消费者向零售商、零售商向批发商、批发商向制造商采购，由下游至上游层层拉动以实现产品销售。运用这种策略的企业一般具有较强的经济实力，能够承担起昂贵的广告和公关费用。单位价值较低的日用品、流通环节较多或流通渠道长的产品、市场范围较广或市场需求较大的产品常采用这种策略。

三、影响促销组合决策的因素

以上各种促销方式各具特点，企业若要制定一套行之有效的促销组合策略，应考虑以下几方面的因素。

（一）促销目标

企业发展的不同阶段有不同的促销目标，特定的促销目标往往对促销方式有较为明确的条件要求和制约，从而限制了促销方式的选择范围。当以提高知名度和塑造良好形象为主要目标时，就应以公共关系和广告为主；当以销售商品为主要目标时，公共关系是基础，广告是重点，人员推销是前提，营业推广是关键。

（二）促销产品的特点

不同的产品有不同的用途，满足不同消费者的需求需要不同的促销组合。一般来说，生产资料商品具有技术专用性强、价格高、批量大等特点，购买时一般要经过复杂的研究、审批手续等，应以人员推销为主，配合公共关系和营业推广，而广告相对使用较少；消费品主要供应个人和家庭生活之用，涉及面广，销量大，常常以广告促销为主，辅之以公共关系和营业推广，人员推销相对较少。

（三）目标市场的特点

不同的市场类型对促销方式有不同的需求。规模相对集中的市场，人员推销是重点；规模大、范围广且分散的市场则应多采用广告、公共关系和营业推广。对个人和家庭消费则以广告、促销为主，辅之以营业推广；对组织用户、集团消费应以人员推销为主，辅之以公共关系和广告；对中间商则宜以人员推销为主，并配合营业推广。当然，企业还要根据自身与竞争对手的实力分析和比较，选择针锋相对的促销方式或避其锋芒的促销组合。

（四）产品生命周期的阶段

在产品生命周期的不同阶段，有不同的促销目标，这就决定了在不同阶段要有不同的促销策略。一般而言，在投入期，企业的促销目标是让消费者认识和了解产品，因此需要广告宣传，辅之以人员推销和营业推广；在成长期，由于产品销量迅速增长，竞争对手介入，企业的促销目标是进一步开发消费者的购买兴趣，激发其购买行为，因此要注意宣传企业产品的特色，使消费者逐渐对企业产品产生偏好；在成熟期，竞争对手增多，企业的促销目标是增加消费者对产品的信任感，保持市场占有率，因此企业应多采用公共关系宣传手段来提高企业和产品的声誉；在衰退期，企业的促销目标是使一些老顾客继续使用本产品，因此宜采用营业推广手段，辅之以公共关系和提示性广告。上述策略如表 8－1 所示。

表 8－1　产品生命周期不同阶段的促销组合

产品生命周期	促销重点	促销组合
投入期	认识与了解产品	广告宣传、人员推销、产品形象
成长期	提高知名度、形成偏好	广告宣传、公共关系
成熟期	保持竞争优势、继续扩大市场	广告宣传、公共关系、营业推广
衰退期	维持信任、提醒购买	营业推广为主、辅以广告宣传
整个周期	树立形象	公共关系

（五）促销时间与促销渠道的选择

任何商品都有销售时机和非销售时机。显然，在销售时机（如销售旺季、流行期、特别事件和节假日等）应当掀起促销高潮，一般要以广告、营业推广为重点；而在平时则应以公共关系和人员推销为主。从渠道选择方面看，如果企业以间接渠道为主来分销商品，则应以广告、公共关系为主，为中间商创造有利的销售环境，再配合对中间商的营业推广，充分调动其积极性；如果企业以直接分销渠道的销售方式为主，则应重点采取公共关系、人员推销和营业推广。

（六）促销费用

企业开展促销活动，必须支付一定的促销费用，有的促销方式费用较高，而有的较低。企业市场营销费用究竟有多少用于促销，这往往是对促销方式选择的一种硬约束。一般来说，企业选择促销方式，要根据自身的资金水平，同时也要考虑最佳效益。

想一想

企业以提高企业形象或以增进市场占有率为促销目标时，各应采取什么促销组合策略？

案例分析

喜茶

大部分人都听说过喜茶。从营销者创业者的角度上，喜茶的成功，无疑是一个非常值得借鉴参考的例子。

喜茶如今在北上广等一线城市不断向外扩张，最火的时候20~30元的奶茶被黄牛炒到了70~80元。目前开了63家，都是直营店，日销量4000杯，比七家星巴克营业额的总和只多不少。如此火爆的一个品牌，是靠什么走红的？

秘诀就两个字：排队

喜茶的每杯饮品售价在25~35元，相对于其他奶茶店，这个售价要高出很多，所以选的地址，都在年轻人较多、有白领办公区以及娱乐场所等高消费区。

那么如何推广品牌呢？最常用、也最好用的营销招数是：饥饿营销，也就是排队。喜茶斥巨资2000万元雇人排队。排的队够长，排队的时间持续的最持久，当人们开始议论其真实性的时候，就说明它红了。且现在网络太发达，网红、网络自媒体都来验证它的真实性，其实也是变相的推广。

然而其中还有第二点就是从众性，当你知道周边的朋友都在排喜茶，喜茶有很多人在排队的时候，你也会不自觉地排排队。喜茶把排队做成了一个文化。

作为某一线城市居民在第一个月想法：这什么玩意儿？第二个月：我听说过，一定是托儿。第五个月：喜茶！买一个尝尝。为什么会有这种心理变化？

因为我没想到队能排到第五个月，开始我一口咬定一定是托儿，到第五个月的时候已经不能够再质疑我的想法。喜茶的成功点就在于它让人们排队够长够久，打破了人们的固有观念。这就是一种创新。

问题：通过“喜茶”营销成功的案例学习对你有什么启发？请你从促销的角度谈谈你的看法？

讨论分析：

个人：每位同学根据案例资料和问题，在固定的学习本上记下自己的思考。

小组：每小组6位同学，1人为组长，1人记录，小组成员都要陈述自己的观点，讨论后形成小组意见，准备在班级交流。

全班：各组派一位代表陈述本组观点。

教师：记录各组陈述要点，最后做点评。

任务实训

“感受促销”

1. 背景资料：根据表8-2列出的三类商品：服装、鞋子、洗涤用品，结合你个人的购买体验完成表中要求的内容。

表8-2　个人购买产品信息汇总表

品名	选择什么牌子的？	为什么会选择这个牌子的？	是在搞促销活动吗？	这是你熟悉的牌子吗？你是怎么了解的？	你平时购买商品主要从什么渠道获得信息？	你平时购买商品最相信什么样促销工具传递的信息？
服装						
鞋子						
洗涤用品						

2. 实训目标：通过购买三类不同商品体验的总结分析，理解企业促销工具的运用，督促同学们认识和了解一些商品，加深对促销及促销组合的认知，培养同学们掌握和运用促销的相关知识、正确选择促销工具和促销方式的能力。

3. 实训步骤：

（1）每个同学单独完成任务，如果个人体验无法回忆，也可向你所熟悉的朋友亲戚了解，根据他们的体验如实记录。

（2）填写好基本内容后，征求周围同学意见，以便修改完善。

（3）选择3~5名同学的记录在班级交流，其他同学可提建议，老师做点评。

4. 成果评价（见表 8 –3）。

表 8 –3　　个人购买商品体验成果评价表

项目（分值）	标　准	得分
购买服装体验（35）	6 项内容每项 5 分，文字表述准确清楚 5 分。	
购买鞋子体验（35）	6 项内容每项 5 分，文字表述准确清楚 5 分。	
购买洗涤用品体验（30）	6 项内容每项 5 分。	
总成绩 100 分		
老师评语	签名：　　　　年　月　日	
学生意见	签名：　　　　年　月　日	

任务 2
熟悉人员推销策略

帮客户算每天多少钱

任务学习目标

素质目标：通过本任务的学习、案例分析和任务实训，培养同学们在商品推销过程中践行营销职业道德和营销伦理、诚信推销的意识。

知识目标：通过本任务的学习，能正确描述人员推销及特点，人员推销的工作步骤及推销技巧，人员推销的方法等陈述性知识。

能力目标：通过本任务的案例分析和任务实训，熟练基本的推销方法，提升同学们的商品推销能力。

任务描述

人员推销是促销组合中最古老、最传统、最富有技巧性的促销方式，也是最不可缺少的促销方式，它在现代企业市场营销活动中占有相当重要的地位。人员推销是人与人之间直接接触进行推销的营销传播，销售人员与顾客互动，以期望销售产品并创造独特的顾客价值，与顾客建立长期关系。具体讲，就是推销人员通过聆听顾客意见，估计他们的需要，并通过组织企业的力量来解决顾客问题，实现企业的经营目标。

任务学习

人员推销是促销组合中一种人与人之间直接接触进行推销的方式。在人员推销方式中，推销人员提高自身推销能力至关重要。本任务主要学习人员推销的相关理论和技能，了解什么是人员推销、人员推销的基本工作程序、一般的推销技巧等内容，强化对人员推销过程认识和推销技巧训练，培养学生的推销能力。

一、人员推销的含义

人员推销是指企业委派自己的销售人员，直接向消费者或用户销售某种产品和提供某种服务的一种直接销售方式。我国工商企业的实践证明，人员推销与其他方式相比具有不可替代的作用，因此在现代营销活动中它仍然是重要的促销工具。

二、人员推销的工作程序及技巧

为了提高推销的工作效率，推销人员应遵循一定的工作程序，如图 8 - 4 所示。

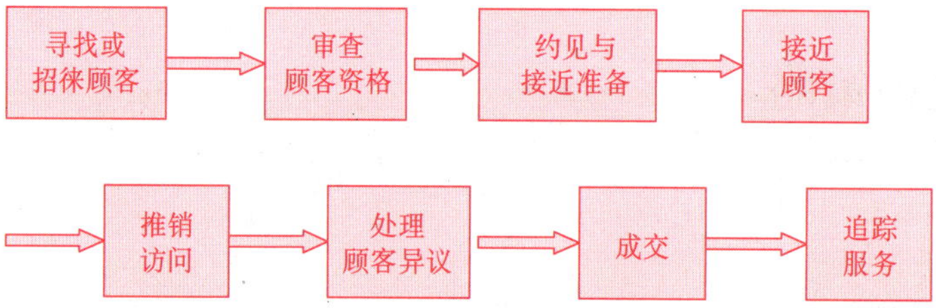

图 8 - 4　人员推销程序示意图

人员推销技巧是指推销人员在推销过程中，针对不同的推销对象所运用的方法、技能、谋略等，在不同的推销阶段要讲究不同的方法和技巧。

（一）寻找顾客的方法和技巧

人员推销首先要找出潜在的顾客。潜在顾客就是指可能购买你产品的人，一般必须具备五个条件：有需要，有购买力，有购买决策权，有接近的可能性，有使用能力。寻找潜在顾客的方法技巧很多，可以通过以下几种途径：

1. 地毯式访问法。即挨家挨户访问法，这是一种古老而又常用的推销方法，费时费力，带有较大的盲目性。

2. 连锁介绍法。设法通过现有的顾客介绍来寻找未来顾客的方法，因为有时顾客更容易相信顾客。

3. 中心开花法。即“中心人物利用法”，在某一特定的推销范围内，争取一些有影响力的中心人物，在这些中心人物的协助下，寻找顾客的方法。

4. 广告开拓法。利用广告宣传寻找顾客的方法。

5. 资料查阅法。通过查找企业的内部资料和外部资料来寻找顾客的方法。内部资料如销售部门记录、服务部门记录、往来账目等，外部资料如企业目录、专业团体会员名单、电话号码簿、商业广告等。

（二）顾客资格审查

这是寻找顾客工作的继续。主要内容包括：购买需求审查、支付能力审查、购买决定权审查等。

（三）约见与接近前的准备

推销对象确定之后，推销人员要认真准备有关产品、顾客知识和竞争者的信息，同时还要做好约见的准备。由于各种原因，购买者尤其是有购买决策权的人，往往不愿意甚至是想办法拒绝接见业务员，因此，事先约见顾客，获得当面洽谈的机会，本身就是成功推销的开始。

1. 约见前的准备。包括：理由准备，即为什么访问；心理准备，要克服自卑心理、畏难情绪，树立自信心，要想说服别人，首先说服自己；仪表准备，包括容貌、服饰、言谈、举止、动作、表情等。

2. 约见的方法和技巧。约见也叫商业约会，约见的方法一般有电话约见、信函约见、访问约见，还有托他人介绍约见顾客等。

（四）接近顾客的方法和技巧

这是正式接触推销对象的第一步，是推销面谈的前奏。一个一开口就谈产品的推销员，是一个二流的推销员。因此，推销员应特别注意与顾客的第一次见面，接近顾客必须考虑以下三点：一是要给对方一个好印象。推销员要注重礼仪，既要不卑不亢，同时又不诋毁竞争对手。二是验证在预备阶段所准备的全部情况。三是为后面的谈话做好准备。接近顾客的方法有以下几种：

1. 介绍接近法。通过自我介绍或经第三者介绍接近顾客。在口头介绍的基础上，自我介绍还应主动出示身份证、名片、介绍信等，由第三者引荐，应把第三者开具的介绍信、便条、信函、名片等交给顾客，也可由第三者亲自引见。

2. 产品接近法。直接利用所推销的产品引起顾客注意和兴趣进而转入面谈的接近方法。这要求产品本身具有独特的魅力和很强的可操作性，如推销玻璃清洁剂的可直接进行产品的演示。

3. 利益接近法。向顾客简要陈述推销产品给顾客带来的实际利益，让顾客感到少花钱多享受。

4. 好奇接近法。利用顾客的好奇心理，接近顾客。

5. 馈赠接近法。利用赠品或礼品引起顾客的注意和兴趣，以接近对方。

6. 赞美接近法。通过赞美顾客而接近顾客，但应讲究一定的方法和技巧。

7. 求教接近法。利用向顾客请教问题的机会来接近顾客。顾客是不会拒绝虚心求教的推销员的。

想一想

推销界有句名言“推销产品之前先要推销自己”，你怎么看？

（五）推销访问的方法和技巧

这一阶段是推销过程的关键环节，是推销人员运用各种方法说服顾客购买的过程。推销说服的技巧一般有两种：

1. 提示说服。通过直接提示或间接提示、积极提示或消极提示、证明提示、动议提示等，将顾客的购买欲望与产品特性联系起来，由此促使顾客做出购买决策。

2. 演示说服。通过产品演示、文字图片演示、音响影视演示去劝导顾客购买产品。一般重点指出产品的特点和带给消费者的利益，以及它们如何优于竞争者的产品，有时甚至也可指出本产品的某些不足或可能出现的问题，以及该如何避免或防范。

（六）处理顾客异议的方法和技巧

在面谈的过程中，顾客对推销人员的提示必然会做出反应，而提出异议或问题居多，这是正常的。这就给推销人员提供一个机会，去消除那些可能影响销售的反对意见，并进一步指出产品的其他特点，或提示企业可提供的特别服务。处理异议的方法和技巧一般有如下几种：

1. 反驳处理法。也叫直接否定处理法，正面回击顾客的异议，但应注意尽量避免与顾客直接冲突。

2. 但是处理法。也叫间接否定处理法，不直接否定，而是形式上肯定，但本质上转弯抹角地否定。如顾客提出价格高，可以回答："你的意见是对的，我们的价格是比对方高，但是人们常说，好货不便宜，便宜没好货，我们使用的是最好的材料……"

3. 利用处理法。利用顾客异议本身处理有关顾客异议，即肯定其正确的一面，利用其积极因素。

4. 不睬处理法。可以先不予以正面回答，而是转移话题，重新询问新的问题或讨论其他问题。

5. 询问处理法。将对方的异议转化为话题，要求对方回答，适合试探摸底和了解实情。

6. 预防处理法。抢先把问题说出来，以使顾客不能再提及。

（七）成交的方法和技巧

在实际推销中，顾客往往不愿主动地提出成交。但成交的意向总会以各种各样的方式表露出来，如态度逐渐好转、主动询问价格、询问交货日期、询问优惠条件等。这时推销人员就要准备达到最主要的目标——成交，在这个阶段，推销人员可以提供一些优惠条件，运用一些成交技巧，促成交易。

1. 请求成交法。直接要求顾客购买商品的一种成交技巧，利用各种成交机会，积极提示，主动向顾客提出成交要求。

2. 假定成交法。假定顾客已接受推销建议而要求顾客购买的成交技巧。

3. 选择成交法。向顾客提供几种购买决策方案，并且要求顾客立即购买的一种成交技巧。

4. 从众成交法。利用顾客的从众心理，促使顾客立即购买推销产品的一种成交技巧。

5. 机会成交法。向顾客提示有利的机会、最后的成交机会等，促使顾客立即购买。

6. 保证成交法。向顾客提供成交的保证条件，以促使交易实现的一种成交技巧。

（八）追踪服务

追踪服务是推销人员为已购产品的顾客提供各种售后服务。追踪服务能加深顾客对企业和产品的信赖，促使重复购买。同时，通过追踪服务可获得各种反馈信息，为企业决策提供依据，也为推销员积累经验，为开展新的推销提供有利的条件。

实 例

某推销员向一家商品包装企业的厂长推销新型打包机，他的目的是让这个企业全换上这种机器，下面是他与厂长的对话：

推销员：王厂长，您好，我带来了一种新型打包机，您一定会感兴趣的。

厂长：我们不缺打包机。

推销员：王厂长，我知道您在打包机方面是个行家。是这样，这种机器刚刚研制出来时间不长，性能相当好，可用户往往不愿用，我来是想请您帮着分析一下看问题出在哪里，占不了您几分钟的时间，您看，这是样品。

厂长：哦，样子倒挺新的。

推销员：用法也很简单，咱们可以试一试（接通电源，演示操作）。

厂长：这机器还真不错。

推销员：您真有眼力，不愧是行家。您看，它确实很好。这样，我把这台给您留下，您先试用一下，明天我来听您的意见。

厂长：好吧。

推销员：您这么大的厂子，留一台太少了，要一个车间留一台，效果就更明显了。您看，我一共带来五台样机，先都留到这儿吧。如果您用了不满意，明天我一块来取。

厂长：全留下？也行。

推销员：让我们算一下，一台新机器800多元，比旧机器可以提高工效30%，每台一天能多创利20多元，40天就可收回成本，如果您要得多，价格还可以便宜一些。

厂长：便宜多少？

推销员：如果把旧机器全部换掉，大概至少要300台吧？

厂长：310台。

推销员：那可以按最优价，每台便宜30元，310台就是一万多元了。这有协议书，您看一下。

厂长：好，让我们仔细商量一下。

想一想

在以上推销过程中，运用了哪些推销技巧？

三、推销人员的任务

推销人员的工作任务不仅是挨家挨户地推销企业的现有商品和接受用户的订货要求，而且包括更多、更复杂的任务，其主要任务如下：

1. 寻找顾客。人员推销不仅要提供商品、满足消费者复杂购买的要求，更重要的是在市场中寻找机会，挖掘和发现潜在需求，创造新需求，寻找新顾客，开拓新市场。

2. 传递信息。推销人员是通过传递信息来推销商品的，即推销员及时将企业提供的商品和服务信息传递给顾客，为顾客提供资料，引起顾客的购买欲望，做出相应的购买决策。

3. 推销商品。推销人员通过与消费者的直接接触，运用销售技巧，有效分析顾客的需求及所期望的最大利益，根据不同情况向他们提供各种奖励、折扣、优惠和服务等，从物质和精神上满足对方需求，诱导其实现购买行为，推销商品。

4. 搜集信息。企业所需要的营销信息很大一部分源于顾客，推销人员活跃于企业与顾客之间，是企业搜集信息的重要渠道之一。推销人员在推销商品过程中，应进行调查研究，与顾客保持经常联系，搜集市场情报资料，反馈信息，及时向有关部门反映，为改进营销措施、进行营销决策提供依据。

5. 提供服务。推销人员应在推销中积极主动地为顾客提供售前、售中、售后服务，及时解决顾客在购买和使用过程中出现的问题，照顾顾客的利益。销售服务是推销零配件和其他商品的良好机会，也有利于企业获得重复购买。

相关链接

某企业副总经理观察到一家肥皂公司的推销代表找到买主，而没有带任何书面材料，这名推销员有三笔新的促销生意，需要与六位不同的交易对象洽谈……推销代表走了之后，买主说："我要明白他的意思，至少需要一刻钟。"

又有一名推销代表找到买主，告诉他说："我是一名地区的推销代表，我希望你参加我们公司下周的一次大型促销活动。"买主说："这太好了，都有哪些活动？"推销代表支吾道："我不清楚……我下星期再来通知你。"买主不解地问他今天来干什么，他只说："噢，我是这一地区的推销代表。"

另外一名推销代表进门就说："该是我们填写订单的时候了……为夏天的生意做打算"。买主问道："噢，很好，我去年总共购买了多少？"推销代表看上去很愕然，然后说道："噢，要是我知道的话，我就是个天才了……"

很多推销代表都没有事先做好准备，无法答复买主的一些基本问题，不明确他们进行推销访问所需达成的目标。

案例分析

花钱需要借口

花钱需要借口，你买件商品的真实原因是什么？也许你自己并不知道。有一次我去剪头发，理发师跟我说，他们现在有一项按摩服务，劝我办一张按摩卡，我比较喜欢按摩，所以还蛮心动的，可是一听价格我就犹豫了，这个理发师非常善解人意，他看出我的犹豫就赶紧说，你们做老师的容易腰肌劳损，办张卡也是为了更好的工作呀，我一听就爽快地买单了。

同样是花钱，一种目的是享受，一种目的是防止腰肌劳损，在哪种情况下你更愿意买单，当然是第二种，我们为了满足享受的欲望而花钱，通常都会伴随一种负罪感，但是为了某种功能花钱就不一样。比如，奢侈手表在广告中强调它的精准性，名贵钢笔突出它的实用性，宝马汽车用“终极驾驶机器”来强调它的安全性和高性能。这样用心地宣传功能，其实主要是为了给消费者提供一个花钱的借口。

这样看来，享乐型产品要想成功销售出去并不容易，不仅要保证产品物有所值，还要让消费者心里舒服踏实。所以用点小技巧在说明书和广告中给消费者传达实用的信号，帮助消费者找到一个借口，更有利于产品销售。

问题：通过“花钱需要借口”的案例学习对你有什么启发？请你从人员促销的角度谈谈你的看法？

讨论分析：

个人：每位同学根据案例资料和问题，在固定的学习本上记下自己的思考。

小组：每小组6位同学，1人为组长，1人记录，小组成员都要陈述自己的观点，讨论后形成小组意见，准备在班级交流。

全班：各组派一位代表陈述本组观点。

教师：记录各组陈述要点，最后做点评。

任务实训

营业现场促销方式体验

1. 背景资料：通过走访企业，调查了解营业现场促销人员的推销方式，详细记录有关现场促销内容，按要求完成表8－4相关内容的填写。

表8－4　现场人员促销调查表

产品	商场名称	促销时间	商品品名	促销方式及过程	你的启发或建议
日常生活用品					
大件用品					

2. 实训目标：通过实地调查走访，了解营业现场人员推销的方式及技巧，间接体验人员推销的过程，加强理论与实践的结合，从而培养同学们的推销意识，提升推销能力。

3. 实训步骤：

（1）每两位同学一组，完成实训任务。

（2）事先搜集推销相关知识与实例，拟订调研思路。

（3）现场调研，为便于整理分析资料，可录像或录音。

（4）填写调查表的相关内容。

（5）老师选3～5组在班级交流，同学可点评，老师做总结。

4. 成果评价（见表 8－5）。

表 8－5　现场人员促销调研评分表

项目（分值）	标　　准	得分
调查前准备（15）	搜集相关知识 5 分，实例每个 5 分。	
日用品调研（30）	商品名称、时间、商场名称共 5 分，促销方式及过程 15 分，个人的启发或建议 10 分。	
大件用品调研（40）	商品名称、时间、商场名称共 5 分，促销方式及过程 20 分，个人的启发或建议 15 分。	
调研过程表现（15）	调研中与人合作、与人交流、解决问题能力等表现，每小点 5 分。	
总成绩 100 分		
老师评语	签名：　　　　年　月　日	
学生意见	签名：　　　　年　月　日	

任务 3
了解广告策略

光明麦风：新鲜牛奶＋天然纤维

任务学习目标

素质目标：通过本任务的学习、案例分析和任务实训，培养同学们在广告宣传中践行营销职业道德的意识，严格遵守广告方面法律法规的素养。

知识目标：通过本任务的学习，能正确描述广告的含义和特点、广告决策等陈述性知识。

能力目标：通过本任务的案例分析和任务实训，培养同学们对选用广告媒体并提高广告促销的效果等方面提出意见和建议的专业能力。

任务描述

广告是目前消费者最熟悉的促销方式，广告是促销组合的主体。作为一种传递信息的活动，它是企业在促销中普遍重视的、应用最广泛的促销方式。不管哪种形式的广告，必须通过一定的媒体，并消耗一定的费用，公开而广泛地向公众传递信息。现代营销活动离不开广告，随着通信和信息技术的发展，广告形式也在不断发展变化。

任务学习

商品经营者为了让消费者尽快了解和记住自己的产品或服务，都要通过一定的媒体和形式，直接或间接地向目标市场的顾客传递产品或服务的信息，这就是开展广告宣传活动。每一个广告都有特定的宣传目标，讲究一定的宣传策略，而且力求收到良好的广告效果。本任务就是要学习了解广告的含义和特点，熟悉广告决策的内容，根据企业广告目标，正确选用广告媒体，提高广告的促销效果。

一、广告的含义

广告有广义与狭义之分。广义的广告，即广而告之，是指企业借助一切传导媒体的形式，向公众传播信息的活动。范围非常广泛，包括非营利组织所做的政治的、法律的、文化的广泛通告的宣传方式。狭义的广告，即商业广告，是指企业或个人以付费的形式，通过一定的媒体，公开传播企业及其产品的各种信息，以达到促进销售、增加盈利的一种自我宣传方式。市场营销研究的主要是商业广告。

二、广告决策的内容

（一）确定广告目标

所谓广告目标，是指企业广告活动在一定时期内所要完成的特定传播任务。企业的广告目标不仅取决于企业的整体营销目标，还要服从于企业的目标市场、市场定位和营销组合等决策。具体讲，企业的广告目标主要有以下几类：

1. 告知信息。告知信息就是通过广告活动向目标市场提供产品的有关信息，使目标市场的顾客知晓该信息。它主要用于为新产品打开销路或者开辟产品的新市场，其目的在于激发初级需求。

2. 诱导购买。诱导购买就是通过广告活动突出宣传本企业产品的特色和优点，以说服目标顾客购买本企业的产品。它主要用于产品的成长期，其目的在于刺激选择性需求，促使目标顾客形成对本企业的品牌偏好。

3. 提醒使用。提醒使用就是通过广告活动不断提醒消费者想起某产品。它主要用于产品的成熟期，其目的在于保持现有顾客对该产品的记忆，或者使他们确信自己所做的购买选择是正确的。

相关链接

网易云音乐和农夫山泉的跨界营销

网易云音乐精心挑选了30个乐评，贴到了4亿农夫山泉的瓶子上面，在全国69个城市推出了首款限量版的“乐瓶”。农夫山泉的瓶身上印上了网易云标志性的黑胶唱片图案，消费者扫描瓶身上的二维码，就可以跳转到网易云音乐相关的歌单，欣赏精心挑选的音乐。音乐背后都有一个打动人心的故事，引起了消费者强烈的情感共鸣。

不仅如此，此次的营销活动还采用了最新的VR技术，消费者扫描瓶身的黑胶唱片图案，手机屏幕会出现一个星空画面，点击星球就会弹出随机的乐评。有趣的方式引发消费者自发截图、拍照，并上传到社交网络上。

此次营销的独特之处在于两个品牌的跨界联合。对网易云音乐来讲，遍布全国各大超市的农夫山泉，可以增强品牌的覆盖力度；对于农夫山泉来讲，视听结合的完整体验对年轻人极具吸引力，更为常年不变的外包装增加了很多新意。

（二）设计广告信息

在广告活动中，企业必须知道：为了使广告受众产生预期的认识、情感和行为反应，应该对他们说些什么，也就是广告应该向受众传达什么样的信息内容。信息内容也称广告主题或广告诉求，一般包括商品名称、商品的性能与用途、商品使用方法、效果介绍、售后服务、联系方式等内容。

广告主题设计必须鲜明，使消费者一目了然，重点突出，增加对商品或服务的好感。广告创意设计必须表现广告主题，符合市场定位要求和目标市场特点。不同的广告创意在渲染广告主题时要构思新颖，既要有明确的针对性，又要与众不同，具有非同凡响的差异性。广告文案、声像设计要有利于活跃广告气氛，强化信息传递，加大对消费者的心理刺激，以取得尽可能好的广告效果。

实　例

香港一则宣传戒烟的广告，广告画面为一支烟烧穿心脏的形象，以此示意吸烟会导致心脏功能的破坏。整个广告没有语言文字的说明，图案简单明了，整个画面只使用了三种不鲜艳的色彩——深黑、灰黑和白色。尽管如此，由于黑白反差使用得好，所以这个广告画面形象突出，给人以深刻的印象，是一个成功的广告。

（三）选择广告媒体

广告媒体是广告人与广告的接受者之间起连接作用的物质，是企业向目标顾客传递信息的载体，是广告宣传所使用的物质手段。

1. 广告媒体的种类。广告媒体的种类很多，通过电台、电视、电影、幻灯等媒体传递的广告，称为视听广告；通过报纸、期刊杂志、印刷品等媒体传递的广告，称为印刷广告；在街头、建筑物、车站、码头、体育场（馆）、展览馆、旅游点等公共场所，按规定允许设置或张贴的路牌、霓虹灯、招贴等广告形式，称为户外广告；在车、船、飞机内设置或张贴的广告，称为交通广告；在商店、商品橱窗内设置的广告，称为售点广告（POP 广告）；通过邮政直接投递企业介绍、产品说明书等函件，称为邮寄广告（DM 广告）；通过互联网进行信息传递的广告，称为网络广告。在营销活动中使用最频繁的广告媒体主要是以下几种：

（1）报纸。报纸是一种与社会具有广泛联系的大众传播工具。选用报纸做广告的优点是读者广泛，信息传递迅速，便于说明，制作灵活和费用适中等。企业必须根据不同报纸的效果和财力进行选择。

（2）杂志。杂志的优点是权威性较高，能加强广告的说服力；专门化程度高，能提高广告的针对性；印刷精良，能增加广告色彩；可读性强，重复宣传效果好。缺点是缺乏灵活性，周期长，发行量有限和读者面窄。

（3）广播。广播是一种通过听觉产生效果的广告媒体，其优点是迅速及时，传播范围广，安排灵活，制作简单，费用低廉；缺点是时间固定，表现手段单调。

（4）电视。电视是一种具有视、听、读综合效果的广告媒体。其长处是具有强烈的感官刺激，接近现实生活，能产生高度吸引力，传播范围广，老少皆宜，表现手法多样，形式丰富多彩。电视广告的主要缺点是选择性小，广告时间短，易受其他节目干扰，费用高。

（5）网络。随着互联网技术的迅速发展，网络广告越来越得到广泛的运用。全球最大的500家企业几乎都在环球网上注册了网址。目前，中国企业也逐渐重视网络广告的作用，越来越多的企业采用了上网做广告的形式。网络广告的主要优点是速度快，制作成本低，跨越时间、空间限制，动态及时，反馈的可测性高，与消费者的互动性强。

2. 广告媒体的选择。不同的广告媒体，其特点和作用各有不同。在选择广告媒体时，应进行全面权衡，充分考虑各种媒体的优缺点，力求扬长避短。选择广告媒体时主要考虑以下因素：

（1）企业及产品的特性。可以按照企业经营产品的不同特性，来选择相应的广告媒体。对于需要展示的、有色泽或式样要求的产品，应选择电视、电影或印刷品做媒体，以增加美感和吸引力；对只需要通过听觉就能了解的产品，应选择广播做媒体；对技术性较强的产品宜选择报纸和杂志做媒体，必要时亦可直接用样品展示。

（2）消费者接触媒体的习惯。能恰好传播到目标市场而又不造成浪费的广告媒体，才算是最有效的媒体。企业必须研究目标市场的顾客经常接触什么广告媒体，如妇女报刊的读者对象主要是妇女，因而妇女用品的广告宜登在妇女杂志上。

（3）媒体传播范围。不同媒体传播范围有大有小，能接近的人有多有少。行销全国的产品，应选择全国性的报刊和中央电视台、中央广播电台做广告；局部地区销售的产品，企业可根据所销商品的目标市场，选择地方性的报刊、电视台、广播电台或广告牌等媒体做广告宣传。

（4）媒体的影响力。报刊杂志的发行量，广播、电视的听众、观众数量，媒体的频率及声誉等，是媒体影响力的标志。媒体的影响力应能准确及时地到达目标市场的每一个角落。

（5）媒体的成本。广告活动应考虑费用与效果的关系，既要使广告达到理想的效果，又要考虑企业的负担能力。应尽量争取以较低的成本，达到最大的宣传效果。

想一想

《读者》和《时尚》两种杂志媒体，在传播范围和影响力上有什么不同？

（四）评估广告效果

评估广告效果的目的在于了解消费者对广告理解和接受的程度，以及广告对产品推销所起的作用。因此，评估广告效果主要包括销售效果评估和沟通传播效果评估两个方面。

1. 销售效果评估。把广告费用的增加与销售额的增加做比较，评估广告使销售额增加了多少。但这种评估很困难，因为销售额的增加不仅取决于广告，还取决于其他许多因素，广告只是影响销售额的因素之一，因此还应考虑沟通、传播效果。

2. 沟通传播效果评估（广告本身的效果）。广告做出以后，测定视听广告的人数、视听印象等。主要从三个方面考查：注意程度，包括收听率、收看率、阅读率、注目率、接触率等；记忆程度，包括好感率、知名率；理解程度，即对广告的理解度。

（五）确定广告预算

确定广告预算时，主要考虑以下几种营销因素：

1. 产品市场生命周期阶段。在产品市场生命周期的不同阶段，所需的广告费用不同。一般说来，投入期需要较多的广告投入，以提高消费者对产品的认知程度；成长期的广告活动频率可以降低，广告费用支出渐次递减而有所侧重，以维持公众对产品的印象；成熟期则需投入大量广告费用，大力进行广告促销，以增加产品的竞争力，维持企业的市场地位；衰退期则应缩减广告费用。

2. 市场份额。一般而言，市场份额大的产品，广告投入应多；市场份额小的产品，广告投入可少一些。但是，如果希望提高品牌竞争力，扩大品牌的市场份额，则要比维持市场份额投入较多的广告预算。

3. 竞争情况。竞争越激烈，越需要大量的广告投入；反之，如果市场上的同类竞争产品较少，广告投入则可以相对少一些。

华润雪花啤酒勇闯天涯 super X 新品上市

三、广告宣传的基本要求

1. 计划性和效益性。设计和制作广告，先要做好市场调查和预测，根据营销任务通盘规划；要从实际出发，讲求经济效益，有的放矢，节省费用，提高效果。

2. 真实性。广告的生命在于真实。企业进行广告宣传，必须实事求是地向消费者介绍商品的使用价值，切不可采取欺骗的手段，溢美掩丑，哗众取宠，损害消费者的利益。

3. 思想性。广告的语言编写和图画绘制，必须符合国家的法律法令，反映社会主义初级阶段的时代特色和道德风貌，成为精神文明的传播者。

4. 艺术性。要运用新的科学技术，吸取文学、电影、戏剧、音乐、美术等艺术特点，精心设计、制作广告，要给人以较高的艺术享受，要使消费者得到启发、受到感染。广告形式还应不断创新，从而达到既能指导消费，又能丰富和更新人们的精神生活之目的。

案例分析

是送福利还是挖陷阱？当心那些“能赚钱的 App”

看视频赚钱、玩游戏赚钱、读新闻赚钱，甚至走路睡觉也能赚钱……面对这样的宣传，你心动了吗？近年来，一批打着“躺赚”“走赚”“玩赚”旗号的赚钱类 App 频频出现，凭借听起来毫不费力的收益方式，吸引大批用户下载安装。那么，使用者真的能从中赚到钱吗？

广告推广无孔不入

在玩游戏、刷微博、看短视频时，不少用户都曾看到过植入的赚钱类 App 广告。这些广告的宣传语无不强调，只要利用零散时间在赚钱类 App 上进行简单操作，就可以获取相当丰厚的收益。低投入高回报的诱惑，吸引不少用户点击广告链接下载软件。

同时，网上随处可见的"赚钱经验贴"，也为赚钱类 App 带来不少流量。"给大家介绍一个通过阅读赚钱的 App""真的可以赚钱的 App""我是怎么用某 App 赚钱的"，这些遍布于网络平台的"经验贴"，看似是一篇篇个人的经历记录，而实际上大多是在打着分享经验的幌子，为 App 做推广。

除去铺天盖地的植入广告和"软"推广，人与人之间的实际关系网也成为赚钱类 App 借助传播的工具。在社交软件上，不少手机用户都收到过好友发来的推广链接，如点击链接下载一些软件。不少 App 在吸引用户点击下载后，又会以诸如"成功推荐亲朋好友得奖励"之类的诱惑，吸引用户向身边亲友介绍"拉新"，加速了此类 App 的"跨圈"传播。

赚钱背后"套路"多

在赚钱类 App 上获得收益，真的毫不费力吗？一次偶然的机会，家住北京的张女士经同事介绍，下载了一款号称"刷刷新闻就能赚钱"的资讯 App。但她在使用后发现，要想真正在这款 App 上赚到钱，"那是比登天还难"。

张女士告诉记者，在该 App 中阅读新闻、分享资讯、推荐好友注册、每日签到等都可以获得金币，金币可以换取为奖励金并提现。这个赚钱模式看似十分合理，可实际上却有着层层"套路"。

首先，按照规则，要想赚取 1 元的奖励金，用户需要在 App 中浏览 500 分钟左右的信息。"花大量时间耗在 App 上赚这 1 块钱，很不值。"其次，想赚到了钱就马上提现也不可能。App 规定，用户累计攒够 30 元奖励金，才能选择提现。而在累积奖励金的过程中，"赚钱"的门槛会越来越高，任务难度和体量会成倍增长。面对着越来越繁琐的任务，张女士最终选择"卸载了之"。

更让人气愤的是，忙活半天没把钱提出来，还可能把自己的个人信息给"卖"了。大学生小萱曾经是一款游戏类赚钱 App 的用户，后因任务的不合理没两天就选择了放弃。但在下载 App 之后一两个月，小萱开始频繁接到骚扰电话，内容大多与网贷或"刷单"相关。回忆起最近的经历，赚钱类 App 成了最后锁定的问题来源。"在注册用户时，我填了真实姓名、手机号、身份证号和个人地址来通过实名认证，明显是这个 App 泄露了我的个人信息。"

问题：通过"是送福利还是挖陷阱？当心那些'能赚钱的 App'"的案例学习对你有什么启发？请从市场营销道德的角度谈谈你的看法。

讨论分析：

个人：每位同学根据案例资料和问题，在固定的学习本上记下自己的思考。

小组：每小组 6 位同学，1 人为组长，1 人记录，小组成员都要陈述自己的观点，讨论后形成小组意见，准备在班级交流。

全班：各组派一位代表陈述本组观点。

教师：记录各组陈述要点，最后做点评。

任务实训

调查新媒体广告

1. 背景资料：深入商场、公园、宾馆、车站、码头、影院等公众活动场所，也可通过广告公司，了解新媒体广告的应用情况。

2. 实训目标：通过市场调研，了解新媒体广告的应用，熟悉目前商业广告的流行做法，培养广告宣传意识，提高科学选择和使用广告媒体的能力。

3. 实训步骤：

（1）每两个同学为一组，到一些公众活动场所或广告公司，了解新媒体广告的应用情况。

（2）通过图书馆或网络，搜集有关广告方面的相关知识和两个以上成功的广告实例。

（3）结合调查搜集的信息和掌握的广告知识，填写表8-6要求的内容。

表8-6 新媒体广告调查表

名称	调研时间	广告地点	广告的商品名称	广告宣传的方式描述	广告宣传效果及分析
广告A					
广告B					

（4）老师选3~5个组的同学在班级交流，其他同学可做点评，老师做总结。

4. 成果评价（见表8-7）。

表8-7 新媒体广告任务实训评分表

项目（分值）	标　准	得分
调研前准备（10）	调研前搜集资料，搜集两个广告实例，每小项5分。	
广告A调研（40）	时间、地点、商品名称10分，广告宣传或描述20分，广告宣传效果及分析10分。	
广告B调研（40）	时间、地点、商品名称10分，广告宣传或描述20分，广告宣传效果及分析10分。	
调研过程表现（10）	调研中与人交流，与人合作，搜集信息，材料整理每小点2.5分。	
总成绩100分		
老师评语	签名：　　　　年　月　日	
学生意见	签名：　　　　年　月　日	

任务4
掌握营业推广策略

任务学习目标

素质目标：通过本任务的学习、案例分析和任务实训，培养同学们在面对消费者和推销人员的营业推广策划中践行营销职业道德和遵守法律规范的意识。

知识目标：通过本任务的学习，能正确描述营业推广的含义和特点、营业推广的方式及推广技巧，营业推广的策划等陈述性知识。

能力目标：通过本任务的案例分析和任务实训，培养同学们与消费者和推销人员基本的营业推广活动策划的专业能力。

任务描述

营业推广是营销中最常用的促销手段之一，是企业为鼓励消费者购买而采取的短期促销方式。企业可供选择的营业推广形式很多，各有自己的特点和适用情况，企业要结合推广对象、目标市场类型、市场竞争状况等因素，在整合营销传播的框架下，和其他促销手段协调使用。

任务学习

营业推广在整个促销组合中占有很重要的地位，应用范围非常广泛。要想很好地实施，企业必须明确营业推广的目的，选择最佳的方式，策划推广活动并评估推广结果。本任务就是要学习营业推广的相关知识与技能，具体要了解什么是营业推广，营业推广的方式与技巧，开展营业推广活动的基本要求等内容，培养同学们营业推广方面的技能。

一、营业推广的含义

营业推广也称销售促进，是指为刺激顾客需求、鼓励购买行为而采用的各种促销形式，包括代价券、奖券、竞赛、附带廉价品等。即除了人员推销、广告、公共关系以外，用以刺激和增进购买的所有不规则、非周期性发生的一切促销活动，都属于营业推广的范畴。

二、营业推广的方式和技巧

（一）针对消费者的营业推广方式

针对消费者的营业推广是为了唤起顾客的购买欲望，提高重复购买率，推动新产品销售，扩大市场占有率，经常在新产品开拓市场时或现有产品需要掀起销售高潮时采用。其常用的方式有以下几种：

1. 赠送样品。即免费让消费者试用产品。通过亲身试用，消费者能领略到产品的好处和实际利益，从而迅速接受新产品，成为新产品的购买者。

2. 购买奖酬。购买一定数量商品即可获得奖金和奖品。

3. 组合销售。将新产品与原有产品配套出售或将有连带关系的产品包装在一起出售，价格略低于单件分别出售的价格。

4. 试用品尝。现场请消费者试饮饮料、品尝食品等。

5. 折价优待。由广告或商品包装发送的折价优待券，凭券到指定商店购买该商品，即可获得一定的价格优惠。

6. 以旧换新。将以前购买的同品牌的老产品或别的品牌的同类产品折价，再加上一定数量的现金即可换购该品牌的新产品。

7. 廉价包装。包装注明统一折价率，购买时按折价率付款；或包装上注明该包装是加大容量的包装；或购买时另赠送小容量包装的商品。

8. 奖励券。购买一定数量商品即可获得奖励券，凭奖励券数目的多少可换取不同价值的商品。

此外，还有现场展销、购物赠品、分期付款、限时折扣、特价优惠、购物积分、包退包换、特价日销售、义卖等。

想一想

服务促销属于营业推广的范畴吗?

（二）对中间商的营业推广方式

对中间商的营业推广是为了鼓励中间商大量进货代销，加速资金周转。采用的方式有：

1. 免费提供陈列样品。经销商在向顾客推销商品时，需要有样品在柜台或橱窗陈列。如果生产商不予免费提供，则经销商就会减少甚至不陈列样品，这样就会减少许多成交机会。由生产商提供陈列样品，经销商就会免除样品被用或废旧引起损失的担心。

2. 推广资助。由于经销商经营的产品往往是众多企业的众多商品，因而要其专为某一企业的商品做广告或做其他推广工作，他们认为这是不值得的。所以，要刺激其推广的积极性，就必须在推广方面给予一定的资助。一般推广资助采取的方式有：按订货量或销售额的多少发放推广津贴；与经销商联合推广，如联合做广告或联合展销等，费用由双方按比例分摊或全部都由生产商承担；为经销商提供推广指导，如提供广告样板、专橱（专柜），设计资料，提供推广所用的材料、展品等。

3. 销售竞赛。生产商在众多经销本企业产品的经销商中发起销售本企业产品的竞赛，对优胜者给予奖金或奖励。

4. 协助经营。生产商为经销本企业产品的经销商提供人员培训、派员指导、举办经营研讨会、提供经营手册、发放经营简报等，帮助和促进经销商经营效率的提高。

5. 发放刊物和邮寄宣传品。生产商定期出版并向经销商免费发放有关企业生产情况及产品经营销售情况的刊物，供其了解情况，学习经营经验，提高经营效率。同时，经常向经销商邮寄广告宣传品、产品目录、样品手册等，这也是较多采用的方式。

（三）对推销人员的营业推广方式

对推销人员的营业推广是为了鼓励推销人员积极工作，努力开拓市场。采用的方式有：

1. 推销竞赛。在推销人员中举行推销竞赛活动，对优胜者给予奖励、奖金或授予某种荣誉称号，以激发士气和提高积极性。

2. 推销津贴。对推销人员按完成推销量的多少发放数量不等的津贴或奖金，以激励推销人员的工作热情。

企业根据具体情况，还可以开展优胜重奖、高额补助，也可以搞超额提成、红利及利润分成等，还可以对表现出色的推销人员给予精神和荣誉上的鼓励。

相关链接

青岛啤酒为了打开香港市场，在开展人员推销和广告促销的同时，曾采用一个啤酒瓶盖（必须带铁盖内的橡皮）换取一元港币的方法。于是，香港大饭店的服务员都热心向顾客介绍青岛啤酒，成为青岛啤酒的推销员。这样，大大提高了销量，使青岛啤酒在香港这个竞争激烈的啤酒市场上占有了一定的地位。

现实中，营业推广的方式是多种多样的，根据目标市场的具体情况来创新营业推广，是产品进入目标市场的一个重要促销手段。

三、开展营业推广活动的要求

1. 目标。营业推广必须有明确的目标。企业应当根据目标市场和整体策略来确定推广目标，依据推广目标制订周密的计划。当然，由于消费者、中间商、企业事业单位有各自不同的购买特点，在确定目标和制订计划时应区别对待，并把长期目标与短期目标有机地结合起来。

2. 费用。营业推广是企业重要的促销形式，通过营业推广可以使销售额增加，但同时也增加了费用。企业要权衡推销费用与营业收益的得失，把握好所费与所得的正确比值，从而确定促销的规模和程度。

3. 对象。各种营业推广手段对于不同的对象，其作用是有很大差别的。实践证明，营业推广的对象主要是那些“随意型”顾客和价格敏感度高的消费者。对于已经养成固定习惯的老顾客，营业推广的作用要小一些。因此，对象的选择要因时、因地制宜。

4. 媒体。企业必须通过最佳的媒体来实施营业推广。比如一张优惠券，既可以放在商品包装袋里赠送，也可以在购买商品时当场分发，或附在报刊广告中给予。又如，为了扩大某种商品销售，企业拟给予顾客 10% 的价格折扣。但这一信息通过什么媒体传播出去，需要很好地进行研究。一般来说，媒体的选择必须考虑媒体的普及率及费用支出情况，权衡利弊，从优确定。

5. 期限。营业推广的时间选择必须符合整体营销策略，并与其他经营活动相协调。如果时间太短，不少有希望的潜在买主，也许恰好在这个阶段没有采购欲，从而收效甚微；如果推广时间太长，又会给消费者造成一种印象，认为这不过是一种变相减价，从而失去吸引力。因此，时间选择要恰到好处，既要给消费者“欲购从速”的吸引力，又要避免草率从事。

6. 效果。营业推广的效果体现了营业推广的目的。每次营业推广后，都要对营业推广的效果进行评价。推广效果评价的一般方法有：比较法（即比较推广前后销售额的变动情况）、顾客调查法、实验法等。企业可通过这些方法取得营业推广的成果资料，并与推广目标和计划进行分析比较，肯定成绩，找出问题，以便控制和调整营业推广过程，实现推广目标。

想一想

营业推广在市场促销活动中适宜经常使用吗？

案例分析

玛拉兹瓷砖“摸彩球定价，金钱把把抓”促销方案

1. 产品优势

（1）凡“五一”期间购买产品的顾客，除特价商品外可享受玛拉兹瓷砖折扣优惠，5月15日起恢复正常价。

（2）凡“五一”期间购买玛拉兹陶瓷产品，并在当天预缴80%货款者（含20%订金），可参与摸彩球活动，如摸中2号球，就在合同价的基础上，每平方米再降2元；摸中3号球则表示平方米再降3元；摸中5号球，则表示每平方米再降5元，抽奖箱内放置标有2、3、5号共三只乒乓球。

（3）凡“五一”期间购买玛拉兹瓷砖产品满6600元以上的，均可参与金钱把把抓活动，每户仅限抓一次。

（4）凡“五一”期间签单的客户均可获准全屋勾缝剂和十字定位卡。

2. 贴心服务赠送。

（1）陶瓷设计师免费咨询服务。

（2）免费上门测量尺寸。

（3）免费送货到楼下，购买玛拉兹瓷砖产品满5000元以上者，如走楼梯加收1元/平方米·层，最高至6层；如有电梯的则按加一层收费）。

（4）免费指导铺贴。

3. 幸运大礼/品味咖啡。

（1）来就赠，只要凭有玛拉兹促销信息的夹报广告宣传单和DM快讯广告剪角，即可换取小礼品一份。

（2）幸运飞镖，凭购玛拉兹瓷砖满2000元即可投飞镖一次，最高价为500元的自行车。

（3）到销售店品味咖啡。

问题：通过“玛拉兹瓷砖‘摸彩球定价，金钱把把抓’促销方案”的案例学习对你有什么启发？请你从营业推广的角度谈谈你的看法。

讨论分析：

个人：每位同学根据案例资料和问题，在固定的学习本上记下自己的思考。

小组：每小组6位同学，1人为组长，1人记录，小组成员都要陈述自己的观点，讨论后形成小组意见，准备在班级交流。

全班：各组派一位代表陈述本组观点。

教师：记录各组陈述要点，最后做点评。

任务实训

搜集营业推广实例

1. 背景资料：目前营业推广活动在很多大中型商场经常采用，请你走访附近的商场、超市，详细了解一种营业推广方式。要求记录活动名称、活动时间、针对的商品、营业推广的方式、具体操作方法、收到的效果以及获得的经验和教训。

2. 实训目标：通过对商场、超市营业推广活动的了解，熟悉目前营业推广的种类、内容及具体实施过程，提高对营业推广活动的认知水平，培养运用营业推广活动的操作能力。

3. 实训步骤：

（1）每3位同学为一组，深入商场、超市，对你们感兴趣的营业推广方式进行调查了解（可以是针对批发商、零售商、营销人员，也可以是针对消费者的）。

（2）通过图书馆和网络等途径，搜集营业推广的相关知识及针对不同环节的营销推广案例，详细拟订调研方案和提纲。

（3）实地搜集商场、超市开展营业推广活动的名称、时间，针对的商品或项目、营业推广的目标、营业推广活动方式及具体内容、预期收到的效果、应总结的经验和教训等资料，形成一个完整的营业推广案例。

（4）老师选取5个不同内容的营业推广案例，在班级交流，同学做点评，老师最后做总结。

4. 成果评价（见表8－8）。

表8－8　营业推广案例调研实训评分表

项目（分值）	标　　准	得分
调研前准备（20）	搜集相关资料，搜集营业推广案例3个以上（15分）。	
调研过程中表现（30）	调研方案完整；提纲详细；搜集资料全面；与人合作；与人交流关系良好；搜集信息方法科学，每小点5分。	
营业推广案例编写（50）	营业推广名称、时间、针对商品、商场每项2.5分（共10分）；营业推广目标明确10分、营业推广活动方式及内容全面20分、预期效果和总结分析各5分。	
总成绩100分		
老师评语	签名：　　　　　　年　月　日	
学生意见	签名：　　　　　　年　月　日	

任务5
了解公共关系促销

任务学习目标

素养目标：通过本任务的学习、案例分析和任务实训，培养同学们在公关促销活动中践行营销职业道德和相关法律法规的意识。

知识目标：通过本任务的学习，能正确描述公共关系的含义和公关促销的特点，公关促销活动方式等陈述性知识。

能力目标：通过本任务的案例分析和任务实训，提高同学们根据小微企业的经营活动特点，策划日常公共关系活动的专业能力。

任务描述

公共关系是另一个主要的大众传播工具，即通过获得有力的公众传播而与企业的不同客户建立良好的关系，树立良好的“企业形象”。公共关系促销可以远远低于广告的代价而对公众心理产生较强的影响，与花费巨资做广告带来的效果相同，它带来的可信度要比广告高得多。很多企业公关部门以塑造企业形象和增加利润为目的来协调企业的全部活动，良好的公共关系成为企业打造品牌效应的强有力工具。

任务学习

公共关系是促销组合中的又一重要手段，主要目的是通过产品服务、企业或事件这些与公众相关的、无须收取费用的交流，搞好企业与整个社会公众的关系。它是一种着眼于企业长期目标的间接促销手段。公共关系的一个主要工具是新闻；另一个使用普遍的工具是特别活动，如新闻发布会、大型的开幕式发放书面材料，接近并影响企业的目标顾客。目前许多企业创建网站作为最好的公共关系媒介，网站也成为处理危机的理想场所。本任务主要学习公共关系的含义，公共关系促销的特点，在市场营销活动中常用的也是非常有效的公关促销活动方式，培养同学们处理公共关系危机的技巧，提高利用公共关系促销的能力。

一、公共关系的含义

公共关系是指社会组织运用沟通手段使自己与公众相互了解和相互适应，以争取公众的理解、支持和协作的一系列管理活动。公共关系有利于沟通与协调企业内部以及企业与社会公众的各种联系，树立良好的企业形象和产品形象，提高社会公众对企业及产品的接受程度，营造良好的市场营销环境。

公共关系是社会组织与公众之间的关系，所以公共关系的主体是社会组织，公共关系的客体是公众，公共关系的手段是传播，公共关系的目的是扩大知名度，提高美誉度。

二、公共关系促销的活动方式

（一）发现和创造新闻

新闻是以第三者的名义，通过大众媒体传播的特定信息，因而对公众的影响要大得多。所以企业要积极主动地、经常地与新闻界保持联系，了解新闻报道的重点及新闻动向，并经常、及时地向新闻界提供具有新闻价值的本企业信息。同时，公关人员要善于发现和创造对企业及其产品有利的新闻，以吸引新闻界和公众的注意，增加新闻报道的频率，从而扩大企业及其产品的影响和知名度。

1. 召开新闻发布会和记者招待会，通报企业情况，提供新闻素材。
2. 邀请新闻记者参观企业，为其采访提供方便。
3. 企业人员撰写新闻稿件寄给新闻单位，供其发表采用。
4. 创造新闻素材，吸引新闻媒介的关注。这种方法难度较高，是高级的公关艺术。

实 例

“星巴克”化解“致癌”危机

2018 年初，社交平台被“星巴克咖啡致癌”的文章刷屏。相关文章称，“喝星巴克咖啡致癌，是被隐瞒了 8 年的真相”。文章一经微博登出不久，微博网友就开始讨论“咖啡是否致癌”这个话题，不少专家也针对“喝咖啡致癌”这一说法的科学性进行激烈的讨论。很快，各大媒体都开始关注此事件，公众也迅速利用个人社会平台进行转发此消息。一时间，星巴克莫名受困。

面对谣言刷屏，星巴克启动了危机公关：先是当这篇文章被界定为谣言之后，星巴克果断迅速举报造谣的微信账号！接着，星巴克中国给所有媒体发布了行业公告：星巴克始终坚持为顾客提供高品质及安全可靠的食品与饮料，并致力于让顾客感受优质的星巴克体验。甚至提出面对谣言可以采取进一步的法律行动。另外，还借助行业协会的权威人士的观点消除公众对谣言的恐惧，加强公众对健康的认知。

星巴克在谣言刷屏出现的 24 小时内，成功平息了这场“致癌风波”。通过此次危机事件再一次扩大了品牌的影响力。

（二）介绍情况、回答问题、发表演讲、对外开放参观

企业营销人员要利用各种场合、各种机会，灵活运用公共关系与语言艺术，及时介绍企业及其产品情况，回答公众关心的问题，或者在有关业务会议上发表演讲，这也是提高企业及其产品知名度的一种有效形式。对外开放参观是企业为了让公众更好地了解自己，面向社会各界开放，组织广大公众到企业参观、考察，以提高组织的透明度，争取公众了解和支持的一种重要手段。

（三）开展公益性的活动

企业积极参与社会活动和支持公益事业，如赞助文化、体育活动，捐资助学，扶贫救灾等，能够树立企业关心社会公益事业、承担一定的社会责任和社会义务的良好形象，有利于提高企业广告宣传的影响面和影响力，有利于建立与其他社会组织的友谊和感情，有利于赢得公众的好感和信任。

（四）策划专门性公关活动

企业根据营销活动的需要，可以安排一些特殊的事件来吸引公众对自己和自己产品的注意。例如，可以通过召开新闻发布会、研讨会、展览会、业务恰谈会等。这是企业与其他组织和社会公众沟通信息、交流感情的好机会，是企业信息迅速、广泛传播的有效途径。

1. 巧抓事件。抓住一些与本企业及产品有关联的信息，采取某些措施使公众关注该事件，提高知名度和美誉度。

2. 制造事件。举办企业庆典、展览会、进行意见征集活动或征集商标、征集广告等。

相关链接

数年前，土豆协会决定出钱举办一次公共宣传活动，来鼓励更多人消费土豆。一个遍布全国的对土豆的看法和使用研究表明，许多消费者都认为土豆很容易令人发胖，又没有足够的营养，又缺乏足够的维生素和矿物质。这种认识通过各种舆论媒体广为传播，如食品刊物编辑、科学饮食倡导者，还有医生。其实土豆含有的热量比人们认为的要少得多，并且富含几种重要的维生素和矿物质。土豆协会决定分别对消费者、医生、饮食专家、营养学家还有食品刊物编辑制订公共宣传计划。针对消费者的计划是由有关土豆的故事组成：通过电视剧和妇女杂志宣传，同时编写并发行《土豆爱好者的饮食烹调》一书，并在食品专栏里刊登文章和食谱。其他也都有针对性地做了相应的宣传工作。

（五）公关广告

在公共关系促销活动中，利用公关广告形式树立企业形象。如：

1. 形象广告。以树立企业形象为目的的广告。

2. 声明广告。表明企业对某些事件的立场和态度的广告。

3. 致歉广告。向公众表示歉意，以取得公众谅解和好感的广告。

4. 祝贺广告。与本企业有密切关系的企业或单位举办重大活动时表示祝贺的广告。

5. 公益广告。企业为获取公众的好感，表现社会责任而进行的有关维护社会公众利益的广告。

（六）散发宣传材料

企业可以制作各种宣传资料广为散发和传播，向公众传递有关企业及产品的信息。宣传资料可以是印刷资料，如企业宣传册、年度报告、企业刊物等；也可以是音像资料，如幻灯片、录音带、录像带、光盘等。

（七）营销活动中导入 CIS

企业营销活动中导入 CIS（Corporate Identity System），就是综合运用现代设计和企业管理的理论和方法将企业的经营理念、行为方式及其个性特征等信息加以系统化、规范化和视觉化，以塑造具体的可感受的企业形象。企业可以通过一定的媒体来传播这种视觉化的形象。例如，将代表其形象的视觉符号（色彩、字体、图案、符号等）制在企业的建筑物、车辆、工作服、业务名片、办公用品、包装用品、文件、招牌上面。通过导入 CIS，可以更具体、详细、直观地表达组织形象，它的传播也容易被公众所接受，也使公众对组织形成一个比较完整、系统的印象，有利于扩大企业的知名度，形成良好的企业形象，从而促使社会公众认同企业形象，接受企业的产品，也同样可达到扩大销售的目标。

想一想

以企业或产品名称命名的体育比赛、文艺比赛等，属哪种公关活动方式？

（八）危机公关活动

当企业与公众发生冲突或发生突发事件，使得公众舆论反应强烈，企业形象受到严重损害时，公共关系处于紧张状态之中。这时需要动用整个企业的力量及各种传播媒介来处理危机，协调、平衡企业与公众之间的紧张关系，变危机为商机。目前，很多企业建立网站，发布正确的信息，搜集公众反映，及时公布企业的回应，网站成为处理危机的理想场所。

实　例

小米文化

小米的使命：始终坚持做“感动人心、价格厚道”的好产品，让全球每个人都能享受科技带来的美好生活。

8 年前，小米公司成立时就有一个宏大的理想：改变商业世界中普遍低下的运作效率。小米有勇气、有决心、有毅力推动一场深刻的商业效率革命：把每一份精力都专心投入做好产品，让用户付出的每一分钱都有所值。

在众多领域小米都以一流的品质、紧贴成本的定价彻底改变了行业面貌，大大加速了产品普及。“感动人心，价格厚道”这八个字是一体两面、密不可分的整体，远超用户预期的极致产品，还能做到“价格厚道”，才能真正“感动人心”。

小米的愿景：和用户交朋友，做用户心中最酷的公司。

优秀的公司赚的是利润，卓越的公司赢的是人心。小米是一家少见的拥有“粉丝文化”的高科技公司。对于小米而言，用户非上帝，用户应是朋友。

为感谢米粉的一路相伴，小米将 4 月 6 日这一天定为“米粉节”，每年 4 月初都会举办盛大活动与米粉狂欢。同时自 2015 年起，每年年底小米都会举办小米家宴，邀请米粉回家吃“团圆饭”。同时小米员工还会自发地为米粉手写 10 万张明信片，这是小米不一样的地方，是小米人发自内心、一笔一画亲手表达的情感，这是对愿景的最好诠释，这是和米粉交朋友的实际行动。

小米的核心价值观：真诚、热爱。

真诚就是不欺人也不自欺；热爱就是全心投入并享受其中。

2010 年，小米创始人共饮一碗小米粥，开启了小米加步枪干革命的故事。2018 年员工5周年活动上，雷军说道“老员工是小米最宝贵的财富，没有老兵，没有传承，没有新军，没有未来。”感谢有一帮志同道合的小伙伴，一起哭，一起笑，一起战斗！岁月数载，初心不变，始终真诚，永远热爱。

想一想

结合实际，再举出现实经济活动中危机公关的成功范例，你有什么感想？

案例分析

顾客争吵时肯德基怎么办？

一家肯德基餐厅落户南昌，开张数周，非常火爆，不曾想一位占座女顾客被殴打，而向报社投诉肯德基，造成一场不小的风波。事件经过大致如下：一位女顾客用所携带物品占座位后，去排队购买套餐时，座位被一位男顾客坐住而发生争执，先是两位顾客争执，尽管已引起其他顾客的注意，但都没太在意，此次餐厅的员工也没有及时平息两人的争端，接着两人争吵上升到大声争吵，周围所有顾客都开始关注事态，邻座的顾客就停止用餐，离座回避。带小孩的家长则担心事态危险和小孩受到粗话影响，开始领着小孩离店。最后两人争吵上升到斗殴，男顾客大打出手，打伤女顾客离店，别的顾客也纷纷离座外逃或远远地看热闹，女顾客非常气愤，当即要求餐厅对此事负责并加以赔偿。到此时其影响力还局限于人际范围，如果餐厅经理能满足顾客的要求，女顾客就不至于去报社投诉，但餐厅经理表示这是顾客之间的事情，客户应该自己负责，拒绝了女顾客的要求，女顾客马上打电话向《南昌晚报》和《江西都市报》投诉，两报立即派出记者到现场了解事情的经过，女顾客陈述了自己的看法，并坚持自己的要求，虽然餐厅经理在接受采访时对女顾客被殴表示同情和遗憾，但是认为餐厅没有责任，不能做出道歉和赔偿。两报很快对此事做了报道，引起众多市民的议论和有关法律专家的关注。事后根据《消费者权益保护法》，肯德基被认为对此事负有部分责任，向女顾客公开道歉并赔偿了部分医药费，两报对此也都做了后续报道。

问题：通过“顾客争吵时肯德基怎么办”的案例学习对你有什么启发？请从企业公共关系的角度谈谈你的看法。

讨论分析：

个人：每位同学根据案例资料和问题，在固定的学习本上记下自己的思考。

小组：每小组6位同学，1人为组长，1人记录，小组成员都要陈述自己的观点，讨论后形成小组意见，准备在班级交流。

全班：各组派一位代表陈述本组观点。

教师：记录各组陈述要点，最后做点评。

任务实训

搜集公共关系促销实例

1. 背景资料：公共关系促销在商业活动中会随时用到，它对树立企业的良好形象，沟通与协调企业内部以及企业与社会公众的各种关系，创造良好的市场营销环境有重要的作用。请同学们走访附近的商场、超市，搜集企业在公共关系方面成功或失败的实例，作为互相学习的资料在班级交流展示。

2. 实训目标：通过对商场、超市公共关系活动调研，熟悉企业公共关系促销的类型、内容、常用的方式，培养公共关系促销的意识，提升公共关系促销的能力。

3. 实训步骤：

（1）每3位同学一组，深入商场、超市搜集有关公共关系促销的实例。

（2）也可从图书馆和网络上，搜集有关公共关系促销的相关知识和典型案例，制订详细的调研方案。

（3）搜集总结的公共关系促销实例，必须说明商场、时间、事件、公共关系促销活动方式，公共关系促销目标和实际收到的效果，给企业营销工作的启示等内容，形成一个完整的公共关系促销案例。

（4）老师选择五个不同的公共关系促销案例，在班级交流，同学做点评，老师最后做总结。

4. 成果评价（见表8－9）。

表8－9　公共关系促销实训评分表

项目（分值）	标　　准	得分
调研前准备（20）	搜集资料，搜集公共促销案例，每小点10分。	
调研过程中表现（30）	调研方案完整；与人合作，与人交流关系好；搜集信息方法科学，内容全面，每点10分。	
公共关系促销实例编写（50）	促销实例时间、地点、事件；公共关系活动方式；要实现公共关系目标；实际收到的效果；对企业营销工作的启示，每小点6分。文理通顺，案例典型各计10分。	
总成绩100分		
老师评语	签名：　　　　年　月　日	
学生意见	签名：　　　　年　月　日	

思考与实训

1. 选择题

（1）旨在鼓励购买的各种短期激励手段称为（　　）。

A. 广告宣传　　B. 人员推销
C. 促进销售　　D. 营业推广

（2）儿童产品选择（　　）媒体效果最好。

A. 杂志广告　　B. 电视广告
C. 网络广告　　D. 路牌广告

（3）一家公司推销大型的机器设备，可选择（　　）促销手段，效果最佳。

A. 上门推销　　B. 路牌广告
C. 公共关系　　D. 营业推广

（4）公共关系促销的对象是（　　）。

A. 社会组织　　B. 中间商
C. 公众　　D. 企业

（5）一些知名企业经常为各种体育比赛、文艺活动提供赞助，这是（　　）促销手段。

A. 广告宣传　　B. 人员推销
C. 公共关系　　D. 营业推广

（6）女性时装做广告，最适宜的媒体是（　　）。

A. 电视　　B. 杂志
C. 路牌　　D. 广播

（7）广告的优点是（　　）。

A. 见效快，刺激性强　　B. 具有很强的公众性，渗透性
C. 灵活机动，针对性强　　D. 易于和消费者培养感情，促成立即购买

（8）营业推广的目标是（　　）。

A. 促进产品适销对路　　B. 刺激顾客即兴购买
C. 提高市场占有率　　D. 树立良好的企业形象

（9）针对推销人员的营业推广方式有（　　）。

A. 推销竞赛　　B. 推销津贴
C. 推广资助　　D. 协助经营

2. 判断题

（1）促销的实质是营销者与购买者之间的沟通活动。（　　）

（2）人员推销是一种“拉”式促销策略。（　　）

（3）公共关系的目标是塑造企业形象，提高企业的知名度和美誉度。（　　）

（4）最适宜完成一些短期促销任务的促销工具是上门推销。（　　）

（5）评估广告效果好坏的指标是看销售量的大小。（　　）

（6）人员推销最大的特点是面对面地与顾客交流。（　　）

（7）在促销组合的四种方式中，广告是应用最为广泛的和最普及的。（　　）

（8）公共关系活动的主体是社会公众。（　　）

（9）人员推销过程中，在与顾客推销面谈时应开门见山，直奔主题。（　　）

3. 案例选择题

冰点啤酒公司最近研制出了果汁啤酒系列产品，为了打开市场，让消费者接受其果汁啤酒，公司采取了一系列促销活动。首先在其产品的易拉罐上设计了新颖的图案，并且每个易拉罐附有1元的优待券，然后组织人员在一些啤酒消费较多的社区设点赠送。同时冰点啤酒公司还推出了针对零售商的刺激措施，通过提供额外折扣的方式，鼓励零售商将该产品尽量陈列于店头的货架上，以增加销售机会。

华冠电器股份有限公司于2001年1月6日在广州市文化公园成功地组织了“寻宝大行动”。活动现场参与人数近万人，报纸、电台等媒体纷纷做了现场报道。30台空调、500台相机、数万份礼品蓄势待“发”。现场气氛热烈，场面十分壮观。

顶新国际集团武汉食品有限公司生产的“超级福满多”香辣牛肉面，与原先的“福满多”方便面相比，在量上每包由过去的100克增加到125克；在质上面内加了鸡蛋；在作料上，除原来的调味包外，增加了一个肉酱包，而且价格也略低于市面上其他的方便面。但是，由于消费者对这种新产品不了解，加之吃惯了康师傅、统一、面霸等老牌子方便面，谁都不愿意花钱去做第一个吃“螃蟹”的人，因此，“超级福满多”方便面刚上市时，销售情况不佳。为了使消费者了解这种经过改进后重新上市的产品，顶新集团除电视广告外，于1998年12月中下旬，在武汉市的高校学生中开展了一次较大规模的“超级福满多”方便面样品派送活动。

（1）冰点啤酒公司采用的销售促进方式有（　　）。

A. 优惠券　　B. 经销商交易补贴

C. 赠送样品　　D. 经销商销售竞赛

（2）冰点啤酒公司的销售促进活动主要是以（　　）为对象的。

A. 消费者　　B. 推销人员

C. 中间商　　D. 管理人员

（3）华冠电器股份有限公司所采用的销售促进方式属于（　　）。

A. POP广告　　B. 赠奖（礼物）

C. 免费试用　　D. 竞赛（游戏）

（4）顶新集团在推广“超级福满多”时使用的促销手段是（　　）。

A. 人员推销　　B. 销售促进

C. 公共关系　　D. 广告宣传

（5）顶新集团的这种促销手段，还可适用于（　　）。

A. 新款服装　　B. 新口味饮料

C. 新型洗发水　　D. 新款手机

(6)“超级福满多”方便面新上市时，销售情况不佳的原因是（　　）。

A. 产品定价不合理　　B. 口味不好

C. 消费者忠诚度影响　　D. 消费者惰性

(7) 如果顶新集团开发出儿童食品，选择（　　）媒体促销效果最好。

A. 户外广告　　B. 电视广告

C. 网络广告　　D. 路牌广告

4. 案例分析题

(1) 在广州百货大厦的小家电柜台前，两个营业员正在做榨汁器的示范表演。一个营业员面前摆了橘子、苹果、西瓜等水果和玻璃器皿，他左一下、右一下拨动着榨汁机，鲜美的水果原汁流入杯中，另一个营业员向顾客介绍说，这种榨汁器是超级玻璃制成的，防酸、防碱、防裂、打不碎，接着拿起大锤猛砸几下，又把榨汁机狠狠地摔在地上，丝毫未损，看到这样的展示，围观的人信服了，纷纷购买。

问题：① 这两个营业员运用了什么推销技巧？

② 谈谈这件事对你的启发，再举出一些其他的例子并分析。

(2) 某大型商场开业在即，为使商场开业伊始就有较高的知名度，商场精心策划了开业庆祝，以期引起消费者的关注。开业当天，商场搞抛发礼券活动，每张礼券50元，共抛发2 000张，先后有数万人参加礼券争抢活动。结果，商场周围交通堵塞，现场秩序失控，导致一些人被挤伤。当地几家媒体纷纷对活动带来的问题进行了报道。尽管活动的开展客观上使商场提高了知名度，但知名度带给商场的却是商场不希望看到的结果。

问题：① 这是一种什么促销活动？他们的失误在哪里？

② 结合实际，谈谈你的看法和建议。

主要参考文献

1. 张卫东：《市场营销理论与实训》，电子工业出版社 2011 年版。

2. 侯贵生：《市场营销综合实训教程》，重庆大学出版社 2005 年版。

3. 任会福，李娜：《市场营销理论与实训》，人民邮电出版社 2011 年版。

4. 何永祺：《基础市场营销学》，暨南大学出版社 2004 年版。

5. 胡德华：《市场营销实务》，人民邮电出版社 2011 年版。

6. 菲利普·科特勒，加里·阿姆斯特朗：《科特勒市场营销教程》，华夏出版社 2000 年版。

7. 唐纳德·勒曼，刘艳红等：《营销实务分析》，企业管理出版社 2004 年版。

8. 彼得·圣吉，郭进隆等：《第五项修炼》，上海三联书店 2004 年版。

9. 范慰慈：《营销师》，中国劳动社会保障出版社 2006 年版。

10. 李宇红：《市场营销理论实践教程》，人民邮电出版社 2009 年版。

11. 詹姆斯·L. 伯罗：《市场营销》，电子工业出版社 2011 年版。

12. 科特勒：《市场营销教程》，华夏出版社 2011 年版。

13. 中国就业培训技术指导中心：《国家职业资格培训教程（助理营销师）》，中央广播电视大学出版社 2006 年版。

14. 吕一林，岳俊芳：《市场营销学》，科学出版社 2015 年版。

15. 郭国庆：《市场营销通论》，中国人民大学出版社 2016 年版。

16. 肖润松：《现代市场营销》，高等教育出版社 2017 年版。

17. 张润琴：《市场营销基础》，高等教育出版社 2017 年版。

18. 张云起：《市场营销学》，高等教育出版社 2018 年版。

19. 孙会霞：《市场营销基础》 东北财经大学出版社 2019 年版。